世の中にないものをつくれ！

島精機製作所フィロソフィー

大下英治

エムディエヌコーポレーション

装幀・デザイン　三田村邦亮
本文ＤＴＰ　メディアタブレット

はじめに

戦後の和歌山に、彗星のように「紀州のエジソン」と呼ぶにふさわしい天才少年があらわれた。

父親が戦死し、少年ながら一家の大黒柱であった島正博《しままさひろ》（現・島精機製作所会長）は、隣接する池永製作所の工場に泥棒が入り、大切な工具を度々盗まれた。

〈泥棒が盗みを働いた後は、侵入した窓からでなく、出入口から出て行くもんなんやな〉

泥棒の行動パターンに気づいた正博は、工場の出入口の内側にピアノ線を張っておき、ドアを開けると、吊るしておいた赤ペンキ缶がひっくり返って頭に落ちる仕掛けをつくった。

なんと、見事に泥棒を捕まえたのである。

いっぽうで、正博はご飯もおかずも温かいままで食べることができるように、アルミ板を折り曲げて二重構造にした「冷めにくい弁当箱」もつくった。

また、「自転車の発電ランプをワンタッチで動かすレバー」もつくった。

敗戦後、自動車がほとんどない時代にサーモスタットとバイメタルで通電して方向掲示器を点滅させる「電気式方向指示器」も完成させた。

さらに、ハンドルと連結して同じ方向に動く「車のヘッドライト」、「時間が経っても緩まないボルト」、「ノズルが詰まらない噴霧器」など、父を失った貧しい暮らしの中で発明に没頭した。

だが、高校の早川禎一先生から助言された。

「金をもらわずホイホイ発明したものを渡していたら、器用貧乏でついには金が無くなってしまうよ」

正博は、十八歳の時、ついに器用貧乏から脱して世間をアッと言わせる発明を世に送り出す。手袋が機械に巻き込まれても大怪我につながることのないように、手首部分にゴム糸を仕込む画期的な「作業用ゴム入り安全手袋」を発明したのである。

「天才発明少年」として島正博の名は全国に知れ渡った。

次々とヒット作を生み出し続ける正博も、やがて美人の和代《かずよ》に恋をした。

猛烈なモーションをかけ続けた末、憧れの和代は受け入れてくれた。

「あんたと一緒なら、かかあ天下でいけるよって」

晴れて結婚にゴールイン。正博と和代の二人三脚がスタートする。

が、和代は、ぼやいた。

「えらいところに嫁《よめ》に来てしもうた。給料をちっとも入れんと、そのお金で新しい発明して飲み歩く。自分の好きなことばかりやって、わたしは苦労するだけや」

正博は、手袋の各指、胴体、手首の順にすべて一台の機械まかせにできる「全自動手袋編機《あみき》」の開発に取りかかり、和代に声をはずませて報告した。

「どうや。指先を機械で編《あ》んだんや。全自動編機ができれば、世界初や。今度こそ大きな家を建てられるぞ」

だが、指サックのようなちっぽけなサンプルを見ても、和代はニコリともしない。

「なんや、指だけか。そんなもん一個持ってきても、売れるか売れへんかわからへん。サンプルじゃのうて、見せるなら、お金を見せて！」

和代にそう言われ、正博はカーッと頭に血を上らせた。

「よおし、見とけよ。必ず編機を完成させてバンバン売って、金を持ってきたる！」

その執念が実り、全自動手袋編機を開発してみせた。

正博は、特許、実用新案が三百を超えた頃、思いついた。

〈手袋を逆さにすると、小さいセーターみたいやな〉

手袋編機がつくれるなら、セーター編機もつくれる。

〈次はニット製品を編む横編機をつくったる！〉

世界初の「全自動フルファッション衿《えり》編機（FAC）」を開発し、横編機業界へ進出した。

が、会社の拡大にともない労働組合との対決、専務の社内自殺など波乱万丈の経営者人生をおくる。

少年時代から空手を習い、「喧嘩マサ」の異名を持つ正博は、その闘志で数々の難局を乗り切り、世界に乗り出し、アパレルの聖地イタリアをはじめ、欧米、アジアを中心に数多くの海外拠点を設立していく。

平成八年（一九九六年）には、念願の東証一部に上場を果たす。

地元・和歌山経済界においては、「困った時の島頼み」と呼ばれている。和歌山市の中心街にあった老舗《しにせ》デパートの旧丸正百貨店ビルの立て直しを頼まれた正博は、妻・和代に白羽の矢を立てる。

和代は「肝っ玉お母ちゃん」の本領を発揮して、奮戦。立て直しに成功する。

本業では、平成七年（一九九五年）、正博は、ついに縫製《ほうせい》不要の完全自動横編機「ホールガーメント横編機」を開発する。なんと、全自動で一本の編み糸から一着のニット服を丸ごと編み上げてみせるのだ。

アパレル業界では「東洋のマジック」と称賛される逸品だ。

ユニクロを世界ブランドにしたファーストリテイリングの柳井正《やないただし》会長兼社長は、ホールガーメントの柄の出来具合を虫眼鏡で見て、宣言した。

「島精機の機械を入れている工場としか取引しない」

平成三十年（二〇一八年）七月、島精機製作所とファーストリテイリングは戦略的パートナーシップを締結する。島精機とファーストリテイリングの合弁会社イノベーションファクトリーは、「３Ｄニット」生産のマザー工場の役割を果たすことになった。

「ユニクロのニットは高品質になった」との評判から「島精機の編機は高性能」と評判は波及した。

今もユニクロの横編みニット商品のすべては、島精機の編機でつくられ続けている。

ホールガーメントは、ルイ・ヴィトン、グッチ、プラダなど海外のハイブランドでも採用されている。

本社は、発祥の地・和歌山に置きながら、まさにグローバル企業に発展したのである。

本書は、戦禍で父を失った少年が焼け跡から立ち上がり、敗戦後の貧しい暮らしの中で日々、創意工夫しながら必死に生と格闘し、青年期に「紀州のエジソン」として発明王の名を世に轟《とどろ》かせ、若くして起業後、さまざまな危機を乗り越え、一代で東証一部上場企業に育て上げた経営戦記である。

アパレルに革命を齎《もたら》した漢《おとこ》――島正博。
その波乱万丈のカリスマの半生記である。

二〇二一年一〇月

大下英治

世の中にないものをつくれ！

島精機製作所フィロソフィー——目次

第二章 天才発明中学生

第三章 紀州のエジソン

第六章 労組との対決――専務の社内自殺

第七章

国際進出――バブル時代の萌芽

第八章　東証一部に上場――円熟の時

第九章　「肝っ玉母ちゃん」島和代

第十章 愛・氣・創造

第十一章 伝説の創業者・島正博

終章　二代目社長のアフターコロナ戦略

序章

島精機あってのユニクロの世界戦略

時代はバブル景気に沸いていた。

昭和天皇が崩御《ほうぎょ》し、元号が移り変わった平成元年（一九八九年）十二月二十九日には、日経平均株価が三万八九五七円の史上最高値を記録した。株式投資や不動産を中心にバブル経済は急拡大する。「東京都の山手線内側の土地価格でアメリカ全土が買える」と言われるほど地価は高騰した。

紀州には昭和という激動の時代を体現する男がいた。

男の名は島正博。和歌山から世界へ猛進し続ける立志伝中《りっしでんちゅう》の漢である。

「こんなセーター、スルメイカや」

島精機製作所（以下、島精機）は、第二世代型コンピュータ横編機「ＳＥＳ」の好調な売れ行きにより、平成二年（一九九〇年）からＶ字回復した。

が、安心したのもつかの間、平成五年（一九九三年）には円高の影響で外国製品ががぜん強くなった。特にマルク安が進んだドイツの競合メーカーは、価格競争力がついて売れ行きを伸ばしていった。円高により雪崩のように外国製品が流入する現状を打破するためには、どうすれば良いか。島正博は思った。

〈消費地直結型の高付加価値製品をつくる以外に、生き残る道はない〉

正博には、確信があった。

〈縫製不要の完全無縫製型コンピュータ横編機「ホールガーメント横編機」は、必ずできる〉

従来は袖《そで》、身ごろ（胴体）などのパーツを別々に編機でつくり、そのパーツを後で縫製していた。

その際にサイズ調整ができるのだが、ホールガーメントの場合は一着丸ごとだから身幅や着丈に合わせて編んでいかねばならない。が、糸の誤差を一％以内に抑えて編機に送り出す装置「デジタルステッチコントロールシステム」はすでに開発済みである。技術的なハードルはすでに越えていたので、いつ世に出すかのタイミングだけが問題だった。

当初は、平成十一年（一九九九年）にパリで開催予定の国際繊維機械見本市（ＩＴＭＡ）での発表を考えていた。が、生産の場は人件費の安い中国などにどんどん流れていき、ニット産業の空洞化はピッチを早めている。国内メーカーの悲鳴は大きくなるいっぽうである。そこで正博は決断した。

〈四年、前倒ししよう〉

平成七年（一九九五年）、完全無縫製型コンピュータ横編機・ホールガーメント横編機「ＳＷＧ-Ｖ」と「ＳＷＧ-Ｘ」を開発し、ついにＩＴＭＡで世界デビューを果たした。

出展企業四千社の中で、もっとも注目度が高く、「東洋のマジック」との声が相次ぎ、島精機のブースは人だかりとなった。

ところが、ホールガーメント横編機の操作が非常に難しいというイメージが先行してしまい、顧客も島精機の社員すら二の足を踏んでしまう状態になった。「操作が難しすぎる」という課題に取り組むことになった。

正博自身も納得していなかった。

〈こんなセーター、まだスルメイカや〉

確かに無縫製だが、編み地の立体感はいまひとつで平面に近かった。業界でも「デザイン性能はまだまだ。高級品には使えない」との意見が多かった。

「SWG-V」は二枚のニードルベッドを使用して一本置きの針で編む。そのために、本来のゲージでなく編み目が粗いホールガーメントが編める。いっぽう、「SWG-X」は四枚のニードルベッドを使用するので本来のゲージでホールガーメントが編める。が、弱点は編み針だった。一般的なラッチニードル（ベラ針）ではなく、当初はコンパウンドニードル（複合針）を使用していた。四枚のニードルベッドの構造上、ラッチニードルは上段のベッドにベラが衝突し針フックの開閉ができない。そのため、針フックの開閉を直線的動作でおこなう複合針を採用したのだ。

イギリスのメリヤス業者マシュー・タウンゼントが一八四七年に発明し、現在も使われるラッチニードルは、複雑な編み方が求められる場合には制約がある。コンパウンドニードルも似たようなもので、「SWG-X」に使った際も立体的な編み地にはならなかった。

〈なんとか編み地の自由度を高められないか……〉

世界が絶賛！「ホールガーメント横編機」

平成九年（一九九七年）三月、和歌山市内のホテルで開かれた和歌山県と商工会議所の懇談会に、正博は和歌山商工会議所の副会頭として出席した。県の新年度予算が説明されている最中、ふとホールガーメント横編機の欠点を補う〝新しい針〟の構造が閃《ひらめ》いた。

〈忘れちゃいかん！〉

正博は、手元にあった封筒の裏に、針のイラストや構造図を必死に書き込んだ。かつて石川製作所で印刷の三原色を見てコンピュータ言語を思いついた時と同じ興奮状態だった。

〈ああ、早く会社に帰って開発に取り組みたい……〉

一時もジッとしていられない心境だった。が、商工会議所にとって重要な会合で、抜け出すわけにはいかない。

懇談会が終わった後、大洋木材の会長で商工会議所の会頭だった小林謙三から言われた。

「島くん、今日はえらい熱心にメモを取っていたな」

「いや、じつは……」

正博が頭をかきながら事情を打ち明けると、おおらかな小林は「そんなことか」と苦笑した。

二年間考え、懇談会の時の閃きを具現化したのが「スライドニードル」である。

針本体に二枚組みのスライダーを取り付け、針本体の上下動とスライダーの上下動を個々に制御するものである。

この新型針を搭載したニードルベッドを上段の前後と下段の前後に二セットずつ設置し、四枚のベッドをフルに活用し編んでいく。スライドニードルは従来方式の二倍の十二種類の編成テクニックが可能になる。それらを組み合わせると一四四通りの編み方に対応できる。デザインや柄のバリエーションが無限大に広がるといっても過言ではなかった。

平成九年（一九九七年）、世界初のスライドニードルを搭載した新型ホールガーメント横編機「SWG-FIRST」を、大阪国際繊維機械ショー（OTEMAS）で披露することができた。

さらに平成十一年（一九九九年）に最新型「SWG-X」が登場すると、正博がスルメイカと自ら酷評した四年前のSWG-Xと比較して「まったくの別物」と評価が一変した。

世界の高級ブランド各社が、次々と新型機導入に踏み切っていった。

イタリアのベネトン・グループはかつて島精機最大の顧客で、本社から空港にヘリコプターで送迎していた頃、もっとも登場回数が多いのが創業一族のジュリアナ・ベネトンだった。

ジュリアナはホールガーメント横編機を見て「すばらしい」と絶賛した。いっぽうで、厳しい価格交渉で対峙する手ごわい相手でもあった。

「ZARA」の衣料製造販売を手がけるスペインのインディテックスの創業者アマンシオ・オルテガには、ものづくりの技術者同士ならではの共感を抱くことがあった。

「和歌山市より広いのでは」と思われる広大な敷地の本社を訪ねた際に部屋で待っていると、薄汚い作業着姿の男性が入ってきて照明を消し、出て行った。なんとオルテガ本人だった。昼間の照明はムダとのことだったらしい。腹が立つどころか、電気代を惜しみ、年中作業着で過ごす気持ちは正博も同じで、いたく感心した。

「ユニクロ」のファーストリテイリングの柳井正会長もホールガーメント横編機を高く評価し、「ニット産業の地産地消を根づかせたい」という正博の思いにいち早く賛同してくれた。

「コンパクトで軽いシマセイキの機械が欲しい」と欧州の高級ブランド品を製造する名門企業ベッティーナ社から注文が舞い込んだこともあった。モナコの歴史的建造物内に工場があり、そこに据える編機を探していた。ドイツのライバル社製機械は重過ぎて床が抜けてしまうという。島精機の機械は打ってつけだった。

「三次元の仕事だけやってくれ」

当時のアパレル業界は、デザイナーが描いたデザイン通りにパタンナーが二次元でパターン（型紙）をつくり、筒状に布を巻いた反物で服をつくるという工程を辿っていた。そうした二次元の世界が開発部内に浸透していた。

ところが、正博が開発したホールガーメントは三次元の世界である。システム開発を任された開発部では、三次元のものをわざわざ二次元で表現することにこだわっていた。

島三博《しまみつひろ》開発部長（現・社長）が言った。

「三次元のものを二次元に戻すのは、なんぼなんでもあかんやろ。三次元のシステムをつくろう」

ところが、五十人のシステム開発部全員に猛反対された。

「いや、それだけはやめてください」

「なんでや」

「社長がそれはあかん、と言ってるから」

「社長が？　いやでも現実問題、これ三次元でやらんと埒《らち》があかんやろ」

「それはわかります、わかりますけど、絶対やめてください」

こうした押し問答の中で、十分の一の五人ほどが「やはり三次元だ」と言ってくれるようになった。

そこで三博は、その五人に伝えた。

「きみたちは他の仕事はしなくていい。だから三次元の仕事だけやってくれ。ただしこれは内密に進めていこう」

みなに話してしまえば邪魔が入る。開発には五年近くもかかってしまったが、平成十九年（二〇〇七年）にホールガーメントの立体表現を可能にした三次元デザインシステム「SDS-ONE APEX（エーペックス）」ができあがった。

物体を画面上に三次元で表現する場合、軸、座標、半径、回転を数値で指定しなければならなかった。アパレル業界にそうした人材はいない。そこで指定しなくても済むようにしよう、という発想から始まったシステムである。馴染《なじ》みのある二次元パターンを使い、システムの空間上でアバター（システム内における人間の分身）に着せる。アバターに着せることによって三次元を表現する方向で開発したのは、業界初のことだった。

身長、バスト、ウエスト、ヒップサイズを入力するだけで、本人に近い人形がシステムに登場し、デザインした服を三次元で表現できる。ファッション業界の人が、まったく違和感なく使えるシステムができあがった。

大変だったのは、服の質感である。三次元画像は車のように表面がツルツルした表現は得意なものの、洋服のしわや素材によって異なる質感などは表現できなかった。特にニット製品や糸が毛羽立った服の表現は非常に難しい。そこで計算は非常に複雑で莫大になるが、糸一本一本を三次元で表現しようということになった。ループをつくり、からめていき三次元をつくる。糸一本の毛羽の長さも調節できるので、非常にリアルな表現ができるようになった。

完成したAPEXを動かしてみると「これええやないか」という話になった。

ファッションのＤＸ

平成十五年（二〇〇三年）、島正博はホールガーメント横編機「ＳＷＧ０２１／０４１」を開発した。この年開発発売された３Ｄ五本指ソックスは、従来品とはまったく異なって一本一本の指がぴったりフィットする最高の履き心地。ホールガーメントでなければ出すことができない隠れた名品である。

平成二十七年（二〇一五年）、ホールガーメント横編機は発表から二十周年を迎えた。この年に発売した「ＭＡＣＨ（マッハ）２ＸＳ」は、新たに開発した装置「可動式シンカー」を搭載し、より立体的なシルエットも編成可能となった。

最新型となる「ＭＡＣＨ２ＸＳ」は、平成七年に開発された従来機ＳＷＧ‐Ｘの進化型として登場した。四枚のニードルベッドすべてにスライドニードルを挿入したホールガーメント機としての機構的特徴を引き継いでさらに高速化した機械だ。

キャリッジ機構は、Ｒ２キャリッジシステムとして進化した。従来型のシステムと比較してキャリッジの反転時間の短縮および最高速度の向上を図っている。

そのためにカム形状や潤滑システムの大幅な改良がおこなわれた。

また、ｉ‐ＤＳＣＳの装備により素材による編み立ての限界速度の向上を図ることが可能だ。これによりトータルな生産効率は大きく高まった。

「ＳＤＳ‐ＯＮＥ　ＡＰＥＸ」は、ニットのデザイン作成から三次元の着用イメージまでを確認し、その上で横編機の編成データに変換することができる。単に配色だけでなく生地やスタイルを変えるところまでＣＧに任せられる。さらに芸術の域となる繊細な作業もＣＧに置き換えられる点で大きな評価を得ている。

アパレル業界は、自動車や航空機の設計などに比べ、昔ながらのアナログ手法が根強く残っている。三博は、最近になってようやくＤＸ（デジタルトランスフォーメーション）を導入しないと立ちゆかない世界だと気づき始めた。ＤＸとは、データやデジタル技術を駆使して、ビジネスモデルや業務を抜本的に変革する取り組みのことである。

ファッション業界はクリエイティブな要素が高いため、コンピュータに向かって画面とマウスとで会話しながら作業をするのには限界がある。が、デザイン画像と３Ｄモデリストとを融合させ、それを編成データとバーチャルサンプルに変換するシステムにすれば、バーチャル空間で遠隔地にいる人ともコミュニケーションがとれ、共同作業できたらどうだろうか。細かな衿のサイズやデザインを、バーチャル空間の中で作業できるようになれば、デザイナーも心底腹落ちするような使い方ができるようになる。三博は思う。

〈自動車なら画面上でできるが、人間が身につけて喜んでもらうようファッションの世界は、テクノロジー的にもっと進歩しなければならない〉

これまでの努力の甲斐があり、コンピュータ上でデザインできるところまでは実現した。が、実際に物づくりをするためには、データに落とし込むステップが必ず入る。島精機が目指しているのは、物づくりをするためのデータを自動的に構築できる世界である。つまりデザイナーがデザインした時点で、自動的に編機にかけるデータができあがっているのだ。陶芸作家が土をこね、形にしていくようなものである。現時点ではデータを作成するエンジニアが必要である。

もし新たなシステムが開発されればエンジニアは職を失うかも知れない。それでも、デザイナーが工学的なことも理解しながらデザインする世界をつくってあげることで、デザインと物づくりが直結する世界ができあがる。それは島精機唯一のシステムになることは間違いない。

開発は「もう少しで手が届く」という段階にまで来ている。ファッションでそこまでできる会社はない。デザイナーが直接洋服をつくってしまうという世界を、島精機は現在、実験している最中なのである。実現すれば、世の中に変化が見られるだろう。

ファーストリテイリングと戦略的パートナーシップ

平成二十八年（二〇一六年）十月、島精機と、ユニクロやジーユーなどの衣料品会社を傘下に持つ持株会社のファーストリテイリングは合弁会社「イノベーションファクトリー」を設立。ニットのフレアワンピースなどファッション性の高い商品をつくり始めた。

いっぽう香港のナムスン社は、平成二十九年（二〇一七年）からホールガーメント横編機を導入し生産を始めた。

ファーストリテイリングの柳井正社長兼会長は柄の出来具合を虫眼鏡で見て宣言した。

「島精機の機械を入れている工場としか取引しない」

平成三十年（二〇一八年）七月、島精機とファーストリテイリングは戦略的パートナーシップを締結。イノベーションファクトリーは「３Ｄニット」生産のマザー工場の役割を果たすことになった。

「ユニクロのニットは高品質になった」との評判から「島精機の編機は高性能」と評判に波及し、良い宣伝になった。今もユニクロの横編みニット商品のすべては、島精機の編機でつくられ続けている。

令和二年（二〇二〇年）、ユニクロの看板商品の一つとなった「3Dニット」の生産体制を強化するため、島精機とファーストリテイリングの合弁会社イノベーションファクトリーを子会社化。生産拠点をファーストリテイリングの有明《ありあけ》本部近郊に移して規模を拡大することになった。

子会社化と移転・拡大により、「3Dニット」を中心とするニット製品の生産システムを確立し、ベトナムや中国などの海外生産拠点に、その生産ノウハウや技術を伝授していく役割を強化する。子会社化した後の出資比率はファーストリテイリングが五一％、島精機が四九％。令和三年（二〇二一年）六月、工場が稼働した。

ホールガーメントの未来戦略

ウェブメディア『GEMBA』の平成三十一年一月十日付の記事「ユニクロも惚れ込んだ独自技術ホールガーメントで世界に挑む『島精機製作所』」において、平成二十九年（二〇一七年）六月に新社長となった島三博がPOWERNEWSの小林トリコのインタビューでホールガーメントについて語っている。

「2015年に発表した最新モデル『MACH2XS』です。このモデルでは『可動式シンカー装置』を搭載しました。可動式シンカーというのは編み目を押さえる装置で、これによって立体的なスタイルなど複雑な編み方が容易となり、生産性が飛躍的に上がったのです。出荷台数は2014年度に397台だったのが、2017年度は1081台とどんどん伸びています。ホールガーメントは、いまも進化を続けています。これまでに取得した特許は累計2000件を超え、現在も年間100件程度を新しく申請しています」

現在ホールガーメントは、ユニクロなどで採用されるいっぽう、ルイ・ヴィトンやグッチなど海外のハイブランドでも採用されている。同じ機械でまったく方向性の違うニット製品がつくれるのは驚きだ。

「機械は同じでも、使用する素材、デザイン性、編み方などの組み合わせは無限大です。私たちのデータベースには50万通り以上の編み方があり、それを顧客に提供しています。さらにハイブランドでは、彼ら自身が独自の編み方を開発して、非常にマニアックな使い方で、誰も見たことがないような製品を生み出しています。ハイブランドは、素材や編み方など一つひとつに莫大なコストをかけて研究し、高いデザイン性やクオリティを生み出しているのです」

ファストファッションでは、ユニクロを展開するファーストリテイリングが2018年7月、島精機と戦略的パートナーシップを強化すると発表した際に、「オンデマンドの量産システムも視野に入れる」と言及した。

「日本のファッション業界が今後進んでいく方向性の一つとして、オンデマンド販売があります。2018年9月にパリで開かれたニットの展覧会でファーストリテイリング会長兼社長の柳井正さんは、オンデマンドについて『将来的には、お客さまの注文に応じて一つずつの商品をつくれるようになる。

極論すれば、工場から個々の人々に商品を送ることができる』と、その展望を語りました。ユニクロだけでなくファストファッション業界は少しずつ、『消費者が買いたいものを買いたい時にすぐに届ける』というオンデマンドの世界をつくっていきたいと考えています。それは人件費の安い地域での大量生産では対応できないし、輸送コストも時間もかかる。だから、消費地でものづくりをするという〝地産地消〟の方向に向かいつつあるのです。そのとき、ホールガーメントの出番があるのかなと思っています」

島精機は、「トータルファッションシステム」というコンセプトを打ち出している。「ニット服のデザインから生産まで、一貫したシステムの中で完結させるというコンセプトで、オンデマンドの方向性とも合致しています。

弊社では横編機を開発するいっぽうで、時代はだんだんとファッションの多様化・個性化の方向に進んでいくと感じていました。そこで横編機で生産するニット服を効率よくデザインするために、コンピュータグラフィックシステムの開発を進めて誕生したのが、1981年に発表した『SDS−1000』というデザインシステムです。

デザインシステムはその後も進化を続けていますが、いまでは柄作成だけでなく、配色や生地の素材選びをすべてシステム上で行い、それを画面上のリアルな3Dシミュレーションで確認することができます。さらに現在、そこで完成したデザインデータをホールガーメントとリンクさせて、生産まで自動的に直結させるシステムの開発を進めています。

今後、あらゆるモノがインターネットでつながるIoT（モノのインターネット化）化が進めば、例えば、店頭の売れ行きからシステムが自動的に工場でいつ何をどれくらい作るのか判断するような時代がくるでしょう。そのとき、デザインから生産まで一貫して管理できる弊社のシステムは大きな強みになるといえます」

　ホールガーメントは、すでにいろいろな分野で使われているという。

「最近ではアパレル業界以外で、スニーカーのアッパー（ソール以外の部分）素材にも使われています。それまでのシューズアッパーは、いくつかのパーツを縫い合わせてつくっていましたが、ホールガーメントならば一体的につくることができる。1グラムでも軽いシューズが欲しいというスポーツ選手はもちろん、靴下感覚で履くことができるので、一般ユーザーにもニーズが広がっています。

　またユニークなところでは、宇宙航空研究開発機構（ＪＡＸＡ）との共同研究によって宇宙船内の日常服にも採用されました。縫い目のないホールガーメントのニット製品は、機能性はもちろんのこと、環境変化に対応可能なシルエットや運動性、素材の安全性、低負荷性などを兼ね備えているのです。

　将来的には、もっと意外な分野でもこの技術を活用できるのではないかと考えています。例えば、グラスファイバーやカーボンファイバーなどのハイテク素材も糸状にすれば編機で使用できます。これを自動車のパーツなどに使えば、軽量化につながり、燃費改善による二酸化炭素の削減など新たな社会貢献につながるのでは、と構想しているところです」

　ホールガーメントの今後について、語った。

「ホールガーメントを世の中に出したのは、ニット服の生産工程でいちばんコストがかかる〝縫《ぬ》う〟という作業をなくし、人件費の高い日本でも生産活動を続けることができる環境をつくりたいという思いからです。日本のものづくりは、ずっと守り続けていかなければなりません。私たちの顧客にも、生産コストの安い海外に出て行かずに日本でものづくりをしていきたい、というメーカーが少なからずあります。

現在、売上高の85％以上が海外ですが、ここ1～2年で国内での売り上げも伸びてきています。ただ、先進国は普通のセーターをつくっているだけでは無理でしょう。そこでは、より付加価値の高い製品をつくる必要があります。例えば、服にセンサーを縫い込んだ『スマートウェア』などです。センサーは肌にピタリとついていないと正確に動作しないので、オンデマンドと同様に細かな個対応が求められます。

日本のアパレルメーカーのものづくりが、究極的には個対応に向かうべきなのは間違いありません。斬新なアイデアを積極的に取り入れ、ほかにはない製品をつくるところだけが生き残っていくのだと思います」

ユニクロのパリ・ニット展覧会で、平成三十年（二〇一八年）九月二十五日、柳井正ファーストリテイリング会長兼社長と島三博島精機製作所社長が、無縫製横編機「ホールガーメント横編機」を使った「3Dニット」の未来についてトークセッションをおこなった。

柳井会長は、クリエイティブの重要性を説いた。

「無限の可能性を持っているホールガーメントは、デザイナーの力がないと良い服にならない。これからもっとすばらしい商品ができると思っている」

さらに思いを語った。

「工場から個々のお客様に届ける注文生産の時代がやってくる。ホールガーメントはその最適手段であり、新しい時代に向けて島精機さんと一緒に取り組んで行きたい」

島社長は、強い認識を示した。

「デザインのプロセスの中でたくさんつくられるサンプルにかかるコストと時間を、未来に向けてどんどん変えていく必要がある。我々は機械だけでなく、デザインシステムも構築している。消費者が欲しい商品を企画するのが重要であり、そのためにデザインシステムが活用できるようシミュレーション、デジタル化し、企画ができたらすぐ洋服になる究極のクイックレスポンスが目の前にきている」

その上で語った。

「これからのアパレルファッションビジネスは非常に面白い展開になると思っている」

ますます問われるサステナビリティ（持続可能性）について、島社長は強調した。

「糸一本捨てることがない横編みすべてがサステナビリティにつながると思うが、ホールガーメントはさらに縫う必要もない。原料さえあればお客様の望むものをすぐつくれる、未来の究極の生産プロセスと考えている」

ユニクロ銀座店に鎮座した「ホールガーメント横編機」

ユニクロの旗艦店、東京・銀座の「ＵＮＩＱＬＯ　ＴＯＫＹＯ」で令和二年（二〇二〇年）秋に、珍しい展示があった。ニットをテーマとしたインスタレーションの一部で、ホールガーメント横編機が

ユニクロ銀座店に展示されたホールガーメント横編機

「3Dニット」を編む様子が公開された。

ユニクロ広報が語る。

「低価格でも高付加価値なユニクロのニットのものづくりの秘密や、イノベーションを体験型の展示でお伝えするために、ホールガーメント横編機を展示しました。

ユニクロの『3Dニット』シリーズは、春夏用のワンピースで五千円程度と価格も手ごろで、購入者からは『縫い目がないため着心地がいい』『身体に自然とフィットする』『流れるようなシルエットが美しい』といったホールガーメント製品の特長を体感しています」

一階の吹き抜けの空間に鎮座する編機はなかなかの存在感で、普段、一般の人の目に触れる機会がないものだけに、足を止めてじっくりと見入る買い物客も少なくなかったという。

さらに、上海やミラノのユニクロの店舗でも同様の展示が行われた。

島精機の技術を広くアピールする絶好の機会になった。ただし、展示されていた機種「MACH2XS」は、実は秒速一・六メートルという超高速で編める性能を持ち、セーターなら三十分ほどで編み上げるという。が、わかりやすく見せるため、あえて編むスピードを極端に遅く設定したという。だが、たとえスピードは遅くとも、魔法のような技術に、多くの人が目を丸くしていた。発表から四半世紀を経て、島会長の発明と功績にスポットライトが当たり始めている。天才発明家の思考に時代がようやく追いついたのだ。

ファーストリテイリング柳井正社長のアフターコロナ戦略

令和二年（二〇二〇年）八月期通期決算の発表の場で、ファーストリテイリングの柳井正会長兼社長は、今後の戦略や展望について話した。

「コロナ禍で常識が通用しない大きな変化が起きている。時代が変われば生活スタイルが変わり、お客さまが求めるものが変わる。当然、商品も変わり、売り方も変わる。このような状況下に立ち向かうには、私たち自身がまず変わらなければならない。グローバル化の流れは何があろうとも止まらない」

対策としては「『デジタル』『ロボティクス』『全自動化』の考え方を軸に、事業のプロセスを大胆に変えていく」と宣言。そのうえでこう述べた。

「サプライチェーンや仕事の仕方など、全社変革プロジェクトと位置づける『有明プロジェクト』を進化させ、すべてのプロセスをつなげ、グローバルで、サプライチェーンが完全に一体化した体制の構築を目指す。世界中の人、情報をつなぎ、新たな需要と市場を創り出し、お客さまに届ける情報製造小売業になる」

商品の企画そのものもバーチャルで行い、企画から生産、販売まで、すべての領域において、国を越えて一体化する体制をつくる、という。

その代表例が、先に触れた無縫製3Dニットとして知られる「ホールガーメント」の技術を有する島精機製作所との合弁事業「イノベーションファクトリー」による次世代型モノづくりだ。

柳井社長は語っている。

「ホールガーメント技術を活用した3Dニットの世界的なマザー工場の役割を担うもの。本部のR&Dセンターと直接つながり、情報を集め、その情報をベトナムや中国などの工場にダイレクトに送り、商品を生産する」

ホールガーメントとは、一本の糸から全自動で丸ごとニットを立体的に編み上げられるもので、通常のニットでは三〇%程度出る糸のロスが出ず、縫い合わせ（リンキング）も不必要なため、省力化とサステナビリティを兼ね合わせた技術・製法だ。

IoTが進み、需要に合わせてサイズ違いや色違い、素材違いの製品を連続生産できるため、オンデマンドの量産システム、マスカスタマイゼーション（個別大量生産）ができる点もポイントだ。

さらに、クラウド化によりネットワーク上で企画・デザイン・生産・生産管理を行えるようにし、糸のセットまで全自動化するなど進化している。

柳井社長は、かねてからこう語る。

「将来的にはお客さまの注文に応じて一つずつ商品をつくれるようになる。極論すれば、工場から個々の人々に商品を送ることができる」

「情報製造小売業として、世界中のお客さまの情報をダイレクトに集め、社会にとって役に立つ現実の商品やビジネスにすることで、知恵がこもった服をつくろうとしている」

第一章

父戦死、一家の少年大黒柱

戦時下、子煩悩だった父

ニット編機の世界的トップメーカーである「島精機製作所」の代表取締役会長で、〝紀州のエジソン〟の名で知られる発明家の島正博は、昭和十二年（一九三七年）三月十日、和歌山県和歌山市東《ひがし》長町《ながまち》に生まれた。

豊かな山林に恵まれた和歌山では、明治初期から建具の製造がさかんだった。昭和に入ると障子《しょうじ》や襖《ふすま》の縁などの卸販売店は五社のみとなり、そのうちの一軒が正博の祖父・福松が創業した「島建具《たてぐ》店」だった。

面倒見がよく頼りになる福松は、近所の人たちから「神様みたいな人や」と言われ慕われていた。福松と祖母の種代は再婚同士だった。福松は息子の武夫を、種代は娘の二三四《ふみよ》をそれぞれ連れて新たな門出となった。武夫と二三四は義理の兄妹として育ったが、そこから男女の愛に発展し結婚するに至ったのである。

正博が生まれた年の七月七日、中国北京《ぺきん》郊外で盧溝橋《ろこうきょう》事件が勃発した。日本軍が北京郊外の盧溝橋付近で夜間演習中に弾丸が飛んできたことを理由に、翌朝、中国軍を攻撃。七月十一日現地で停戦協定が結ばれたが、近衛文麿《このえふみまろ》内閣は強硬派に押され、増兵を決定したため、中国側の抗戦気運を高め、二十八日の日本軍の北京・天津《てんしん》地区総攻撃を機に泥沼の長期戦・全面戦争に突入した。

日本国内はまだ平和ムードが漂っていたが、武夫はまもなく初めての召集を受けた。

武夫は岡山県の陸軍兵器支廠《ししょう》で、兵器、糧食、被服などの管理運搬を行う輜重《しちょう》特務兵として奉公し、半年後に帰還した。

正博が記憶する父親との思い出は、この帰還後から再び召集を受けるまでの六年間に凝縮されている。

朝、武夫は自転車のサドルの前のカゴの中に正博を座らせ、三年坂の商店までよく好物の食パンを買いに行った。幼稚園の送り迎えも武夫の役目であった。

毎年五月に行われる紀州東照宮の和歌祭には、福松と武夫も参加した。別名、紀州の国祭、天下祭、権現祭とも呼ばれる祭りには、四十ほどの種目がある。福松は、室町時代に流行した唐物様がモデルとなった山車《だし》・唐船を勢いよく率いた。

武夫は、鬼の面をかぶり神社に奉納する笹羅踊りを舞った。小さな子どもを見つけると「ワーッ！」と襲いかかるような仕草をして観客たちを沸かせた。武夫は、鬼の格好のまま正博がいる東長町の家まで来てくれた。

ある日、武夫は建具の納品のため、正博といっしょに和歌山市駅の貨物預け所へ行くことにした。正博と荷物を積んだリヤカーを自転車に連結させて運ぶのだ。武夫は鼻歌を気持ちよく歌いながら自転車を漕いでいたが、途中で自転車からリヤカーが外れてしまった。

それに気づいた正博は、大声を出した。

「おーい！　おとうちゃーん！」

しかし、武夫はまったく気づかずに自転車を漕ぎ続ける。百メートルほど進んだあたりで、ようやく気づいて戻ってきてくれた。どこかノンビリとしたところもある、子煩悩《こぼんのう》で優しい父親だった。

母親の二三四は、正博が物心つく頃から内職で軍手をつくっていた。建具づくりの商売をする島家は比較的裕福だったものの、武夫は自分に再召集がかかった時のために備えたのだ。

「自分が出征している間、編機があれば生計が成り立つやろう」

手動の手袋編機を買って保有登録すると、国が糸を支給してくれた。一台ごとの支給量が決まっていたため、武夫は五台も購入し原料を確保した。

建具の工場は道路に面しており、広さは百坪弱（約三百平方メートル）。工場とほぼ同じ広さの居住スペースが奥に広がり、その裏手に井戸があった。井戸の前には庭と畑、離れの小屋があり、そこで手袋編機を五台置いて人を雇い、作業をした。

昭和十八年（一九四三年）四月、正博は和歌山市立砂山国民学校初等科に入学した。その直後に武夫はふたたび召集され、陸軍歩兵第一六八連隊の配属となった。

正博は、二三四とともに兵庫県篠山町（現・丹波《たんば》篠山市）にある駐屯地の最寄り駅である丹波篠山駅まで見送った。改札から出ることは許されず、そこから父親を見送った。

武夫が召集されてしばらくしてから、二三四は正博を連れて駐屯地へ面会に行った。ところが、すでに武夫はいなかった。

「ご主人は、軍艦ですでにニューギニアのほうへ出発しました」

武夫とふたたび会うことは叶わなかった。

そこからぷつりと連絡が途絶えた。軍艦がニューギニアまでちゃんと辿り着いたのか、途中で沈没して亡くなったのか、何もわからない。当時の戦死者は武夫と同様どこでどう亡くなったのかさえわからず、家族のもとに遺骨が戻らないことも珍しくはなかった。残された家族は、武夫はどこかで必ず生きているという希望を捨てず、ひたすら連絡を待つしかなかった。

B29爆撃、九死に一生

昭和二十年（一九四五年）七月九日午後十一時三十六分、和歌山市上空にアメリカのB29爆撃機が飛来して爆撃を開始した。正博が小学三年生、八歳の時である。父の武夫が召集されてから、すでに二年が経とうとしていた。

B29は、真っ先に和歌山城に焼夷弾《しょういだん》を落とした。虎伏山《とらふすやま》にそびえ立つ城を燃やせば、周囲の市街地が炎で照らされ爆撃が容易になるからだ。

正博たちの住む東長町は、和歌山城から南西へ五百メートルほど先にあった。

祖父の福松は、その時、勤務先の造船所にいて留守であった。

正博、祖母の種代、母の二三四、四歳になる節子は、着の身着のままで近くの防空壕へ避難したが、繰り返されるすさまじい爆撃はすぐ近くまで迫っていた。

北東の夜空を赤々と染めるようにして和歌山城の天守閣が炎上しているのが見えた。

正博が叫んだ。

「ここは危ない。西要寺《さいようじ》へ行こう！」

浄土宗・西要寺は防空壕から五十メートルほど先にあった。丘の上に建つ寺は広大な墓地に囲まれており、漆黒の闇に包まれた場所には爆弾を落とさないと読んだ。

島一家は自宅裏手にある高さ四メートルほどの石垣を積んだ小高い墓地を目指し、丸太の斜めはしごを登ることにした。

種代や幼い節子を負ぶった二三四を先に登らせ、正博は最後尾についた。

ところが、正博が子どもの身軽さでスルスルと登りきった直後、焼夷弾がはしごを直撃した。

飛び散った焼夷弾は島家をたちまち焼失させたが、間一髪、高台に登りきった島一家は全員無事だった。

正博もたいした怪我を負わなかったものの、もしはしごを登るのが二、三秒遅れていたら、間違いなくこの時に死んでいただろう。現在の島精機はなかったのだ。

爆風の衝撃から気を取り戻した正博は、町内のあちこちに火が回っていることに気づいた。

「火を消さなきゃ！」

寺の近くまで炎が迫った危険に、正博は家族を墓地に残したまま一人で南方向へ下った。消火ポンプのある大きな井戸へ向かった。

偶然居合わせた自治会長と友だち二、三人と協力して、必死になって消火ポンプを押し続けた。

ふと気がつくと、正博は一人きりで炎に囲まれていた。ホースの先を持って水をかけていたはずの自治会長も、少年たちの姿も、いつの間にか消えてしまっているではないか。

が、この場所は小学校の行き帰りの通学路だった。勝手はわかっている。

海の方向へ走ったのは良かったが、途中、柵まで燃え広がる炎に阻まれた。何がなんでも火の中をくぐらなければならない。幸い、防火用水の入った樽があった。まず防空頭巾を濡らした。そのままえいっとばかりに樽の中にザブンと飛び込んだ。全身ずぶ濡れにして出るやそのまま体勢を低くしながら火の中を駆け抜けて、無事通りに出ることができた。

さらに火を避けながら走り続けると、広いサツマイモ畑に出た。空襲は続いていたが、なおB29は町を狙っている。直撃を受ければおしまいだが、畝《うね》と畝の間の溝に横たわって爆風を避けていたほうがまだ安全だ。溝に横たわっていると、急に空腹が襲ってきた。手で畝を掘った。芋が出てきた。生のままかぶりついた。どうにか空腹をしのいだ。

空襲は二時間ほどでおさまった。が、正博は周囲が明るくなるまでその場にじっとしていた。

夜が明けるや、気持ちに余裕が生まれた。

〈自分だけ芋を食べるのも悪いから、少しもらって帰ろう〉

サツマイモを抱えて歩いていると、女の人の声に呼び止められた。

「にいちゃん、にいちゃん」

砂山国民学校の西側の平屋に住むおばちゃんだった。

「その芋で茶がゆをつくってやるから、食べて行きなさい」

そこで持っていた芋を半分渡し、おばちゃんに調理してもらった茶がゆを食べた。

その後、家へ向かう途中、正博は焼け野原になってしまった町を呆然と眺め回した。

何一つ残っていない。道さえ消えてしまっている。痕跡すら残っていなかった。

半分になった芋を抱えて帰ると、遠くから母親の半狂乱の声が聞こえてきた。

「正博がいない、まさひろ、どこ⁉」

焼け死んだのか、被弾したのかと悲嘆に暮れている。そこへ、正博が元気に戻ってきた。それどころか芋まで抱えている。家族みんなは大喜びで、正博を迎え入れた。

墓地の角塔婆で再建した我が家

自宅を焼き出された島一家は、西要寺のお堂に身を寄せることになった。仕事で留守だった祖父の福松も、無事戻ってきた。

お堂の中は、家を失った近隣の人々が百人近くもひしめき合っていた。困ったのは、大量発生したヤブ蚊である。夜もろくに眠れないほどブンブン飛び回る。防ぐ手段もない。

「これ以上、ここにおれん。何とかしよう」

島一家は、自分たちの焼けた家の敷地に雨露をしのぐバラックを建てることにした。が、戦争で何もかも焼けてしまい、家を建てるにも材料がどこにもない。あちこちに散らばる焼け残ったトタンや木材を集めて回った。が、肝心の柱になる太い木材はどこにもない。

そこで正博が目をつけたのが、西要寺の広大な墓地のあちこちに建てられている角塔婆《かくとうば》である。

角塔婆とは、長さ二・五メートル、太さ三寸角（約十センチ）もしくは四寸角（約十二センチ）の四角柱状の卒塔婆《そとば》のことである。寺院や墓地でよく見かける薄い板状の卒塔婆は、この角塔婆を簡略化したものである。

仏教において、宇宙を構成する五つの要素（空、風、火、水、地）の文字が上から順番に梵字《ぼんじ》で書かれていて、その下に故人の戒名《かいみょう》が書かれている。

角塔婆は墓地のあちこちに建てられている。その中で、ひときわ大きな角塔婆が建つ場所があった。軍人や高僧など偉人が眠る墓所である。彼らは敬いの意味で土葬にされ、埋葬地に踏み入らないよう四隅を大きな角塔婆で囲んであった。

〈これなら、家の柱にピッタリや〉

正博はまず手を合わせて「なんまんだぶ、なんまんだぶ」と唱えた。事前に摘んできた綺麗な草花を墓前に捧げて、頭を下げた。

〈すいません、角塔婆、いただいていきます。もう焼けて何もないんで、堪忍してください〉

角塔婆は倒れないよう、五十センチほど深く埋められていた。が、八歳の子どもの力でも、上下左右にグラグラ揺すると簡単に引き抜けた。家を建てるには、最低でも八本の角塔婆で外形をつくり、家の中央に大黒柱を建てねばならない。角塔婆を十数本もいただき、焼夷弾が当たった石垣の上から下へ落とした。

棟《むね》上げまで作業を進めたところで、西要寺のお坊さんに角塔婆が見つかってしまった。

「そんなに急がなくても、うちのお堂にいててくれたらええんですよ」

正博は、とっさに言った。

「そやけど、蚊がたくさんいて眠れんのや」

「ああ、それはそうやろうね。あんなお堂に大きな蚊帳《かや》はないし、それは辛抱してもらわんといかんけど」

「そやけど、ここでやりたいんです。すみません、ちゃんと『なんまんだぶ』を唱えていただいて来たんで」

「そうですか。まあ、そういうことなら……」

正博は、てっきり雷が落ちることを覚悟していた。が、お坊さんは怒ることなく、正博のしたことも許してくれた。

ただし、お坊さんが言った。

「抜いたやつは使ってください。墓の主には、わたしからちゃんと言っておきますから」

角塔婆の持ち主に墓荒らしだと思われたら困ると思ったのだろう。お坊さんは、最後まで優しく慈悲深かった。

西要寺の住職の娘は、正博と同級生で同じクラスだった。そんな関係もあって、お坊さんは咎《とが》めなかったのかも知れなかった。

正博、祖父の福松、親戚の大工らで角塔婆を柱にしたバラックの家を急ごしらえした。

屋根はトタン造りで家の広さは四坪、それに炊事場が一坪ついた計五坪のささやかな家である。

島一家はとりあえず一息つくことができた。ここに祖父母、母の二三四、正博、妹の節子の五人で暮らすことになった。

正博はうれしかった。

〈どんなにボロくても、我が家は良いものやなあ……〉

が、角塔婆だけでなく胴縁《どうぶち》などに卒塔婆も使用しているため、家の中も外も「南無阿弥陀仏《なみあむだぶつ》」の文字だらけになった。

〈このままやと、どうにも落ち着かんな〉

正博は、それをなんとかしなくては、と近所の小松原五丁目にある中尾ミシン店を目指して走った。その隣には、半紙や掃除紙、ハトロン紙など紙なら何でも売っている紙屋のユリカがある。その店は、たまたま焼けずに残っていた。

正博はハトロン紙を買って帰るや、霧吹きで湿らせて、角塔婆に貼り付けていった。紙が乾くと「南無阿弥陀仏」の文字が消え、表面がピンと張って綺麗な柱に変身した。

もう一工夫しようと、その上にニスを塗るとさらに綺麗な仕上がりになり、水や汚れもはじいてくれる。

終戦の八月十五日までに、新しい家は完成することができた。

終戦から一カ月後の昭和二十年（一九四五年）九月十七日に鹿児島県川辺郡枕崎《まくらざき》町に上陸し、日本を縦断した枕崎台風が和歌山にも襲いかかった。

せっかくつくった島家のバラックも吹き飛ばされそうになった。正博たちは懸命に家を押さえたがバラックはあっという間に百メートルも飛ばされてしまった。ただし、なんとかその形を保った。

台風一過の翌朝、正博は吹き飛ばされたバラックから角塔婆を回収し、足りない分は再び墓場から抜くことにした。

〈また南無阿弥陀仏のお慈悲に縋《すが》らにゃならんわ……〉

祖父の福松は、ここのところ体調を崩していた。正博は祖父に代わり、自分で家の設計をした。地面に棒きれで線を引いておおよその間取りを描き、接合部がしっかり合うよう歩幅を測って計算した。雨が自然に流れるよう、屋根に傾斜をつけることも忘れなかった。

島一家は、この正博設計のバラック小屋で、その後、十年余りも暮らすことになる。

戦火を逃れた手袋編機

幸いだったのは、物置小屋の焼け跡から手袋編機が出てきたことだった。二三四は思わず機械に駆け寄って涙した。

「ああ、編機は無事やった！」

夫の武夫が「自分が出征《しゅっせい》しているあいだ、家族が食べていけるように」と購入してくれたものだった。

当初は人を雇っていたが、戦争末期には二三四と種代が一台ずつ二台を稼働させ、残り三台は物置小屋にしまっていた。自宅内で使っていた二台は焼けてしまったが、物置にしまっておいた三台は無事だったのだ。武夫の、家族への愛が詰まった形見だった。

やがて二三四はメリヤス工場で働きながら、編機を使って手袋づくりの内職を続けることにした。

正博が夜、布団の中に横たわっていると、母親が編機を動かす音が聞こえてきた。

〈ああ、お母ちゃん、今夜も内職しているんやな……〉

そう思いながら眠りにつくのが日課だった。戦後の混乱期をなんとか乗り切れたのは、編機を使った母親の内職のおかげだった。

蓮根とチョコレート

バラックが完成して住まいができれば、次は食である。とにかく食べるものがなく、みないつも空きっ腹を抱えていた。

秋は蓮根《れんこん》の収穫の時期である。和歌山城の堀には、毎年蓮《はす》の葉がたくさん茂り美しい花を咲かせている。

ある日の午後、正博は、腹ばいになって泳ぐように堀を進んでいった。

片足だけ泥の中に突っ込んで蓮根を探った。

〈あ、あった！〉

探り当てた蓮根を引っ張り上げてみると、な、なんと、人間の千切れた腕ではないか。

大空襲があった夜、和歌山城周辺のお堀や池には、戦火から逃れようとたくさんの人が集まって来ては水の中に飛び込んだ。そしてそのまま亡くなった人が大勢いた。

誰も死体がたくさん埋もれているであろう場所へ入ろうとはしなかった。が、そんなことを恐れていては、腹は満たされない。蓮根が取り放題である。正博は遺体の埋まっている泥沼を這い回って、蓮根を収穫した。

収穫した蓮根は第二次世界大戦後、日本を占領下においたアメリカから連合国の軍隊である進駐軍の人にもあげた。食糧難の時代だったので、みんな喜んで受け取った。ただし、遺体が多数眠る泥沼から収穫したことは黙っていた。

進駐軍は和歌山港に入り、製材工場が数多くあった鼠島《ねずみじま》（現・築港《ちっこう》）でキャンプをしていた。そこから小型の上陸用船艇でやって来る。

正博は、綺麗な柄の着物の反物を入手し、それをハンカチ大に切って二三四に縫製してもらい、アメリカ兵たちに見せた。すると、たいそう珍しがってくれる。

正博はアメリカ兵に手の平を突き出した。

「チョコレート！」

物々交換である。生まれて初めて食べるチョコレートの味は、美味しいことこの上なかった。

食用カエル釣り

戦後の食糧難の混乱期、カエルは貴重なタンパク源だった。和歌山城の天守閣の前に、紀州藩家老の三浦長門守為春《みうらながとのかみためはる》の別邸があった。その敷地内の池に食用蛙が山ほどいた。大きなお屋敷だから誰も入って行こうとはしない。正博は、それを良いことに別邸に忍び込んだ。

カエルは赤色のものを虫と間違えて食いつく。赤い布きれでもいいし、赤い花でもよい。それを針先に引っかけて釣り上げる。

正博は、好きなだけカエルを捕まえることができた。

ある時、輸出業者のおじさんに頼まれた。

「食用蛙を傷つけず、生きたまま捕獲できたら、高く買い取るよ。フランスに持って行くと高級食材になるんだ」

正博は、あえて針は返しのないスレ針を使った。魚にダメージが少ないため、今もキャッチアンドリリースをする時などに使われているものだ。

正博は張り切ってカエルを釣り上げ、輸出業者のおじさんに渡した。

代金は一キロ四十五円。ヤミで卵が一個三円四十銭、煙草のゴールデンバットが十三円、近所の散髪屋では代金が一円もしない時代だ。この買い値は破格だった。

正博は二日に一回はカエルを捕りに行き、一回につき十四匹くらい持って行った。

食用蛙を売った代金は、惣菜などの食費に回すことができた。

小学生で開墾

正博には、日々の食料を調達する間に、やらねばならない重要な仕事があった。畑づくりである。

島家の土地は全部で二百五十坪（約八百三十平方メートル）あった。そのうちバラックの面積は五十坪（約百七十平方メートル）。焼け残ったのは井戸と大きな銀杏《いちょう》の木だけ。空襲の前は、表通りの路地にコスモスの花などを植えていたことを思い出す。

バラック小屋の隣は、建具の工場があった土地である。平らなうえ、すべて燃えて土に異物はほとんどなかった。

「ここを、畑にしよう」

広さは縦八間（約十四・五メートル）、横十二間（約四十メートル）の百坪（約三百三十平方メートル）である。

問題は、開墾に必要な道具だった。スコップや鍬《くわ》などの金具類は残ったものの、木製の柄《え》が焼失していた。大人たちは「道具がない」と諦めムードだったが、正博は違った。近所の銘木店まで走って行き、店主に声をかけた。

「おっちゃん、スコップの柄をつくるから硬い木をちょうだい」

「うーん、うちにそんな木は無いなあ」

それでも店主は、柄の代用品を見つけてきてくれた。

「これでも使え」

「ありがとう。お代は？」

「子どもやから、あげるわ」

店主の親切に助けられ、なんとか柄の代用品となる棒っきれを手に入れた。それをスコップ本体にはめ込むのだが、そのままではすぐに抜けてしまう。

正博は、隣家の池永製作所社長の岩城仁三郎に頼んだ。

「池永のおじいちゃん、旋盤《せんばん》、貸して」

「ああ、いいよ」

岩城は、もともと東京でミシンや編機の修理をしていたらしい。が、大正十二年（一九二三年）九月一日の関東大震災で被災したのをきっかけに和歌山へ避難し、島家の隣に住み始めた。

岩城は機械いじりが好きで、いつも発明に夢中になっていた。正博の祖父の福松は、資金繰りが苦しくなった岩城に何度か資金援助をしてやったという。

「和歌山は手袋の産地や。編機の修繕をやってくれるなら応援してやるよ」

島家は商売をやっていたので、比較的裕福であった。岩城のため、福松は編機の修理に必要な機械や道具も買い与えたという。

岩城が言った。

「わしは、マーちゃんのお父さんとおじいさんにいろいろお世話になった。だから機械も材料も、自分のところのように自由に使っていいよ」

正博なのでマーちゃんである。正博は、四十歳ほど年上の岩城のことを「池永のおじいちゃん」と呼んで慕った。

池永製作所の工場は戦火で燃えてしまったが、鉄までは火が回らない。旋盤など焼け残ったものがいくつもあった。

正博はまず旋盤をしっかり整備する手伝いをした。その磨いた旋盤でL字型の金具をつくり、柄の両側に取り付けてがっちり固定した。八歳の子どもでも使える手づくりのスコップである。

大人たちは「そんなもんスコップでないわ」と認めようとしなかった。が、正博は気にもせず、いかに効率よく畑をつくることだけを考え続けた。

〈どんな道具をつくったら、重たい土を掘れるかな〉

〈水はけのええ土にするには、何と何を混ぜたらええんかな〉

土は二メートルも掘り起こし、肥沃な土と入れ替えねばならない。正博は、百坪の畑予定地をマス目に分割し、素早く計算し計画を立てた。

〈一年間を五十週として、一週間に二坪ずつ開墾していけば、一年後には百坪全部が仕上がるな〉

さらにキュウリやナスなど実のなる野菜と、ゴボウ、大根といった根野菜を分けて考えた。実のなる野菜は、連作障害が起こらないよう区分けをして畑を順番に回していく。

根菜は、土中の小石やガラクタを綺麗に取り除き、成長の妨げにならない良い砂を掘ってきて深さ二十センチほど敷き詰めることにした。

和歌山城から和歌山市湊の花王石鹸工場までの海岸線は松林で覆われており、その周辺で良質な砂がとれた。強い海風が吹くと、正博の家まで砂が飛んでくるほどだった。

また、島一家が一時身を寄せていた西要寺から和歌山地方測候所（現・和歌山気象観測所）の辺りの山の手は「砂山」と呼ばれる砂丘になっていた。西要寺も、風に運ばれてきた砂の上に基礎をつくり石垣を積んで墓地を形成している。家のすぐ近くに良質の砂があったことは幸運だった。

紀ノ川から分流している築地川の水も綺麗で美味しいため、奈良の酒屋がわざわざ水を汲《く》みにくるくらい水質が良かった。

正博は、終戦直後の秋から昭和二十一年（一九四六年）春までの間に、コツコツと畑づくりに精を出した。

春になり、そろそろ野菜の種まきの季節になろうとしていた。正博は、種を買うためまず近所で畑仕事をしている農家に尋ねた。

「野菜の種は、どこで売ってますか？」

「六十谷《むそた》駅の近くに、種屋があるよ」

農家は丁寧に地図まで描いて場所を教えてくれた。

正博は二三四からお金をもらい、国鉄阪和線六十谷駅まで行って種屋を探し見つけた。

「すいません、種をください。近所の農家さんにこの種屋さんのことを聞いて来ました」

正博は、地図に自分の名前を記した紙を渡した。

「この地図は、農家さんに書いてもらいました。こっちは、ぼくの名前です」

地図をのぞき込んだ種屋はたちまち警戒を解いて、野菜づくりの経験のない正博に数種類の種を用意してくれた。

「それやったら、育てやすい、これとこれを撒《ま》いてみるとええよ」

種屋は、種まきから水やり、肥料の与え方まで丁寧に教えてくれた。

キュウリ、なすび、カボチャ、ダイコン、ニンジン、サツマイモの種を分けてもらった。

畑は碁盤の目のように区画して、溝を掘ってある。溝は雨水を流す水路にもなるし、手入れの際の通路にもなる。

水をやり、肥やしをまく作業は、子どもにとって重労働である。何か工夫をしなければならない。

〈肥やしを水で薄めれば一度の手間で済む〉

正博は、畝の間隔に合わせた天秤棒《てんびんぼう》をつくり、底に小さな穴を開けた。これで、畝の筋を歩くだけで水まきも肥やしまきも同時に行える。

底の穴には、自由に開閉できるヒモ付きのストッパーを取り付けた。ヒモを引っ張るとストッパーが開いて、肥やし入りの水がまかれる。天秤棒を畑まで持って行く時や、Uターンする時はヒモを放すだけでストッパーが自動的に閉まる仕掛けだった。

精一杯食料を集めてきても、家族全員が満腹するまでは食べられない。知恵を絞って無駄な労力、カロリーを消費しない工夫が必要だった。

昭和二十一年（一九四六年）夏。島家の畑には、食べきれないほどの野菜がたわわに実った。そこで畑の脇に通路をつくり、表通りに面した一坪ほどの場所に屋根付きの小屋を建てた。そこで野菜を販売することにした。

収穫量の四分の一を家族で食べ、残りを売ることができた。

正博がつくった野菜は「瑞々《みずみず》しくて美味しい」と評判になった。

観察眼の萌芽

昭和二十一年、かねてから体調を崩していた祖父の福松が亡くなった。家族の中で、正博が唯一の男手となってしまった。

隣家に住む池永製作所の岩城仁三郎が、正博を慰めてくれた。

「マーちゃんところのおじいちゃんも亡くなって、お父さんも戦死してしまったなら、わしが親代わりになってあげるよ」

終戦から一年間、正博はパンツ一枚の上からボロ布をまとった姿で学校に通った。

成長とともに足が靴に入らなくなった。そのため、途中からずっと裸足のままだった。

「痛い！」

誤って釘を踏んでしまい、甲まで突き抜ける大怪我を負ってしまったこともある。

小学四年生になった正博は思った。

〈しょうがない。自分で服を縫ってみよう〉

二三四からミシンを借りて挑戦してみた。が、足踏みミシンを使いこなすのは案外難しく、すぐに逆転してしまう。何度も逆回転させてしまい、しまいには針まで折ってしまった。

〈なんやこのミシン、だいぶアホやな〉

憎まれ口をたたく正博の頭に、ふと機関車の動輪が浮かんだ。機関車は前にも進むし、後ろにも進む。天王寺駅から和歌山駅間を走る阪和線は、行ったり来たりを繰り返しているが、車体を方向転換しなくてもちゃんと前にも後ろにも進む。

〈このミシンと同じ理屈やろうけど、なんで思い通りに走らせることができるんやろか〉

正博は電車賃をもらって東和歌山駅（現・和歌山駅）へ行き、制服姿の駅員に声をかけた。

「おっちゃん、なんで機関車は前進も後進もできるんかなぁ？」

すると、親切な駅員が笑顔で言った。

「そんなら、ちょっとだったら時間あるよってに、見せたるわ」

当時の和歌山駅には一時間に一本程度しか機関車が入ってこなかった。駅員も手持ち無沙汰だったのだろう。正博を機関車の前まで連れて行ってくれた。

「動輪の下に子どもが入ったらペシャンコになって、スルメイカみたいになってしまうよってに、気ィつけろよ」

駅員は子ども相手だったので、そんなことを話していた。

正博の目は、動輪部分に釘づけになった。

〈ミシンは逆転したけど、機関車は正転逆転できるような制御ができるんかなぁ……〉

蒸気機関車は、シリンダ内で往復運動するピストンの力を動輪の回転運動に変えて動いている。正博は、左右の車輪が九〇度ずれて固定されていることに気づいた。ピストンの支点が存在するため、位相をずらしているのである。そして逆転機（リバー）を作動させることによって前進と後進を切り替えるのだ。

正博は、子どもの頃から何かつくる時にはフリーハンドで絵を描く習慣があった。この時もわら半紙にサッと絵を描きながら考えた。

「ああこれ、九〇度ずれてるんやな」

正博がそう言うと、駅員は感心したように言った。

「小ちゃいけど、勘がええなあ」

「わかった！　自転車は一八〇度ずれてるから、左のペダルを踏んだら右が上がる。機関車は九〇度ずれてるから、前進後進するんや」

「大人も来るけど、そんなにパッとわからへん。子どものほうが器用やな」

「おっちゃん、ありがとう！」

正博は、意気揚々と駅を後にした。

〈なんや、幼稚園で習った「汽車ポッポ」の歌も間違ごうてる。「シュッポシュッポ」じゃのうて、「シュッシュッポッポ」にせんといかん〉

正博は、闇市《やみいち》へ向かいながら思った。

〈先生がそんなやから、みんなわからへんままなんや〉

和歌山市の闇市は、現在のＪＲ和歌山駅西口の東卸市場から紀三井寺線を渡った先の「みその商店街」にあった。帰りは歩いて帰れば、電車賃が浮く。その金で何か食べ物を買おうと思ったのだ。天ぷらを揚げているいい匂いが漂ってきた。正博の腹の虫が、大きくグウと鳴る。思えば戦時中から一度も天ぷらを食べていない。

正博は、帰りの電車賃を差し出して言った。

「おっちゃん、これで」

おじさんがくれたのは、キスの天ぷら一切れだけだった。たまらず頬張《ほおば》ると油が口中いっぱいに広がり、こんな美味い食べ物があるかと思うほどだった。

が、ぞんぶんに味わう間もなく、天ぷらはあっという間に胃の中に消えてしまった。

正博は、とっさに畑で育った野菜に想いを巡らせた。

「野菜をただそのまま売るのではなく、天ぷらにすれば高く売れる」

誰かがそう言っていた。

「おっちゃん、天ぷら油を譲ってもらえませんか？」

が、おじさんは首を横に振った。

「良い菜種《なたね》油を苦労して仕入れたんや。これは譲れん」

正博は食い下がった。

「父は南方に行ったまま帰って来んのです。ぼくが頑張らんといかんのです」

すると、おじさんの表情が変わった。

「そうか。わしも復員してきてまだ二カ月ほどやけど、お父ちゃん帰って来てないんだったら、エビ二つおまけや」

「お父ちゃんは死んだんで、帰ってこないんです」

「そうか。わし、復員してきただけマシやな」

おじさんは、しみじみそう言うと、天ぷら油を分けてくれた。

「これはな、白絞《しらしめ》油《ゆ》いう最高の品質の油や。色もつかずに綺麗に揚がる」

おじさんは、一升瓶にいっぱい、一・八リットルもの油を分けてくれた。これだけあれば、家の野菜を揚げて家族みんなお腹いっぱい食べられる。商売しても、一日二日はもつほどの量だった。

「おっちゃん、ありがとう」

家族みんなで食べる天ぷらは、まさに至福の味だった。が、油は瞬く間に無くなってしまった。

〈おっちゃんのところへ行っても、もう分けてくれんやろな……〉

情けは人の為ならず

正博は、ウナギ捕りにも夢中になった。

東長町から和歌山県庁前へつながる大通りは、かつて毎年三月十日の陸軍記念日に陸軍一連隊が行進したり、飛行機が降りてきて空砲を撃ったりの演習をしていた。そのため大通りには電柱がなく、横の路地にある。正博はウナギ捕りのため、大通りからその路地へ降り、水門近くの築地橋を通り、さらに南へ八百メートルほど進んだ。その先には貯木場が広がっている。和歌山には製材所が多く、川には杉の丸太同士を二十本も横並びにヒモで結んだ筏《いかだ》がたくさん並んでいた。

水に浮かべた木材は自然に皮が剥《は》がれ、水深二メートルほどの川底に沈殿していく。正博は、その中にウナギが潜《ひそ》んでいることを知っていたのである。

「おいちゃーん、少しヒモを分けてよ」

貯木場で働く男に声をかけて、用意しておいた手土産を渡した。

すると子ども相手ということもあって、男は快く分けてくれた。

ついでに炭を抜いた炭俵ももらった。

当時は煮炊きに火鉢と炭が欠かせず、貯木場には必ず炭俵が山と積んであった。

正博は、分けてもらった筒状の炭俵の片穴をヒモでふさいで改造し、それを百個もつくった。

その中に、重石《おもし》用に半分に割ったレンガと、西要寺から持ってきたクスノキの葉付きの枝を入れておく。クスノキは樟脳《しょうのう》となる香木で、その香にはウナギを引きつける成分がある。

正博は製材屋の向こう岸に六メートル間隔でその仕掛けを川に沈めていき、六百メートルにもわたる壮大な罠《わな》を仕掛けた。

正博はあくまで慎重であった。製材屋に声をかけておいた。

「ぼく、向こう岸にウナギの罠を入れたんです。収穫があったらおっちゃんにウナギあげるよってに、ちゃんと番をしてくださいよ。他の人が来たら『コラッ！』と怒鳴ってくださいよ」

罠は一晩おいた次の日に回収する。罠には、引き上げる時のためにあらかじめ紐《ひも》をくくりつけている。先が曲がった手鉤《てかぎ》をその紐にかけ、回収する。引き上げた罠を逆さまにして揺《ゆ》すると、中からヌルヌルっとウナギが出てくる。一匹、二匹入っているもの、カラのものもあったが、一回で百匹も捕れた。

竹製の「さで網《あみ》」も自分で手づくりした。

ちょうつがいになっているので折りたたむことができ、ウナギが飛び出さないよう網で囲いを張り巡らせたものだ。すべて正博のお手製であり、発明品だった。

バケツいっぱいに捕れたウナギの中から見張り役の貯木場のおじさんに渡し、和歌山駅前の闇市へ向かった。

バケツから程よい大きさでよく肥えたウナギ十匹を選び、油を分けてくれた天ぷら屋のおじさんに声をかけた。

「このあいだ、天ぷら油を分けてくれてありがとう。その感謝の気持ちです」

おじさんは驚いた様子で訊《き》いた。

「このウナギら、どうやって捕ったんだ？」

「へへ、ぼく名人ですよ」

「今度また、一升瓶持ってこい」
「いや、おいちゃんの顔を見て、そんなに言うてくれる人やと思ってましたんで、ちゃんと持ってきてます」

正博の取り出した一升瓶を見て、おじさんが笑った。

「なんとチャッカリした子や。人の心まで読んでるな」
「油がなくなったら、今度は代金を渡します」

父親を戦争で亡くした以上、自分で知恵を働かせなければ食べていけない。自分は父親の代わりに一家を支えねばならないという自負もあった。

正博は、毎日のように早起きして川へ出かけ、場所を少しずつ変えながらウナギ捕りの罠を仕掛けた。見張り役がいない場所では、泊まり込みで番をしてウナギを捕り続けた。

天ぷら屋のおじさんには油の代金を渡すようになったが、何回かに一回はウナギをお裾分《すそわ》けする。おじさんは正博の気の利《き》いた商売のやり方に大いに感心し、継続的に油を分けてもらえることになった。

捕ったウナギは半分を家族で食べ、残りは近所の人にあげた。すると、あちこちから「こんなもん田舎から送ってきたんで食べて」とお返しが来るようになる。

正博は、子どもの時から自然と「ギブアンドギブン」の精神を培っていた。人に何かを与えても見返りは求めず、受け取った人が喜ぶことに満足する。受け取った人は感謝し、この人のために何かの役に立ちたいと思うようになる。すると結果的に、与えた以上の見返りを受け取ることになる、という考えである。

情けは人の為ならず。貧しい時、「テイク」から始める人は多い。が、最初から奪おうとする人に明るい未来はない。周囲の大人たちは、正博のことを「チャッカリしているが、礼儀と人情をわきまえた子」と見て、いろいろなことを教えてくれた。

必死に生きる知恵

正博は、油が手に入るので、それまで野菜を売っていたところで天ぷらもいっしょに売りはじめた。大繁盛で、揚げる端《はし》から飛ぶように売れた。カボチャとサツマイモは天ぷらにするとカロリーになり、腹を満たすことができる。それまで捨ててしまうようなニンジンの葉も、さっと揚げると春菊のような香りがして美味しかった。

ある日、なじみの客の一人から言われた。

「野菜だけでなくて、キスの天ぷらも食べたいよ」

正博はさっそく、海でキスを釣ってみることにした。一本の釣り糸に、何本もの釣り針をつけて釣るサビキ釣りである。

釣り糸を海に投げ入れると、まず重りが砂に当たる。その感触を確かめてからさらに四十センチほど釣り糸を下げる。釣り針についているのはゴカイである。誘い出すように釣り竿《ざお》を上下にゆっくりと動かす。すると、砂浜に潜っているキスがエサに釣られて出てくる。一分もしないうちに、くくりつけた三本の釣り針にいっぺんに食いついてくる。これを百回繰り返せば、三百匹の釣果となる。調子が良い時は、三時間かけてキスを六百匹も釣り上げたこともあった。

大量に釣り上げたキスは、すぐさま包丁で頭を落とし、背開きにして指先をうまく使い中骨をスッと抜いた。これにパン粉をつけてカラッと揚げていく。メニューが増えて客も喜んでくれた。

芝エビもよく釣れた。芝エビをかき揚げにすると安上がりだし、丸ごと食べてカルシウムもとれる。

海に潜ればサザエもいた。正博は、できるだけ長い時間素潜りしていられるよう、自宅で息を止める訓練をした。洗面器に水を張り、顔を突っ込んで二分を目標に訓練を重ねた。

本番では、海上で大きく息を吸い込んで一気に水深六メートルまで潜る。普通の人ならサザエを一個とるのがせいぜいだった。が、正博は洗面器の訓練のおかげで、一分十五秒ほど海中を探し回ることができた。海底を蹴り上げれば浮力で自然と海上に出られるのでギリギリまでねばり、一回の素潜りで十個も捕った。

海にはアワビもいる。海底だけでなく岩などにもへばりついている。アワビは一度岩にくっついたら絶対剥がせないため、水中眼鏡でしっかり場所を確認して最初の一撃で勝負をかける。小さな金属製のヘラでクイッとやると、油断している時ならぽろりと剥がれた。が、さすがに小さなアワビしか捕れなかった。

ある日、いつものように海に潜っていると、取り切れないほどの牡蠣《かき》が海底に広がっているのに気づいた。さっそく太い釘を折り曲げた牡蠣取り道具をつくった。試しに牡蠣に差し込んでキュッと起こしてみると、簡単にとれた。

牡蠣は海水でちょっと洗ってペロッと味見する。あとは家へ持ち帰ってみんなで食べる。

残った殻は砕いて細かくし、みじん切りにしたニンジンや大根の葉と混ぜてニワトリの餌《えさ》にした。するとと牡蠣の殻のカルシウムを取り入れて、丈夫で固い殻の卵をたくさん産んでくれた。

常時五羽から十羽の鶏を飼って食料の足しにした。

卵は日常的に食べることができたが、肉はそうはいかない。お正月の特別な食材として、年に一度だけニワトリを絞《し》めることになった。正博はその際、ニワトリに語りかけた。

「すんません。今まで卵をたくさん産んでもろうて、すいません」

そうして急所を狙い打ちして即死させる。

また、二メートルほどの消波ブロックの隙間には、伊勢エビがいた。伊勢エビにはハサミはないが、固く尖った殻に覆われているので素手で摑《つか》むと痛い。

正博は、何度か試すうちにコツをつかんだ。

〈痛いと思ったら負けや。ガッと摑んで絶対離したらいかん〉

痛いと感じて手を緩めるから、余計に尖った部分に引っかけて怪我をする。痛くても何でも「負けるか！」という気合いで力を緩めずに引っ張り出す。それでもやっぱり怪我もするし血も出る。が、海で何も捕れなければ、食べるものがない。正博は必死だった。

正博の真似をして海に長く潜っているため、息を止める訓練をした人もいたが、結局正博の三分の一も捕れなかった。

海へ行く近道として、いつも日本油脂工業の工場内を通らせてもらっていた。敷地内では顔なじみの警備員のおじさんに「おっちゃーん！」と声をかける。おじさんから「気ィつけて行けよ」と返事が返ってくる。帰りには、おじさんに余分にとれたサザエなどのお裾分けをした。

ある夏の日、正博はさんざん海に潜って空きっ腹を抱えながら帰る途中、松林から工場の敷地内に入ってふと見ると、一角の畑に真っ赤なトマトが鈴なりに実っていた。

正博はたまらずに、畑仕事をしていたおばさんに声をかけた。

「おばちゃん、わし、お腹ぺこぺこや」

するとおばちゃんが笑って言った。

「もいでやっから、食べなさい」

正博はもらったトマトにかぶりついて腹を満たすと、すかさず持っていたサザエをお裾分けした。

「お礼に、サザエとってきたからあげるわ」

おばさんの目が輝いた。

「うち野菜つくったら専門やけど、こんなもんよう捕らんわ。そや、家族のぶんに、わたしにくれたサザエを入れていたところにトマトを入れて帰りなさい」

こうしてサザエがトマトに替わる。サザエばかりだと家族も飽きてくるが、トマトとなればみんな喜ぶ。

さらに「うちでもトマトをつくろうか」という話になった。

翌日、さっそくトマトのおばさんのところへ向かった。

「おばちゃーん！」

すると、おばさんのほうから正博のもとへ駆け寄ってくれた。よほどサザエが美味しかったのだろう。

「おばちゃん、こんな大きくてええトマトの種、分けてください」

「ああ、そのくらいあげるわ」

こうして島家の畑にトマトも植えられた。

正博は、日常の中で農業、漁業、商業、工業を実践していった。一つ何かを得ようとすると、さらに多くの見返りがあった。

〈畑でも魚釣りでも何でも仕事や。仕事を好きになれば、子どもでもええことを思いつくもんや〉


家族総出で仕事をし、食べるものを探しても、なお腹は満たされなかった。

正博はまたも頭を働かせた。

〈そや。カエルのおっちゃんの家の近くに空気銃屋があったな〉

正博が捕まえてきた食用蛙をフランスに空輸する輸出業者の二軒隣が銃砲火薬店だった。

正博は輸出業者に相談した。

「おっちゃん、ぼく鳥を撃って食べたいから、空気銃欲しいんやけど」

「うーん、しかし子どもには売ってくれんぞ」

戦後の焼け野原を我が物顔で走り抜けていくのは、上陸した進駐軍のジープである。日本人に対するGHQ（連合国軍最高司令官総司令部）の銃規制は厳しく、子どもが銃を手にすることなど不可能だった。

が、この輸出業者は、正博が持ってくる生きた食用蛙のおかげで大儲けしていた。日本円の価値など無いに等しい時代だったので、わずかなドルが大化けしたのだ。

輸出業者は、空気銃屋に掛け合ってくれた。

「この子は、わしんところに一年以上カエルを釣っては持って来てくれる真面目な子や。親父さんが戦死してね、食べるために必死なんや。わしが空気銃の保証人になるよって、売ってやってくれんか」

正博もなんとか承知してもらおうと、懸命に訴えた。

「誰もいない朝早い時間に西要寺で、上向いて鳥を撃つよってに絶対大丈夫や」

正博は貯金から代金を工面して、なんとか空気銃を手に入れることができた。

翌日から早起きが日課になった。周囲がようやく明るくなる早朝、西要寺の大きな木々が植わっている場所まで行って、その木々に止まっている鳥を空気銃で撃った。

スズメは骨ばかりで食べるところがないため、身体の大きなヒヨドリが狙い目である。最低でも十羽は撃ち落とさねば、家族みんなのタンパク源にならない。必死に狙って命中率は五割以上。

撃ち落としたヒヨドリは羽をむしって焼き、骨が大きいのでしゃぶるようにして歯で肉をこそげ落としながら食べた。

大人たちが敗戦で何もかも失い、気落ちしている時、小さな正博少年は必死で知恵を働かせ、あちこち走り回って仕事した。大人たちは正博を見て勇気づけられ、道具がなければつくればいい、こんな時だからこそ気合いを入れて仕事をしなければならない、と思い直してくれた。人を愛し、仕事を愛し、自然を愛する。この三つがそろって初めて物事がうまくいく。人から奪い、金を貯め込んでも幸せになれない。正博はそのことを知恵と行動力で証明してみせた。

暗算の天才

ガリガリで小柄なままの正博は、実年齢の九歳よりずっと幼く見えた。ところが大人顔負けの機転と働きをするうえに、負けん気も人一倍強く、喧嘩も日常茶飯事だった。

ある日、正博は上級生と取っ組み合いの喧嘩をした。揉み合っているうちに、正博が持っていた柘《つ》植《げ》玉のソロバンが上級生の頭に当たり、真っ二つに折れてしまった。折れたソロバンはもう使えないし、新しいソロバンを買う余裕もない。そこで正博は、仕方なく暗算することにした。

そのうちに計算の仕方を工夫するようになった。二桁以上のかけ算の場合、学校で教わる通り一の位から順番にかけるのではなく、いちばん大きな位から計算する方法を編み出した。切羽詰まっての逆転の発想である。

例えば、125×125の場合、一の位の5から計算するのではなく、もっとも大きい百の位の1から計算する。すると最初に「答えは1万なんぼになる」とおおよその答えがわかる。暗算は得意だから、あとの計算も瞬時に「百の位は12500、十の位は2500、一の位は625、合わせて15625」と数字がパッと頭に浮かぶ。これが正博オリジナルの計算方法だった。

ところが、学校のテストでこの「島式」の計算で答えを書いたら、上野山という年配の女性教師に全部バツをつけられた。

「計算の仕方が違うから、ペケです」

先生は、自分が教えたことを無視されたと思ったらしく、不機嫌だった。

「それにしても、これ、どうやって計算したの？」

正博が説明しても、どうも納得がいかないらしい。

「だったら先生、計算問題を出してください。先生とぼく、どっちが早く計算できるか見てみましょう」

先生は十問考えて、正博にペンを渡した。

「よーい、はじめ！」

正博はサラサラと答えを書いて、あっという間に解いてしまった。

「先生、どこまで行きました？」

「……まだ二問できてない」

「ぼく、もう全部出来ましたよ」

先生はさすがに「それはすごい」と感心してくれた。「島式」が間違いだと言うのは、たいてい上野山先生のような年配者だった。

正博は、つい余計なことを言ってしまった。

『先生』というんは『先に生まれる』と書く。先に生まれた人が昔勉強した古い計算を、今ごろ生徒に教えんといてください」

すると上野山先生の怒りのボルテージが、さらに上がってしまった。

ソロバンなど不要だった。先生より五倍以上の速さで計算できることも分かった。正博は先生に怒られながら、のんきに考えていた。

〈上級生との喧嘩で、ソロバン折っといて良かったな〉

〝暗算の天才〟島正博には後日談がある。

経済産業省官僚から転身し、和歌山県知事に就任して間もなく、仁坂吉伸《にさかよしのぶ》は、何でも暗算でパパッと計算してしまう正博に驚いて尋ねた。

「そんな難しい計算を、どうして頭の中でパッとできるんですか?」

正博が答えた。

「ん? この計算はね、こうやったらいいんですよ」

正博は軽い調子で、紙にスラスラと数字を書きながら説明してくれた。

「なるほど、うーん……。わかったような気がします」

仁坂は帰宅してから紙とペンを用意し、正博に教えてもらった通りに計算してみた。東大経済学部卒の仁坂は当然、学問が得意である。が、まったくできない。理解したつもりになっただけだった。ペンを放り投げて、仁坂はつくづく思った。

〈島さんは、本当に小学校時代から天才なんだな……〉

「蜘蛛の巣」理論

正博が小学五年生の時、母親の二三四と妹の節子が腸チフスに感染してしまった。

腸チフスは、チフス菌を含んだ水や食べ物を介して感染する。正博は学校で予防接種をしていたが、約二週間の潜伏期間にも人へうつす可能性があることから、自宅待機を命じられた。

保菌者が触れたモノからも人へ感染するため、仕事もできない。正博は、家の中からぼんやり外を眺めた。すると窓際に蜘蛛《くも》の巣が張っているのが目に入った。

蜘蛛はいつも巣の中央にいて、獲物が引っかかると素早く動いて捕獲し、また中央に戻った。ルーペで拡大して蜘蛛の眼を見てみた。頭を動かさずとも三六〇度見渡せるよう頭部から突き出ていることがわかった。これなら後ろにいる獲物もしっかり確認できる。また蜘蛛の糸は繊細で、わずかな振動も敏感にキャッチできる様子だった。

正博は、妙に感心した。

〈なるほど、真ん中で待ってさえいれば、獲物がどこに引っかかっても最短距離で移動できるんやな〉

人間の目は前にしか付いていないので、真横から後ろは見ることができない。だから暴走も迷走もしやすい。蜘蛛のような眼を持っていないからこそ、意識して周囲を見渡し、最初に立っていた真ん中「原点」に戻ることが大切なのだ。

迷ったらスタート地点に戻る。後に正博はこれを「蜘蛛の巣理論」と命名し、仕事に行き詰まった時はリセットし、原点に戻ることを心がけるようになる。

白木の木片――父戦死の通知

小学校六年生に進級した昭和二十三年（一九四八年）春、正博の通う市立砂山国民学校は戦後の学制改革で砂山小学校と名称が変わった。

正博はこの頃から「喧嘩マサ」と呼ばれるようになった。負けん気が強く、身体の大きな上級生にも怯まずにしょっちゅう喧嘩を挑んでいたからだ。

終戦から三年も経ってから父親の武夫の戦死通知が届いた。昭和十九年（一九四四年）四月二十二日、ニューギニアのホルランジャで亡くなったという。

遺骨も届けられた。正博は直接見ていなかったが、誰かが突然やって来て、普通の荷物と変わらぬ様子でポンと渡して帰っていったという。

箱を手にした二三四は、夫が「どこかで生き延びているかも知れない」という最後の希望を断たれた。しかも、遺骨といっても白い箱の中には名前が書かれた木片が入っているだけだった。享年三十二歳であった。

正博は、父親と同じ南方へ行って帰還した元兵隊に会うたびに、現地の話を聞いていた。が、戦場ではとても遺骨を持ち帰れるような状況ではなかったと、みんなが口を揃えて言った。

第二章　天才発明中学生

異色の恩師

昭和二十四年（一九四九年）四月、正博は和歌山市立西和《せいわ》中学校に入学した。正博が入学する前年に市立城西中学校と城南中学校が統合され、全校生徒一千五百人のマンモス校となった。一クラス五十人、学年ごとに十クラスもあった。

担任を務めた若林司郎は、昭和四年（一九二九年）生まれ。正博より八歳年上である。

若林は和歌山高等小学校から旧制和歌山中学へ進学し、学徒動員で明石重工業において陸軍の戦闘機をつくる手伝いを始めた。

ドイツのメッサーシュミット社が開発した直列十二気筒エンジン搭載の戦闘機は、非常に高性能だった。若林がいた工場では、そのドイツ戦闘機をそっくりそのまま真似した「キ61」戦闘機がつくられた。遣独潜水艦作戦によりインド洋でUボートから受け取った設計図をもとにつくられており、性能は抜群だった。

〈やっぱりドイツ人の設計はしっかりしてるな〉

コメの飯などなく、麦、あわ、ひえのほか、野辺に生えている葉っぱまで食べて飢えをしのいだ。明石《あかし》へ行っている間に、和歌山の実家の「若林書店」は空襲で焼けてしまった。

成績優秀だった若林は進学する際、現在の大学に当たる県立旧制医学専門学校と、官立（国立）の工業専門学校のどちらでも好きに選べた。

〈県立よりも、官立のほうがええんとちがうかな〉

そんな理由で、和歌山工業専門学校（現・和歌山大学）機械科へ進んだ。昭和二十年（一九四五年）春のことだった。

八月十五日を迎えた後、大人たちがみんな「終戦」と言うのが気になった。

〈敗戦やないか。なんで終戦と言わんとあかんのや〉

軍国少年として育てられた身としては、終戦という誤魔化した言い方が、どうにも我慢ならなかった。

そのうちアメリカ兵が和歌山城から北西の位置にある磯ノ浦から水陸両用艇を使って上陸してきた。若林は、その威風堂々とした機体を見て腰を抜かしそうになった。

〈こりゃ、日本が負けるのは当たり前や〉

さらに若林が通う和歌山工業専門学校の運動場へ、M４と呼ばれるアメリカの戦車が何十両と入ってきて、また腰を抜かしかけた。大阪を中心とした関西圏を占領する目的であった。

大阪は戦時中、Ｂ29が飛んできて水中にまんべんなく機雷を敷いたため、直接大阪に進駐できなかったのだ。その後、木製の機雷除去用の船で大阪の海は平和を取り戻した。

高等学校の教師の免許状はすぐ取得できたものの、和歌山市内では勤め先が見つからない。しばらくはＧＨＱが定めた賠償指定工場で、東南アジアやアメリカへ輸送する機械類を防水シートで包む仕事をした。が、給料は遅延続きで飯もろくに食えない日々が続いた。

そんな時に、市立城西中学校と城南中学校が統合されるので、高等学校の免許状を持っている教師を募集しているという情報が入った。すぐに応募して無事採用となった。

まったくの新米教師であったがすぐに担任を受け持つことになり、正博のいる一年十組を任されたのだった。

若林はホームルームの時間に、戦時中の話や自分の好きな物づくりの話を聞かせた。

「戦時中はろくに食べるものもない。そやから大人も子どもも『どないしたら飯食えるか』を第一に考えたやろ。その傍《かたわ》らで、一トン爆弾の犠牲になった死者がどんどん出る。すさまじい爆風で耳から爆風が入って、目の玉が飛び出て、吹き飛ばされたままの格好で息絶えている者が大勢いたよ」

生徒たちもみんな戦争を経験している。若林の話は胸にこたえた。

ある時は、実家にあった手巻きの電気蓄音機を持ってきて、七十八回転で再生するレコードをかけて聴かせたこともあった。若林はモダンジャズが好きで、熱心なレコード収集家でもあった。

近年のデジタルにはすべての音が詰め込まれており、演奏者が何に主眼を置いているのかがわからない。いっぽうアナログのレコードは楽器ごとにマイクがありミキサーがあるので、プレイヤーの匙《さじ》加減が聴き手にも伝わってくる。

機械科を卒業したので、機械の話もした。

「モーターでも原動機でも、最初に動かす時は回転から始まる。一方向だけに回転させるんやなくて、ギアをいくつも重ねて動かさんと、機械は使えへんのや」

若林は戦時中の体験談を交えながら、そんな話をした。意外にも生徒たちの反応は良く、生徒はみな興味を抱いた。

若林の話は、教育学部を卒業して教師になったような先生には、とてもできない内容ばかりだった。

〈自分の体験談を聞かせるほうが、よっぽど生徒のためになるし、おれもやりがいがある〉

生徒たちの中に、ひときわ目立つ子がいた。島正博である。正博はしょっちゅう誰かと喧嘩ばかりしていた。が、当時は子どもが喧嘩をするのは当たり前。しないほうがむしろおかしいくらいだった。

若林は正博に、オートバイを自動車に改造する際のハンドル部分に使用する傘歯車（ベベルギア）の知識を伝授した。中学一年生でも理解できるよう、わかりやすく話をするのも得意だった。中学校の先生で、ベベルギアについて教えてくれるような先生は、まず他にはいなかったろう。

正博は、学校の勉強が得意な秀才とはまったく別の天才だった。子どもの頃から人間の器が大きく、人間味があって面白い子だった。若林は正博のように秀才面をせず、ちょっとホワッとしたところのある生徒のほうがずっと伸びると思っていた。大勢の子を間近で見ている教師の勘に、間違いはなかった。

若林は、正博の母親の二三四が立派だと思った。

正博もまた、若林先生の話を興味深く聞いた。理工学部を卒業して機械を理解し、戦車や戦闘機のことも知っている。ホームルームで教えてくれることはいつもわかりやすく新鮮味があり、大人になってからもずっと頭の中に残った。それはアイデアの卵のようなものであった。

正博にとって若林の教えが基礎となり、ふとした瞬間に新たな発明へとつながる。

たまにふと子ども時代を振り返り、中学一年生の時の若林先生の影響力の大きさを実感することが度々あったという。

おまえは発明少年や！

母親が内職で使う手袋編機を見て育った正博は、いつの間にか機械いじりや発明が得意になっていた。隣家に池永製作所があり、一通りの道具が揃っていたことも大きかった。

池永製作所では、戦火で焼けた旋盤の修理から手伝いを始めたので、道具の扱いだけでなく身の回りの機械なら何でも修理できるようになっていた。油まみれで真っ黒になることも嫌ではなく、機械に触れること自体が楽しかった。

そんな正博が夢中になったのは、中古のラビットスクーターの改造である。

ラビットスクーターは、第二次世界大戦中に東洋最大の航空機メーカー・中島飛行機が、戦後に富士産業（現・SUBARU）に改名した後に製造されたスクータータイプのオートバイである。

〈ラビットを、三輪自動車に改造したい〉

駆動する後輪はそのまま活かし、オートバイの前部を改造すればよい。課題は二つあった。一つは、丸ハンドルとオートバイをいかにして連動させるか。もう一つは、泥よけ部分に設置するヘッドライトが、ハンドルを切るたびに明後日《あさって》の方を向いてしまう問題をどう解決するかである。ハンドルを切った方向に常にライトが向くよう調整する必要があった。

正博をもっとも悩ませたのはギアだった。リンクを使ってウォームギアを上手く回さなければならないのだが、その回転軸方向を変える方法がわからなかった。ウォームギアとは、ネジ歯車（ウォーム）とそれにかみ合う歯車（ウォームホイール）が対となっている歯車のことである。ウォームギアがだめなら、ベベルギア〈傘歯車〉も候補に入れる必要がある。

誰に聞こうかと考えた時、真っ先に思い浮かんだのは担任の先生だった。

〈そうや。若林先生に質問しよう〉

若林先生は、大学まで進学を許された若林書店のボンボンという雰囲気で、穏やかな顔つきをしていた。いっぽうの正博は当時、生活保護を受けており、教育費も免除になっている身である。

「お母さんに心配をかけたらいけませんよ」

若林先生は、そう言って喧嘩っ早い正博をいつも諌《いさ》めてくれた。

「先生、ウォームギアとベベルギアの計算方法を教えてください」

スクーターの改造をしていると聞いた若林先生は驚いた様子だった。正博が知りたがっているのは高校、大学で学ぶ専門知識である。

「中学一年の子が入学早々、こんな専門的な質問をしてくるんか」

そう言いながら、若林先生は丁寧に教えてくれた。

「ウォームギアでなくベベルギアを使ったほうが、少し効率が良くなる」

「ヘッドライトは、こう回したらいい具合になる」

「振動が直接来るよってに、丸ハンドルはギアを調整してあんまり動かんようにせんといかん」

若林先生は、正博が機械好きでのみ込みが早いことから、中学生にはとても理解できないような専門的な話もした。

「車のデファレンシャル・ギア〈差動装置〉は、回転を自ずとずらすようになっている」

和歌山工業専門学校を卒業した若林先生でさえ、人に教えられるほど熟知していないレベルの話だった。

先生のアドバイスのおかげで改造に成功した十四歳の正博は思った。

〈車の改造は簡単やったな〉

それからというもの、正博は無免許で改造自動車を乗り回した。自宅から六キロ離れた和歌浦まで海を見に出かけたこともあった。

当時は運転免許制度があって無いようなものだった。車の台数も少なく、和歌山県内はタクシー会社が冠婚葬祭用に百台ほど持っていただけである。しかも燃料がないため木炭車で、坂道に差し掛かると停まってしまう。仕方がないのでお客さんも降りて車を押すありさまだった。正博の知る限り個人で車に乗っていたのは、織物染色業で莫大な富を築きロールスロイスを所有する日出染業《ひのでせんぎょう》の社長くらいだった。

そんな時代に正博は、スポーツカーのような外見の車を自ら改造してつくったのである。正博が車を乗り回していると、見る人見る人がみんなビックリして正博を見た。

「兄ちゃん、これ、自分でつくったんか？」

「そうだよ」

「すごいなぁ」

褒《ほ》められるとうれしくて、また別の発明をしたくなる。中学二年に進級する頃には、隣家の池永製作所で学業の合間に作業を手伝うことになった。社長の岩城仁三郎のことを、幼い頃は「池永のおじいちゃん」と呼んでいたが、この頃から「池永の親父さん」と呼ぶようになった。

池永製作所には、旋盤からブラス（真鍮《しんちゅう》）板、ブリキを切るハサミといった道具が一通り揃っている。貧乏で食べるのに精一杯な正博にとって、機械は小遣い稼ぎにもなり、いじっていて夢中になれる遊び道具でもあった。

発明もした。例えば泥棒対策である。昭和二十五年（一九五〇年）六月二十五日に勃発した朝鮮戦争による特需景気が訪れるまでの戦後五、六年間、日本は極端に貧しく、空き巣被害が頻発していた。池永製作所も例外ではなく、しっかり鍵をかけておいても窓ガラスを割られて侵入され、大切な工具をたびたび盗まれていた。

〈泥棒が盗みを働いた後は、侵入した窓からでなく出入口から出て行くもんなんやな〉

泥棒の行動パターンに気づいた正博は、工場の出入口の内側にピアノ線を張っておき、ドアを開けると吊しておいた赤ペンキ缶がひっくり返って頭に落ちる仕掛けをつくった。

それから毎日様子を見ていると、ある日ペンキ缶がひっくり返っているのを発見した。泥棒はペンキをまき散らしながら逃亡するので、簡単に後を追うことができた。

正博は二百メートルほど先にある駐在所まで駆けていき、警官に訴えた。

「お巡りさん、工場に泥棒が入った！」

警官と一緒に地面に点々と落ちた血痕のようなペンキの跡を追った。ペンキの跡は、犯人の家まで点々と続いていた。

犯人に違いない男が家の中にいた。頭からかぶったペンキは水で洗ったくらいでは簡単に落ちないのだ。

正博は、その男になぜペンキが頭に付いているのか、説明した。

男は、強気で主張した。

「濡れ衣だ、こんなものは、証拠にならない！」

そこで正博は、泥棒を池永製作所まで警官と一緒に連れて行き、どのような仕掛けだったかを見せてやった。ペンキ缶はドアを内側から開けた場合だけ、ひっくり返る。それを見て泥棒の男は観念した。

泥棒を逮捕した警官は、感心して正博を褒めてくれた。

「まだ子どもなのに、なかなか面白い発明をしたな」

中学二年生の時の理科の担任は、のちに電気工事業「明光電機」を設立する谷崎博志であった。

谷崎は、昭和三年（一九二八年）生まれ。和歌山高等商業学校（現・和歌山大学）を卒業。その頃は日本の景気は良くならず、就職先が見つからなかった。たまたま知人に教育委員会に所属する者がいて「学校の先生でもするか？」と問われ「もう何でもええわ、させてもらいます」と承諾した。

谷崎は授業をろくにせず、自分が遊びに出かけた時の話など、理科とは関係ないことばかり面白おかしく生徒に聞かせた。

いっぽう正博はおしゃべりな質《たち》ではなく、あいうえお順に割り当てられた後ろのほうの席で、いつも大人しくしていた。

授業で少し難解な話になると、生徒たちはみんなしかめっ面になる。その中で、正博だけがニコニコとしていた。

〈島くんだけは、おれが教えていることをちゃんと理解してるんやな〉

谷崎が感心するほど朗らかであった。

正博は、理科が専門で電気に詳しい谷崎先生に話を聞きながら、車の方向指示器を発明した。

当時の方向指示器は後付けの腕木式が主流で、電気式もあったがほとんど見かけることはなかった。

そんな時代に正博は、サーモスタットとバイメタルで通電して方向指示器を点滅させることを考えついたのである。

サーモスタットは、アイロン、こたつ、調理用加熱装置などに使用される。温度変化によって自動的にスイッチのオン・オフを切り換える仕組みのことである。バイメタル方式とは、熱膨張率が異なる二枚の金属板を貼り合わせ、通電による熱で接点が外れたり元に戻ったりの通電周期を作り出す仕組みである。

とはいえ、自動車がほとんどない時代であるから、谷崎先生もよく理解していない部分もあった。

それだけに、正博が電気式方向指示器を完成させた時、谷崎先生は大いに褒めてくれた。

「おまえは、発明少年や！」

そんなふうに先生から褒められると、発明のよろこびはさらに大きくなった。アメリカのフォード自動車もまだ方向指示器を取り付けていなかった時代の発明である。特許を取れば大儲けできる発明だったが、正博には特許を取得する資金も知恵もなかった。

何も無いから自分の手で何とかするしかない。工作機械を修理しながらつくり直し、それをもとに新たな商品を開発する。正博にとっては、何も持っていないことが逆にチャンスとなった。

ところが正博は、先生のいないところを選んで喧嘩していた。学校内では見咎められる可能性があるので、自宅近くの東仲間町七丁目、八丁目あたりを喧嘩場にしていた。

ただし、正博は弱い者いじめをしているわけではなかった。逆に、いじめられっ子を助けようとして喧嘩していたのである。彼には、「ぼくは正義の味方だ」という自負があった。

正博が谷崎の前でいい子でいたのは、先生に感謝していたからだった。

正博の改造自動車の方向指示器づくりの時は、谷崎先生にいろいろ親切に教えてもらった。だから〈谷崎先生の前で悪いことはできない〉と思っていたのであろう。

その代わり、苦手な音楽の授業時間は居心地が悪く、ジッとしていられないため先生からよく怒られた。

正博は、谷崎先生のおかげで理科がいっそう好きになった。基礎づくりをしてくれたことが、その後の物づくりにつながった。

とはいえ、谷崎の話はしょっちゅう脱線する。とうとう堀田教頭から「ちょっと来い」と呼び出しを食らった。

「おまえは、どんなつもりで先生してるんや。真面目にやれ!」

教頭に怒られてから、多少は真面目に授業をするようになった。が、谷崎は思った。

〈やっぱりおれは、人様にものを教えるような柄じゃないわ。学校の先生には向いとらん〉

そうして正博のいたクラスの担任をしたのを最後に、教師を辞めてしまった。教師生活はわずか二年。その間に正博は谷崎に出会うことができたのだから、その運命に感謝している。

最初に携わった手袋編機

池永製作所の得意先に、大正七年(一九一八年)創業の日出手袋工業があった。創業者の川端力松は、和歌山城から二十キロほど南にある有田市初島に工場を建設し、日本初となる軍手の製造を開始した老舗である。この手袋は、戦時中に軍需品として需要が増え、和歌山の手袋産業の基盤をつくりあげた。

ある日、池永製作所の岩城社長が正博にすすめた。

「力松さんのところに古い編機がある。譲ってもらおう」

戦火を逃れた日出手袋工業の倉庫には、創業当時の古い機械(小型横編機)が置いてあった。もう半世紀以上動かしていないものである。

正博は岩城とともにハイヤーで初島の倉庫へ行き、機械を一台分けてもらった。

正博はその機械に油をさし、無くなった部品を手づくりして再生してみた。ありがたいことに充分使えた。

正博は、この機械を使って夜学へ通いながら手袋を編んで小遣い稼ぎをすることにした。

これが、正博が最初に関わった編機である。この頃には旋盤から何から、ありとあらゆる工具をうまく使いこなせるようになっていった。

軍手は日本発祥で、戦時中は日本人専用の軍隊用手袋だった。やがて日本の軍隊が進出したアジア地域でも好んで使われるようになった。

戦後、軍隊がなくなったので国鉄で使われるようになり、一般にも広まった。外国人は当初、軍手を嫌った。

「なんだこれは。隙間があって汚れるじゃないか」

正博はそんな偏見を持つ外国人と会うたびに説明した。

「一度使ってみてください。穴が開いているように見えますが、それで汚れるというのは誤解や。使いやすいし、伸び縮みする」

日出手袋工業の川端も、正博のことを可愛がってくれた。池永製作所に来る時は、いつも木炭車を運転してきた。坂道で動かなくなってしまうため、正博は川端の車を押して、いつも助けてやった。

ちなみにこの時から七十年以上経った現在も、日出手袋工業では当時の機械が三台稼働しているという。

編機は結婚式で花嫁が身につけるレースの手袋なども編める。製法は一緒で、素材を変えるだけで良いのだ。そうしてさまざまな手袋が世界中に出回るようになるが、その原点は日本の軍手である。アメリカでは軍手が今も愛用されている。現在は立体的な加工を施したエレガントな女性用手袋など、さまざまな手袋が製造販売されている。

驚異の肺活量と赤玉ポートワイン

昭和二十六年（一九五一年）四月、正博は中学三年生になった。担任は英語、体育、風紀が専門の廣瀬俊男先生である。身長が百八十センチ以上ある日本人離れした体格で、終戦直後は進駐軍将校の通訳をしていた。正博がいつも悪さばかりしているので、廣瀬先生は「島くん！」と大声で注意するのが日課のようになっていた。

また、正博は、授業終了のベルが鳴ったとたんに帰ろうとするので、「もっといなさい！」と怒られた。

廣瀬先生は、朝礼の際にもジッとしていられない正博を見つけては「島！」と怒鳴り、正博の首根っこを摑んだ。

「朝礼台の上に、立ってろ！」

週に一度の朝礼で、正博は二回に一回は罰として朝礼台に立たされた。校長先生が話をする台の上に登るのは、悪さをして見せしめになる生徒だけである。全校生徒一千五百人の前で赤っ恥をかくのだから、普通は懲《こ》りて二度と悪さはしなくなる。ところが正博は別段、恥ずかしいとは思わず、整然と並ぶ生徒たちを眺めながらまったく別のことを考えていた。

〈やっぱり校長先生は偉いんやな。いつもこんな光景を見ながら話をしているのか。それにしても、綺麗に並んでいるなあ……〉

一クラス五十人が二十五人ずつ、二列に分かれて並んでいる。一学年が十組あるから二十列。生徒全体で六十列がビッシリと並んでいて壮観だった。

人生の縁は奇《き》なるものである。

この時、正博に焼き付いた光景が、後のコンピュータグラフィックスを使ったデザインシステムの開発につながっていくことになるのだ。

正博はガリガリで小柄なのに、体力は人一倍あった。成長期でもあり、そのせいでジッとしていられなかったのかも知れない。中学校で肺活量を測定してみると四千五百ccあった。四千以上の子などめったにいない。素潜《すもぐ》りしてサザエを捕っていた頃に鍛えたおかげだろう。だから陸上も得意だった。短距離も二千メートル中距離も、全校生徒一千五百人の中で二番だった。なんでも一番でないと気に入らない正博は、それでも不満だった。

少年相撲で正博の四股名《しこな》は「針乃山」だった。針のように細いという意味である。それでもすばしこさでは負けないので、相手の隙《すき》を見て両足を持ち、エイッと投げれば勝ちであった。

正博は貧乏にも負けず、すくすくと健やかに成長していった。

その中で、不幸もあった。父親の武夫だけでなく祖父の福松も亡くなったし、正博が「おばあちゃん、おばあちゃん」と言って慕っていた、隣家に住む岩城社長の母親も寝込むようになった。正博がいつも野菜やウナギなどの土産を持って行くと、いつもうれしそうに微笑んでくれたのだが、近所の藤並医院の女医がやって来て診察をして、首を横に振った。

「もうこれはあかん」

正博は、通学途中にある店で赤玉ポートワインを買っておばあちゃんを見舞い、小さなおちょこにワインを注いで手渡した。

「それ飲んで」

するとおばあちゃんは元気になった。ふたたび診察にやってきた女医が不思議そうに聞いた。

「なんで元気になった？」

正博はポートワインの瓶を取り出して見せた。

「これや」

「あんまようけ飲まさんように、ちょこっとやったら、体質に合うのかもわからん」

おそらく栄養が足りていなかったのだろう。間もなく亡くなったが、八十八歳の大往生であった。

空手道場で体得した二二〇度を見渡す眼

「喧嘩マサ」と呼ばれる正博だったが、手強い相手に襲われることもあった。なにくそという気力が無かったら、コテンパンにやられてしまう相手である。

〈そうや。護身のために空手を習おう〉

正博は月、水、金曜日の夜に、和歌山城の西側にある南《みなみ》汀丁《みぎわちょう》の剛柔流挙武館宇治田道場へ通うことにした。

剛柔流は、上地流、小林流と並ぶ沖縄三大流派の一つである。また空手護身術の四大流派の一つでもあり、護身術を習いたい正博にピッタリだった。

道場主は、正博より二十歳年上の宇治田《うじた》省三《しょうぞう》だった。松のこぶのように硬い二の腕をもつ宇治田師範は、正博が入門したこの年に和歌山市議会議員に初当選し、のちに和歌山市長を五期務めることになる政治家である。晩年は名誉十段であった。

練習は「顔に当てるな」という決まり以外は何でもありの、荒々しい武術だった。正博は持ち前の負けん気の強さで、何度倒されようと必死に相手にかかっていった。

真冬の恒例として、みんなで空手道場から紀ノ川《きのかわ》まで裸足で走る行事があった。坂道を下る時は寒さに負けそうになったが、上り坂になると息は切れるが身体がポカポカしてくる。最後に真冬の紀ノ川にドボンと入る。水深一メートルほどの場所なので溺れる心配はないが、たちまち身体の芯まで冷え切ってしまう。

〈負けるか！〉

川の中にいる時はブルブル震えているが、冷たい川から上がると空気がふんわりと暖かく感じられた。

川から五十メートルほどさらに走ると、ドラム缶のたき火が待っていた。鍋には湯気を立てたぜんざいがクツクツと煮えている。「これ食べなさい」と手渡されたぜんざいの熱さ、甘さは一生忘れられないだろう。このような時に感じる幸せには、格別なものがあった。

練習を繰り返す中で、正博は蜘蛛の目が飛び出て三六〇度見渡せることを思い出した。

〈魚だって真後ろ以外の二七〇度くらいは見渡せるのに、前に目が付いている人間は不利や。けど訓練すれば、もっと見えるようになるに違いない〉

正博は視界を広げることを意識しながら空手の練習を続けた。すると普通の人が一八〇度くらいしか見えないところを、二二〇度くらいは見えるようになった。斜め後ろから敵に襲われても、視界に入っているので素早くミドルチョップで応戦できる。

相手から襲われた時、敵が振りかざした腕や武器を払いのけ、逆の手でみぞおちを攻撃、相手が

「うーん」と唸っている時に足を払ってパンチをお見舞いする。だいたいこのスリーアクションで相手は倒れて戦意喪失となる。

ある日の夜、町を歩いている時、ヤクザにからまれたことがあった。何かムシャクシャすることでもあったのか、完全な言いがかりである。

「このガキ、何してるか！」

正博はヤクザと対峙《たいじ》し、にらみ合った。ヤクザはドスを握っていたが、正博は瞬時に相手が弱いと見抜いた。

〈このドスの持ち方は、ヤーさんというよりチンピラやな。わしの勝ちや〉

正博は、先手必勝と男の急所を思い切り蹴った。こういう時に中途半端な蹴り方はかえってまずい。ヤクザからドスが飛んできたが、ひらりと避けた。行き場を失ったドスが、地面に突き刺さる。

ここで、ヤクザの態度が一変した。

「なかったことにしよう、わしはもう何も思わん」

さすが喧嘩慣れしているチンピラである。正博が自分より強いことを察知して、深追いするのをやめた。ヤクザは、去り際に言った。

「おまえ、元気やね」

正博にもちろん恐怖心はあった。が、「氣」のほうが勝っているから派手な喧嘩もできた。

空手の訓練で二二〇度見える目を養ったことで、「視野を広げる大切さ」という哲学も同時に学んだ。目の前に広がる山だけでなく、その先に控える二つ目の山、三つ目の山を見通す力、二十年、三十年先を読む力も大切だと若くして学習したのである。

空手道場で一緒だった仲間の中には市会議員になる者もおり、長い付き合いとなった人もいた。

三日間徹夜で丸暗記

進路指導の際、廣瀬先生が訊いてきた。

「島くんは、高校へ行かへんのか？」

「ぼくは働かんといけんので、進学するつもりはありません」

「ソロバンできるんやから、商業高校へ行ったらどうや」

「そしたら銀行に行きます」

が、廣瀬先生は表情を曇らせた。

「そやけど銀行の場合、片親やったら、駄目やな」

正博は、しばらく考えてから先生に言った。

「先生、銀行がダメなら進学して、工業高校の機械科へ行きます」

廣瀬先生は固い表情を崩さずに言った。

「機械科は和歌山で一クラスしかないよってに、東大に行くのと同じくらい難しいぞ」

和歌山県内の工業高校は、学制改革で和歌山工業学校と西浜工業学校が合併され、県立光風工業高校となった。工業高校が一校しかないうえに機械科は一クラスしかなかった。就職するつもりだった正博は、機械いじりや発明、仕事ばかりして受験勉強をしたことがなかった。

正博は答えた。

「落ちてもともとなんやから、受験してみます」

島家は生活保護を受けていたので、正博が進学するとしたら夜学である。

次の日、廣瀬先生は、自分の小遣いで正博のために分厚い参考書を買ってきてくれた。

「試験まで日がないよってに、大事なところに印をつけといたから、そこだけ丸暗記せぇ」

試験まで、なんと、あと三日しかなかった。しかも試験は八科目もある。正博は、先生がマークしてくれたところを三日間ほぼ徹夜して丸暗記し、試験に臨んだ。

先生のヤマは大当たりだった。正博はパッパッと解いていき、すぐに答えを書き終えた。

「先生、全部できたんで、出てもいいですか？」

手を上げて試験官に聞くと、「もうちょっとキチッと見直しなさい」と言う。

「見ても同じや」

「そしたら、紙を伏せて出てもよろしい」

正博は誰もいない校庭に出て、椰子《やし》の木陰に腰を下ろした。参考書を見て答え合わせをしてみた。

〈これなら、絶対合格できる〉

確信を持った。あとはその場に寝転んで気分よく寝入った。

結果は見事合格だった。一科目二十五点で二百点満点のところ、百七十八点だった。約四千二百人の受験者の中で、正博は二位の成績だった。西和中学校の生徒の中では、昼間部と夜間部の受験生の中でトップ。一位の成績を取ったのは有名中学の生徒だった。有名中学は、真面目に一生懸命勉強をして良い成績を取る生徒が多い。正博に言わせるところの「真面目なだけでデキが悪い」タイプである。

受験勉強を三日しかしていない正博が二位の成績で合格したのだから、廣瀬先生の評判は一気に高まった。正博は間接的な形で、合格に導いてくれた廣瀬先生に恩返しができた。

廣瀬先生は、その後、和歌山県トップの格式と進学率を誇る桐蔭高校の英語の先生となった。

中学時代に担任だった若林司郎先生と谷崎博志先生には理科と数学を、廣瀬俊男先生には英語と人間としての精神を教わった。三人の先生は、生活保護を受け授業料を払っていない正博に対して、何の分け隔てもなく教育指導してくれた。

恩師に恵まれたこともあり、中学を卒業するころに正博の発明品は百件を超えていた。

第三章　紀州のエジソン

松下幸之助に発電ランプを送ると

昭和二十七年（一九五二年）四月、正博は和歌山県立光風工業高校機械科の定時制に入学した。

朝八時から夕方五時までは隣の池永製作所で働き、夜は高校に通う。「池永の親父さん」こと岩城社長は、正博に自転車を貸してくれた。

「夜学に行くんだったら、この自転車に乗っていったらいい。運搬用の自転車だから、ちょっと重いけど」

自転車が珍しく高級品だった時代である。確かにペダルは重かったが、休み時間も惜しんで働いている正博にとってありがたい言葉だった。

また岩城は、自宅の一番風呂を正博に使わせてくれた。が、油と汗まみれの身体で湯船に入るわけにもいかない。正博は流しで汚れを落とし、湯を頭からかぶるだけで風呂から出た。

自転車は夜に使うため、正博は発電ランプをつけようと思った。無灯火ではお巡りさんに怒られてしまう。が、ランプをつけると余計にペダルが重くなってしまうし、雨が降ったら泥をかぶってしまう。そこで考えたのが、着脱自在のランプだった。

自転車に発電ランプを取り付け、ワンタッチでパチンと点灯することのできるレバーを発明した。そうするとわざわざ自転車から降りて点灯の操作をしなくてもいい。

自宅から高校までは自転車で十五分ほどだった。その途中で洋品店に寄って手袋を納品し、学校へ続く電車通りに出る。

さらに脇道へ少し入ったところに電柱があり、その角にいつもお巡りさんが隠れている。無灯火の自転車を見かけると、物陰から出てきて「こらッ！」と怒鳴るのである。

正博は、お巡りさんに遭遇した時は、ちょっと先まで走って死角に入り、サッと着脱式ランプを取り付けた。追いかけてくるお巡りさんに、しらばっくれて「あれ、点いてませんでした？」と訊く。

「点いてなかったよ。うーん、しかしランプはあるな」

「これ、ちょっと接触悪かったんやなぁ」

「そうか。気ぃつけて行きなさいよ、どこ行くんや」

「これから夜学で勉強です」

「ああそうか、頑張りなさい」

「はい」

警察の職務質問をかわしながら、正博は思いついた。

〈そうや。ナショナルの松下幸之助《まつしたこうのすけ》さんに、このランプを送ったらどやろか？〉

思い立ったが吉日。正博は、さっそく着脱式の発電ランプを幸之助宛に送った。

しばらくして、ナショナルから連絡が入った。

「送ってもらったランプは、うちの親戚がやってる三洋電機に送ったほうがいい。ナショナルから転送するより、いったん送り返すから自分で直接、三洋に送りなさい」

三洋電機は昭和二十二年（一九四七年）、松下幸之助の義弟（妻の弟）の井植歳男《いうえとしお》が創業した会社である。井植は松下電器産業（現・パナソニック）の創業にもかかわり、専務取締役を務めたが、GHQによる公職追放指定に伴い退社。松下幸之助から、自転車用発電ランプの製造権と加西市の松下電工北条工場を譲り受け、個人事業「三洋電機製作所」を創業し、自転車用ランプを製造。当初は松下電器が三洋電機の名前を併記して「ナショナル」ブランドで販売していた。

正博は、三洋電機に改めて送った。すると井植社長から連絡が入った。

「送ってくれてありがとう」

井植は、正博のことを「面白い発明家になりそうだ」と見込んでくれたようだった。この時から井植との縁ができた。

その後も井植はあれこれ正博の面倒を見てくれるようになる。二人は関西知的財産協議会（NIPA）や発明協会などで一緒に業界をもり立てていく仲となる。

三洋電機で採用にならなかったものの、池永製作所と相談して着脱式の発電ランプを特許出願してみることにした。

また正博は、あちこちで盗難被害が出る自転車の防犯装置も考案した。大人の日給が二百円に対し、自転車は一台一万円以上。泥棒の格好の獲物になっていた。

一般の鍵は後輪に取り付けられているが、これでは簡単に盗まれてしまう。

〈鍵を頑丈にしてもダメや。無理に自転車を動かそうとすると、ブザーが鳴る装置をつくろう〉

無理に自転車を動かそうとすると、スイッチが入ってランプが点灯し、ブーッと大きな音を立てる仕組みを考え取り付けた。持ち主以外は元に戻せないので、自転車を前に押しても後ろに引いても灯りやブザー音を消すことができない。ランプの灯りとブザー音で遠くからでもすぐに異常なことが起こっているのがわかる。泥棒も捕まえやすいというわけである。

正博は、この自転車盗難予防装置を学友たちみんなにつくってやった。

自転車の変速機にも注目した。現在の自転車の変速機は、四段または五段切り替えでチェーンを掛け替えて軽く速く走れる工夫がなされている。正博が考案したのは、切り替え時に速度が落ちない無段変速機である。

この試作品を、大阪市堺区にある島野工業（現・シマノ）に送った。島野工業は、創業者の島野庄三郎が堺セルロイド工場の跡地を借り、焼き入れ技術が劣りベアリングの品質が悪かった国産フリーホイールを、技術の改善と輸入ベアリングを用いて品質向上させて製造を開始。戦前から日本最大の自転車のフリーホイールメーカーとして名を馳《は》せていた。

正博は、島野社長に会うことが実現し、すすめた。

「自転車の変速機をつくったらどうでしょうか」

が、島野が言った。

「そやけど、自転車やからギア部分が難しいやろ。自転車はもっと安くせんといかん。そこまで高級なものはいらん。まあそのうちに考えよう」

その後の昭和三十一年（一九五六年）、島野工業は外装式変速機の生産、翌年に内装3段変速機（3SPEED HUB）の生産に着手した。

この時の出会いがきっかけで、正博はのちに二代目社長となる島野尚三《しまのしょうぞう》と昵懇《じっこん》の仲になる。

正博は、パッと思いついたらその日のうちか、遅くとも翌日には試作品を完成させた。発明少年にとって、思いついた段階で出来上がったも同じだった。

フカを捕まえて食うか

高校一年生の担任は化学の磯田先生だった。

磯田先生の家は、海のすぐ近くの磯ノ浦だった。先生の父親は哲学者であったが、息子は数学や化学、発明の分野に能力を発揮していた。

ある日、磯田先生に誘われた。

「フカ（サカタ鮫《さめ》）を捕まえて食うか」

先生が船を出してくれた。正博が海水に入れた左足でジャブジャブとさせると、フカがエサと思ってパクっと食いついてくる。食いつかれる寸前に足を上げ、狙いを定めていた先生が床板でポカリとフカの頭を叩く。すると気絶して浮いてくるので、それを網ですくって食べようというのである。

「フカは、洗いにして食べたらうまいぞ」

そんなふうに言われると、食べてみたくなる。が、いくら待ってもフカはやって来ない。

正博が足でジャブジャブするのに飽き始めると、磯田先生が注意した。

「まばたきしたらいかん。よう見てやんといかんよ」

正博は、もう一度足でジャブジャブさせてみた。すると海中から白い塊がすーっと上がってくるのが見えた。すかさず先生が床板でフカの腹に一撃を加えた。

が、残念ながら、フカは気絶せずにそのままどこかへ行ってしまった。

現代と違い、昔の大人たちは安全な方法ばかりを選択せずに、子どもたちに危ないことをさせてさまざまな経験を積ませた。

特に機械、電気、科学の分野は荒っぽく男気のある大人たちが集まっている。だからこそ子どもたちも好奇心がわいて「大人と一緒になって何かしよう、教えてもらおう」という気になったという。

本田宗一郎との機縁

三月早生まれの正博は、高校二年生に進級する頃に自動車運転免許証を取得した。当時は中学を卒業してすぐ就職する若者が多かったため、十六歳から取得可能であった。

教習所では、ろくに教えてもらわないうちからスイスイと車を運転し、バックも目的の場所へスッと入れた。教習所の先生が驚いた。

「おまえ、運転うまいな」

スクーター改造車を無免許で乗り回していたから当然だったが、黙っていた。

後に正博は、ホンダ創業者の本田宗一郎《ほんだそういちろう》から無免許運転について諭《さと》された。

「無免許で車乗ったりしたら、いかんかったやないか」

「でも、免許のない中学一年の時に自分でスクーターを改造して車をつくったんやから、仕方なかったんです」

「え、十三歳の時に、おまえが自分で車をつくったんか?」

「そうです。だから車の構造も何も全部わかってますよ」

「うん、それやったら、しゃあないな」

二重環かがりミシン――初の製品化

昭和二十八年（一九五三年）四月、正博が高校二年に進級した時から、和歌山県立光風工業高は「和歌山工業高校」に校名が変わった。

ある日、正博は和歌山市電のパンタグラフを見てハッとひらめいた。

〈普通のミシンは一本の針に一本の糸を通し、下のループに引っかけて編む。けど、このパンタグラフと同じ構造でミシンをつくったらどうやろう。これはいける！〉

母・二三四や正博が使っている手袋編機は、手を包む手袋本体と手首部分を別々に編んでから、手作業でつなぎ合わせなければならない。この作業を簡単にし、手作業の手間を省くにはどうしたらいいのか。一本の針ではなく円弧上に上下二本の針を動かす構造にすれば、パンタグラフのように伸縮する二列のステッチをつなぎ合わせられる。つまり、これまでの手作業は不要となり、機械にセットするだけで簡単につなぎ合わせることができるのだ。

手作りのミシンは針だけ既製品を買ってきたが、あとはすべて正博の手作りだった。いつものように歯車からネジ一本に至るまで旋盤やヤスリを使って加工し、機械を組み立てていく。試行錯誤を繰り返すこともなく、たった一回の作業で新しい手袋編機が完成した。名付けて「二重環かがりミシン」。

実際にこのミシンを使ってみると、手首部分は強度にも優れ、伸縮性にも富んでいる。手袋を編む時間は短縮し、一日一人三ダースだった生産量が二十ダースまで増えた。

この二重環かがりミシンが、正博の数百にもおよぶ発明の中で最初の製品となった。

が、正博には資金力が無い。そのため勤務先の池永製作所にお金を出してもらい、池永製作所の名前で量産化することになった。

価格は一台につき一万七千五百円。いっぽう正博の工賃は、ミシン一台につきわずか千円だった。月に四、五台の製造ペースなので正博の月給は四、五千円。池永製作所の岩城社長は、針の購入費や材料費を差し引いても、何もせずともまる儲けだった。

岩城は、その金で毎日すき焼きやらステーキやら贅沢三昧をしていた。正博は、夕方風呂をもらう際にそのなんともいえない美味しそうな匂いを嗅ぐだけで、我慢しなければならない。

正博は、当時の大工と同じで毎月一日と十五日が休みだった。池永のおやじさんは、月にその二日の休みの日の昼食時にだけ、すき焼きをご馳走してくれた。

「腹いっぱい食べよ」

牛肉はたまらなく美味かった。勧められるままに酒を飲む。当時は未成年でも構わずに酒を飲んだ。腹一杯でほろ酔い気分の池永のおやじさんは、正博を誘った。

「麻雀に行こうか」

そして一緒に遊びに行く。岩城にしてみれば、正博は金の卵を産む大事な鶏である。しかも二重環かがりミシンだけでなく、ポンポンと別の発明品をいくつも産みだしていく。月に二回のご馳走は、うまく正博を手懐けるための作戦だったのかもしれなかった。

ダンスホール隆盛の時代の中で

正博は生活費だけでなく自分の小遣いも欲しかった。出勤前の朝一時間、昼休みの一時間は飯をサッとかきこんだ残り時間を利用して、手袋を二ダース編んだ。指先まで機械で編むことはできないので、仕上げは二三四に頼む。

仕上がった手袋を日赤病院の近くの洋品店に納品し、代金千円を受け取ってから学校へ行った。千円のうち、五百円は糸代で消える。正博の小遣いは一日五百円だった。

作業中は、ラジオを聴いた。発明する時は頭もフル稼働しているが、単純作業を繰り返す時にはラジオは必須だった。手足を動かしながらラジオを聴くと、いろいろな情報が耳から入ってきて一石二鳥だった。

特に昭和二十七年から二十九年までにNHKラジオで放送されていた菊田一夫原作の真知子と春樹の恋愛ドラマの『君の名は』は「番組が始まる時間になると、銭湯の女湯から人が消える」と言われるほどであった。正博も胸をときめかせた。

八歳から働き詰めだった正博も青春まっさかり。この頃から仕事と学校、空手の練習の合間を縫って、友だちや先輩と一緒に繁華街へ飲みに出かけるようになった。未成年ではあったが、まだ終戦から十年も経っていない。いろいろとおおらかな時代だった。

当時流行していた店はアルバイトサロン、略してアルサロと呼ばれていた。第一号店は、「素人の手作り接待」を掲げて昭和二十五年（一九五〇年）に大阪ミナミの千日前《せんにちまえ》に開店した「ユメノクニ」である。ホステスは女子学生やオフィスレディ、主婦ら素人を売りにした女性たちで、疑似恋愛を求めた男性客がこぞって来店。あっという間に全国に波及した。

正博が通ったアルサロは、ぶらくり丁の「モロッコ」。生バンドの演奏で活況を呈していた和歌山の築地銀座きってのアルサロ「美人座」には及ばないが、大衆的で安かった。モロッコで働いているのは、本当に普通の女の子たちだった。ダンスが上手いわけでも、資格を持っているわけでもなく、お客さんにビールを注ぐ係のようなものである。それでも十六歳の正博にとっては、まぶしく心ときめく存在であった。

料金は、ビール一本とおつまみワンセットで三百九十五円。手袋二ダースを千円で売り、当初糸代を五百円払っていた正博にとっては、けっこうな値段である。そこで糸代を安く済ませるため、まとめ買いすることにした。

糸を一俵（四十五キロ）まとめ買いすると、価格は四万五千円。これで四百八十ダース作れるので、糸代は約九十四円となる。が、一度に四万五千円も払えない。そこで半量の〇・五俵のまとめ買いで二万四千円に勉強してもらった。糸代は二百四十ダースで百円。すると一ダース五百円の手袋の儲けが四百円となった。ほぼアルサロのビールセットと同じ金額である。これで数人の店の女の子たちと踊ることができた。

ホステスたちは、貧しい身なりの正博のことを苦学生だと見抜いていた。彼女たちも商売だから、金のない客には素っ気ない態度を取る。正博はそれでは面白くないと、何とかしてモテる方法を考えた。

当時は社交ダンスがブームになっていた。昭和二十年代後半からキャバレーやダンスホール、ダンス教習所の数が急増し、週末やクリスマスなどは満員の大賑わいだった。

正博は、空手の練習がある月、水、金曜を避けた火、木、土曜にダンス教習所に通うことにした。夜学に通っているのに、毎晩習い事を入れてしまったのだ。

夜学の一限目は午後五時半から六時十五分だった。正博は、授業が終わる五分前にいつも教室に滑り込んだ。

「先生、わし授業に出られんかったけど、出席にしといてください」

正博が頼み込むと、先生は同情してくれた。

「島くんは、そんな小さな体で、朝から晩までほんまよう働くなあ」

小柄でガリガリの見た目も功を奏した。

「島くんは頭がええんやから、ちゃんと教えてもらって、よう勉強しなさいよ」

「はい」

素直に返事をし、出席にしてもらう。ある時には「職人は仕事を最後まで仕上げてなんぼやから」と言って許してもらった。一限目の遅刻は嘘ではない。終業時間の午後五時にキッチリ作業を終えるのは難しかったし、油まみれだから風呂にも入らなければならない。五時半の始業にはどうしても間に合わなかった。

問題は三時限以降である。「仕事の残りがあるから」と言い訳をしたり、友人に代返を頼んだりして毎日早退した。ここからが習い事の時間である。

こうして社交ダンスをある程度習得した正博は、アルサロの支配人から頼まれた。

「女の子たちに、ダンスを教えてやってくれへんか？」

ダンスができたほうが客は付きやすいが、アルサロで働く女の子たちのほとんどは踊れなかった。正博はプロのように上手に踊れるわけではなかったが、空手もできて喧嘩には強いし、難関校をトップクラスで通過した秀才でもある。ダンス講師になったことをきっかけに、ホステスたちからの待遇は一気に上がった。

店に長居をすると追加でビールを頼むことになるが、追加料金は二百六十円。安くはない。そこは支配人も心得たもので、正博のビール代をこっそり他の羽振りの良い客の請求書に付けてくれたりした。ホステスたちも金を持っている客席に正博を招き入れ、紹介した。

「マーちゃんは戦争でお父さんを亡くして、小さいころから働いて家族を支えてるの。この店にも、わたしたちにダンスを教えに来てくれてるのよ」

すると客たちは、正博にビールを勧めてくれた。

「そうか。苦労人か。それやったらもう、遠慮せんとどんどん飲みなさい」

正博はニコニコしながら「ありがとう、すいません」と言い、調子を合わせてタダ酒を飲ませてもらった。

音のしない下駄――特許の重要性

正博の空手の腕前はめきめきと上達していった。「喧嘩マサ」のあだ名が付くくらい短気だったので、段を取らずにずっと白帯のままだった。が、実際は強い。瓦十枚くらいは空手チョップでバンと割れる。

空手を習いに行く時のスタイルは、柔道着に下駄。学校ではさすがに柔道着は脱いでいたが、足元はずっと下駄履きで通していた。

ところがある日、担任教諭の早川禎一先生にいきなり怒られた。

「こらッ、学校に下駄を履いてくるな！」

「先生、何でですか？　ぼくはズック靴だと水虫になるので、下駄でないと駄目なんですよ」

あくまで方便だった。正直に言ってしまうと、正当性がなくなってしまう。

「先生、下駄履いたら、何で悪いんですか？」

「島くん、下駄はカタカタとうるさい音を出すから、学校に履いて来ては駄目なんだ」

正博はちょっと考えてから言った。

「そしたら、音がしなかったらええんですか？」

「うんまあ、そしたらええけどな」

「そうですか、わかりました」

正博は心に決めた。

〈だったら、音のしない下駄をつくってやろう〉

下駄は木でできているから、歩く時にどうしても音がする。下駄の歯の裏にゴムを取り付ければ良いが、板状のゴムは二～三ミリのクッションしかないので防音効果は薄い。が、高さ三十ミリある薬ビンのゴム栓なら薬局で調達できるし、使い方次第で優良な緩衝材《かんしょうざい》になる。

〈ドリルで穴を開けてゴムを差し込んで、五ミリほどゴムを出しておけば音はしなくなる。けど、円柱形のドリル穴ではすぐにポロッと取れてしまうな〉

そこで逆円錐《えんすい》形の穴を開けることを思いついた。穴の入口の直径は小さく、奥に行くに従って広がる穴である。が、そんな穴を開けられるドリルはどこにもない。正博は、まずドリルの製作から始めることにした。

正博が考えたのは、ハサミのような二枚刃のドリルだった。刃は外向きにし、ドリルで掘り進めるに従って持ち手の角度を広げていく。すると奥側が広い逆円錐形に削れる。ドリルを引き抜く時は刃の角度を戻すだけでいい。

完成した下駄を履いて走ったりジャンプしたりしてもゴムは外れることはなく、音もしなかった。正博は仕事と勉強の合間を縫って、わずか二日間で音のしない下駄を完成させたのだ。

正博は学校へ行き、担任の早川先生が必ず通る場所で待ち伏せた。

〈あ、来た来た……〉

早川先生の前で、見せつけるように下駄で歩いてみせた。

「こらッ！　まだ下駄を履いてるんか？」

「先生、よく聞いてください。カタカタって音しますか？」

正博がいくら歩いても、下駄はまったく音を出さない。

「どうなってるんだ？」

さすがに早川先生は驚いた。

正博は、早川先生に声をはずませて説明した。先生は目を丸くしながら聞いている。

正博は胸を張りながら言った。

「先生、これはぼくが考えた音のしない下駄です。このゴムのクッションを下駄の歯に埋め込むために、ドリルも自作したんや」

「島くん、面白いもんつくったな。普通やったら、ドリルの図面を書くだけでも二日はかかるだろう」

「先生、生徒がこんなことできたら、嬉しないかぇ？」

「そら、わしの生徒やから、そのくらいできるやろ」

冗談を交えながらも大いに感心した早川先生は言い出した。

「その下駄もって、校長室へ行こう」

早川先生は、校長先生に下駄を見せながら説明した。

「こいつに『うるさいから下駄履いたらあかん』て言うたら、たった二日間でこの下駄を作ってきよったんです。逆円錐形の穴を掘るドリルも、全部自分で作って。二日間いうても、仕事と授業の合間に作ったんです。そんなこと、職人でもようせぇへんでしょう？」

校長先生も感心して下駄を見た。早川先生が校長先生にお願いした。

「島くんは手も頭も動く発明家で、和工（和歌山工業高校）の機械科の一番の見本になる生徒や。だから校長の名刺の脇に『島くんの下駄履きを許可する』と書いてハンコを押したものを渡してやってください。そしたらそれが励みになって、またいろいろと発明するよって」

校長がうなずいた。

「よしわかった。名刺をあげよう。頑張りなさい」

校長室を後にした早川先生が言った。

「他の先生に下駄履きのことを注意されたら、その名刺を見せてやりなさい」

「ありがとうございます。先生」

正博はさっそく、注意してきた他の先生にその名刺を見せた。

「これ、見てください。校長先生から許可もらってます」

水戸黄門の印籠のようなものだった。ビックリした表情の先生たちの顔を見ていると痛快だった。

〈ああ、これは気持ちええな〉

校長先生がポンと判子をついてくれた時、正博は思った。

〈こういう特別の許可、特許は一番大切やな〉

早川先生に後押ししてもらった正博は、仕事と学業の合間に張り切ってさまざまな発明をした。短時間で何かを生み出すやる気とパワーに満ち満ちた正博の発明は数百にも達し、自分でも数え切れないほどになった。

器用貧乏になるな！

ある日、正博は近所のミカン農家が消毒液をまく時に使う噴射《ふんしゃ》機のノズルがたびたび目詰まりを起こして困っているという話を耳にした。

「ノズルを毎回掃除するの大変やし、詰まったらまた掃除せんといかん」

噴射機を見せてもらった。消毒液は、粉末状のものを水で溶かして作っている。ノズルの先には六つの小さな穴が開いており、そこから液を噴射する。が、小さな穴だからすぐに詰まってしまうのである。正博は、六本の針を内蔵させ、クルクル回すと詰まった穴に針が貫通するノズルを三日ほどかけて作った。

特製ノズルを試してみたミカン農家は大喜びだった。

「これで作業がはかどるわ。ありがとう」

そう言ってお礼にミカン一箱をくれた。

正博は、必要に応じていくらでも発明品を生み出すことができた。

例えば、薄いアルミ缶を弁当型に加工して、ブリキを外側と内側に入れた三層構造にした「冷めない弁当箱」。正博は自慢した。

「さめにくい弁当箱や。飯もおかずも温かいままで食べることができる」

時間が経っても緩みにくい「緩まないボルト」もつくった。

そのうち、正博は、早川先生から注意を受けた。

「島くん、褒められるのが嬉しいのはわかる。だが金をもらわずホイホイ発明したものを渡していたら、器用貧乏で金が無くなってしまうよ」

「でも、金なんか元からないもんなあ」

「そりゃそうやな。そやけど、日用品の発明をしてもムダや」

「どうして」

「おまえと違って、世の中には狡《ずる》い人が多い。必ずおまえの発明を真似して一儲けしようという者が現れるよってに、そういう人の餌食にならんようにしなさい。自分の進む道を決めて、手袋の編機だったら編機に特化するんや。そしたら成功する確率が高くなる」

早川先生は正博の能力を評価し、適切なアドバイスをしてくれた。また正博の力を借りることもあった。

ある日、早川先生は、教育実習生に正博のことを紹介した。

「この子は、実習やらせたら和工で一番の子で、夜学通いながらの仕事ぶりもたいしたもんや。だからきみ、島くんにいろいろ教えてもらいなさい。島くんも、ちょっと教えてやってくれ」

正博は、実習の先生にヤスリのかけ方から教えてやった。専門の教育を受けた先生が、生徒から教わるのである。が、正博のほうが圧倒的に上手いのだから仕方がない。実習の先生も、正博の前では素直な生徒に逆戻りした。

実用新案特許第一号

「二重環かがりミシン」に次いで正博が発明したのが、「作業手袋編成機の支針板自動旋動装置」だった。

これまでの編機は、編む指の針（九本・十本・十一本の針）を手動で作用位置に押し上げて編んでいた。が、正博が発明した装置は、編針選択レバーをガチャンと押し込むと指を編む巾の針が順に出てくる。

同時に支針板が旋回して針を作用位置に突き上げて編めるので、熟練の者でなくても誰でも編める。

編目を移動させる時に使用する編機用の移し針は、自分ではんだ付けをしてつくらなければならなかった。そこで先ず塩酸を買って来る。

真鍮の板を細長く切り移し針を等間隔に並べて塩酸を塗る。塩酸だけではははんだは玉になって広がらないため、乾電池を剥いで中のペースト状のものを入れると、はんだはスッと広がった。

コツをつかむことが難しく、正博でなければこの方法で針はつくれなかった。

できるまでやる。誰かが教えてくれた訳ではなく、何もない時代だから自分でやってみるしかない。

これが正博の特許第一号となった。池永の親父さんこと岩城仁三郎に東京へ行ってもらい、出願することになった。

「こんなんで実用新案通るんやったら、毎日でもできるわ」

すると岩城に「偉そうなこと言うな」と怒られてしまった。

この時、岩城の心は複雑だった。もう還暦になろうとしている自分は、これまで何十年と機械をいじってきたのに、取得した特許はわずか四件。それなのに正博は中学生の時から何百と発明をし、高校生で特許出願を果たした。この能力差を、岩城も認めざるを得なかった。

東京から帰ってきた岩城は、ついに正博に兜《かぶと》を脱いだ。

「おまえは天才少年やな。わしはだいぶ経験あるけど、おまえのほうが率は高い、頑張れ。給料の代わりに、もう材料も工具も何も自由に買って使って発明したらいい。好きなもんつくりなさい」

「あなたは必ず成功する」

昭和二十八年（一九五三年）、高校二年生になったばかりの正博は、いつものように昼休みの時間を利用して自宅でせっせと手袋を編んでいた。すると見知らぬおじさんが家の敷地に入ってきて正博に声をかけた。

「読売新聞のもんやけど、表札の名前を見て訪ねました」

おじさんは読売新聞の販売店の店主だった。手には販促用の新聞を抱えている。正博は答えた。

「おっちゃん、うちは生活保護をもらっている家庭やから、新聞をとるお金はないよ」

するとおじさんが訊いた。

「あんたが島正博さんか？　表札見たらええ名前やから、晩年成功するよ、頑張りなさい」

どうやらおじさんは、姓名学か何かを学んでいるようだった。

「そんなに褒めてもろうても、新聞とるお金はないよ。昼めしを抜くか、五分で食べて手袋編んでやっと生計立てているんやから。もうそんな言わんといてください、作業ができなくなるよって」

が、おじさんは帰ろうとせず、真面目な表情で言った。

「いや、ちょっと聞きなさい。あんたはいい名前だから必ず成功するよってね、新聞をとったつもりで貯金しなさい、必ず役に立つよ」

さらに言った。

「それとあんたは、状況が変わったら、身体を壊して三十六歳で死ぬ確率が高いよ。気をつけなさい」

当時の新聞代は朝夕刊で月に三百三十円だった。正博は思った。

〈占いのことはよう知らんが、貯金をするのは悪くない。言われたとおり、繰り上げて毎月四百円ずつ貯金してみよう〉

翌日、正博は自宅から二百メートルほど先にある郵便局に行って通帳を作り、自分の小遣いにと始めた手袋編みで稼いだ中から、毎月四百円をコツコツと貯め始めた。

運命の女《ひと》

昭和三十年（一九五五年）四月一日、正博が住むバラックから百メートルも離れていない近所に美容室「エリー」が開店した。

朝鮮戦争の特需に沸く日本では、女性のおしゃれも急速に進み、デンパツ（電熱パーマ）と呼ばれるパーマをかけた髪が大流行していた。

高校三年生になった正博は、そのパーマ店で同い年くらいの女の子が手伝いに入っていることに気づいた。

後に正博の妻となる高橋和代である。和代は和歌山県立那賀高校の生徒で、正博と同い年の昭和十二年九月十五日生まれ。正博は三月の早生まれだったので一級上だった。地元では有名なスポーツ少女で、ハンドボールの選手として国体に二度出場するほどの腕前だった。和代は学業とハンドボールの練習のかたわら、姉が経営する美容院の手伝いもしているらしい。

正博は、明るく快活な和代のことが気になり始めていた。

和代は、和歌山県那賀郡根来村（現・岩出市）の農家に生まれた。八人兄姉の末娘で、畑仕事が忙しい母親の代わりに八歳年上の姉・昌子が育ててくれた。母親が「和代が知らんあいだに大きくなった」と言うほど、昌子は面倒見が良かった。

父親は厳格だったが、それでも末娘の和代には甘いほうだったらしい。

和代は、若い頃は美人で評判だった母親似で、年ごろになるにつれ母親に似てきた。正博だけでなく、和代を気に入った青年はたくさんいた。

正博は、和代のつれない態度を見て、自分がまったく相手にされていないことがわかった。バラック住まいで、毎日油まみれで働いていた。それだけで他の男性に比べ不利だった。が、負けず嫌いの性分が、またむくむくと頭をもたげてきた。しかし、さすがの正博も女の子相手にはどうして良いのかわからなかったという。

起業の決意

正博が定時制高校四年生に進級した昭和三十年（一九五五年）頃は、あちこちの工場で軍手をつけた作業員が機械に巻き込まれる事故が頻発していた。この頃、流通していた軍手は手首が細く絞られ脱げにくい形になっており、軍手の指先が機械に巻き込まれても軍手が脱げずにそのまま指まで挟まれてしまうのだ。

染色は、和歌山の地場産業として明治の頃から経済を支えてきた。染色機械を製造する鉄工所、染色工業があちこちにある。事故が多かったのは、円筒状のスクリーンを回転させながら、色糊《いろのり》を生地に刷り込んで模様をプリントするロータリー捺染機《なっせん》である。一メートル以上あるロータ一二機の間に生地をはさんで柄合わせをするのだが、作業員は機械を運転しながら柄合わせをしなければならない。その際に軍手が引っかかってローターに巻き込まれ、指もいっしょに機械に押しつぶされてしまうのである。

こうした事故で毎年十人から十五人が亡くなっていた。手指を失う作業員はその二倍もいる。その他にも、機械の歯車に軍手の指を取られて起きる事故も多かった。

正博は「あの工場でまた事故があった」と聞くたびに心を痛めた。軍手から手が抜けなかったという理由で人が死ぬなど、あってはならないことだ。とても他人事とは思えなかった。

〈何とか手袋を改良して、事故を減らせんやろか……〉

その時にふと思いついたのが、ゴム入りの軍手だった。使用している時は手首にフィットし、機械などに引っ張られたらゴムの伸縮性によりスポリと抜ける。

「ゴム入り安全手袋編機」の完成だった。

この機械で編んだ「ゴム入り安全手袋」の販売を開始すると、いつも危険と隣り合わせだった工場の職員たちにいたく感謝された。正博は、工場で働く人たちから「天才発明少年」と呼ばれるようになった。

周囲の人たちは、正博に強く勧めた。

「これは、特許を取ったほうがいい」

ところが和歌山には弁理士が一人しかおらず、県内で出願すると二年は待たねばならないという。

そこで大阪で出願することにした。

正博は、大阪・日本橋にある鎌田特許事務所を訪ねた。弁理士の先生も、正博の発明を高く評価してくれた。

「この機械やったら、実用新案を出すべきや」

「はい、いくらですか？」

出願代は一件七千二百円だった。これに印紙代など諸経費を加えると九千円をオーバーする。正博は郵便局の預金通帳を見た。毎月四百円ずつ貯めていたお金が二年間かけて九千六百円になっていた。もし、四百円でなく三百円ずつ貯めていたら、出願代には届かなかった。必要な時に、必要な額ピッタリの貯金ができたのだ。

正博はハッと気づいた。新聞屋のおじさんの占いは、怖いほど的中していた。

〈わしはもう、寿命の半分を生きてしもうた。残りはあと十八年しかない〉

戦後二年ほど経つと男女の平均寿命はともに五十歳を越え「人生五十年」と言われた。昭和三十年（一九五五年）になると男性の平均寿命は六十歳になった。これからもどんどん伸びていくだろう。それなのに、自分は平均寿命の半分しか生きられないというのか。

正博は決意を固めた。

〈それなら、他の人の二倍の速さで時間を使うしかない。どうせ死んだ後は、ずっと寝続けてなきゃならんのやから〉

残された時間を精一杯生きたい。そんな思いが発明熱につながっていく。発明をする際も、アイデアの段階から手を動かし始め、作りながらアイデアを煮詰めていった。そうすれば二倍の速さで仕事もできる。

〈そういえば、今までは匂いを嗅ぐばっかりで、なかなか肉を食えんかった。これからは発明して金を儲けてなるべく美味しいものを食べておかなきゃいけない。このガリガリの身体を太くして、力強く生きていこう〉

正博は寝る時間を半分にし、空手やダンスも辞めて仕事一本に絞った。そして、時機を見て自分の会社を設立する決意を固めた。

第四章

「島精機製作所」設立と倒産危機

「こんな人とは結婚できへんわ」

昭和三十一年（一九五六年）三月、正博は和歌山県立和歌山工業高等学校定時制の機械科を卒業。お礼奉公として池永製作所に就職した。

正博は定時制だったので四年間高校に通った。そのため一学年下の高橋和代と同じ年の卒業となった。

和代は高校を卒業すると、姉の経営する「エリー」の二階に住んで美容院の手伝いをするようになった。すぐ近所なので二人はしょっちゅう顔を合わせるようになった。しかし、正博は女の子にどう声をかけてよいのかもわからなかった。

身長が百六十センチあり、ハンドボールで鍛えていた和代は、まるでモデルのようにスラリとしていた。勤務先が美容院なので、最先端のヘアメイクにファッションで毎日お洒落に決めている。しかも花の盛りの十八歳。近所の青年たちの憧れの的《まと》だった。

正博はいとこたちと青年団をつくり、地域のさまざまな奉仕活動や寄付集めなどをおこなうことにした。正博は、和代を誘って入団させたのは、我ながら良いアイデアだと思った。

おかげで、何かと口実をつけては閉店後のエリーに青年団の連中と入り浸れるようになった。美容室には和代の姉の昌子もいたし、他の女の子もいる。異性と一緒にご飯を食べに行ったり、飲みに行ってダンスをしたり、海に遊びに行ったりするのは楽しかった。

和代は、正博を見て思うようになっていた。

〈お父さんが戦死して、若いけど、ああして一生懸命事業をやっている人なんやな〉

姉の昌子も、正博の将来性を買っていた。

〈今は貧しいけど、将来有望な青年や〉

正博は、思い切って和代をデートに誘ってみた。和代が応じてくれたのは良かったものの、この頃正博は特許出願の準備で大忙しだった。働きながら申請書類を用意し、繊維会館にある公報閲覧所にも通わなければならない。もし同じような特許がすでに出願されていたら、二年かけて貯めた出願料がパアになる。だから他人の出願案件を徹底的に調べ尽くさねばならなかったのだ。

和代とのデートは忙しい合間を縫ったものだから、いつも中途半端の尻切れトンボだった。

ひどい時は、南海和歌山市駅前の喫茶店に二人でいる時に、「ちょっと待ってて」と言って仕事のため大阪まで行き、和代をそのまま八時間も待たせたこともある。デートの待ち合わせの前に飲んだくれて、和代が来る頃には空っぽの財布しか持っていなかったこともあった。

和代はそれでもデートに応じ続けたのだから、正博を憎からず思っていたのは間違いない。だが、デートの相手には良くても、結婚相手となるとまた話は変わってくる。

〈こんな人とは、とても結婚できへんわ〉

じつは、それが和代の本音だった。

元海軍将校という詐欺師

昭和三十一年（一九五六年）五月二十二日、正博は着脱が簡単で、巻き込まれ事故を防ぐ「ゴム入り安全手袋」の実用新案を出願した。

ところが間もなくして、特許庁から「拒絶」と連絡が入った。「ゴム入り靴下編機がすでにある」とのことだった。ただし、それ以上の理由がはっきりしない。二年間コツコツと貯めてきた有り金はたいて出願したのだから、「はいそうですか」とは引き下がれなかった。が、不服の抗告審判請求をするためにはさらに金が要る。

〈誰か、支援してくれる人はいないか……〉

池永製作所の岩城社長に相談すると、取引先である和歌山県下津町（現・海南市）に工場を持つ大洋手袋（現・おたふく手袋、大阪府箕面市）を紹介してくれた。

昭和三十二年（一九五七年）六月、正博は思い切って大洋手袋の創業者である井戸端政一社長に電話をかけた。

井戸端社長とは数回会っただけだったが、わざわざ池永製作所まで来て話を聞いてくれた。

井戸端社長は正博に言った。

「島さんのこの発明は、『手袋の革命だ』と直感した」

井戸端社長は即決し、抗告審判に必要な当座の資金三万八千円を出してくれることになった。

さらに正博がもう一つ出願していた「オーバーロック」、つまり、手袋の口にゴムバンドを入れ、かがり縫いする工程の実用新案登録にも名を連ね、資金援助をしてくれることになった。

資金援助の対応をしてくれたのは、大洋手袋創業者の息子である井戸端吉彦である。話を聞くと、井戸端は正博と同じ高校の二年先輩で、相撲部に所属していたという。

事情を聞いた井戸端社長は、すぐに正博の元に飛んで来て話を聞いてくれた。

「よっしゃ、応援しましょ」

井戸端のおかげで正博の抗告は認められ、「ゴム入り安全手袋」は実用新案500299号として登録されることになった。

ホッとしたのもつかの間の、真夏のある蒸し暑い日、突然見知らぬ男から内容証明郵便が送りつけられてきた。

「わたしは同じ構造の手袋を昭和二十八年（一九五三年）三月からすでに製造・販売している。あなたの実用新案公報を見て驚いた」

男の名は内田某《なにがし》。住所は長野県駒ヶ根《こまがね》市と記されている。まさに青天の霹靂《へきれき》だった。自分が一から考案した我が子のような商品なのに、いきなり盗人呼ばわりされたのである。

正博は、大洋手袋創業者の井戸端社長にも相談したが、とりあえず話を聞いてみなければわからない。みんなで内田という男に会いに行くことにした。

昭和三十三年（一九五八年）秋、正博は大阪の堺筋本町の旅館で内田と会った。頭をピカピカに剃った中年男で、やけに偉そうな態度を取っている。

「わしは、元海軍技術将校である！」

内田は高姿勢のまま、まくしたてた。

「わしは、特許について知り尽くしている。これは権利侵害だ！」

もちろん正博も負けてはいない。

「あれは自分が一から考えて作ったものです」

すると、内田は急に態度を軟化させてきた。

「島くんはまだ若いから、わしに任せなさい。異議を取り下げるから、一緒にゴム入り手袋を生産しないか」

正博はこの時まだ二十一歳。自分より倍以上年かさの元海軍技術将校を名乗る男からそう言われ、つい話に乗ってしまった。

内田は商売のやり方から儲けの配分まで、蕩々と正博に聞かせた。

まずは製品を普及させる組織「ゴム入り安全手袋会」を設立して、トレードマークを定めて権利の管理に当たる。卸値約四百円の安全手袋一ダースにつき十円の権利使用料を徴収する。十円のうち五円は、九州、中国地方、大阪など十カ所に作る支部の管理費や集金にかかる経費にする。残り五円の中から一円はラベル代や宣伝費、正博に一円、残りの三円は内田の取り分となった。

当時の作業用手袋の国内需要は年一千万ダース。わずか一円の取り分でも、正博は年一千万円の収入という計算になる。

当時、「ニコヨン」と呼ばれる日雇い労働者が数多くいた。東京都が昭和二十四年（一九四九年）に定めた日雇労働者の定額日給が二百四十円であり、百円札が二枚（二個）と、十円札が四枚であったことに由来する。

彼らが一日も休まずに一年間働いても年収は八万七千六百円。本建築の二階建てでも六十万円で家が建った時代である。桁違いの収入が得られる話に魅入られた正博は、内田に自分の印鑑と通帳を預けることにした。

結婚への道程

いっぽう正博が想いを募らせている和代であるが、正博には恋のライバルが二人いた。一人は島家の親戚で、建具に漆《うるし》を塗る職人だった。が、和代はあっさり拒絶した。

「漆は臭いし、イヤや」

姉の美容室を手伝ううち、自分も美容師になりたいと思っていた和代だったが、パーマ液などの薬剤が身体に合わず、肌がただれて水ぶくれができてしまった。そのため美容師になる夢を泣く泣く諦めた。だから、かぶれやすい漆を嫌ったのかも知れなかった。

もう一人のライバルは、金持ちのボンボンだった。両親は、和歌山初のポリエチレン袋を製造する会社を経営しており、息子にたっぷり小遣いを与えていた。和歌山駅にはその会社の大きな広告塔がそびえ、ライバルの青年はホンダの最新式のオートバイを乗り回していた。正博の目の前で、和代が青年の運転するピカピカのオートバイの後ろにまたがり、どこかへ走り去っていったこともある。自動車も所有しており、ドライブがてら映画を観に行ったという話も聞いた。

〈やっぱり中古の改造車より、新車のほうがええんやろか〉

体格の良い金持ちの息子に比べ、正博は体重が五十キロもないいわゆる骨皮筋右衛門である。青年部会で盆踊りを企画して盛り立てようとしても、格好いいところを和代に見せることもできない。なぜなら、盆踊りの役員は必ずのど自慢大会に出場しなければならない決まりだったからだ。

正博の十八番は、エルビス・プレスリーの「ラブミーテンダー」だった。理由は簡単で、どんな曲よりも音痴のごまかしがきくからだった。オリジナルを聴いたことのない人もいたし、じつは正博本人も英語の意味がよくわかっていなかった。

歌詞カードをにぎりしめながらマイクの前に立つと、生バンドのイントロが流れてくる。が、正博は歌い出しがどこだかわからない。だから歌のうまい仲間に頼み、直前に背中をポンと叩いてもらった。二番、三番がある時も、背中を叩いて合図してもらった。すでに正博の音痴は知れ渡っていたが、三番を歌い終わると拍手がワーッとわいた。

〈あれ？　少しは上手になったんかな〉

そう思ったのもつかの間、歌い出しと歌い終わりが伴奏と合っていたことを、みんなで褒めてくれたのだった。

あまりにも音痴すぎて、和代にちっとも良いところを見せられない。

ダンスは習ったが盆踊りでは話にならない。それでも歌よりよほどマシである。和代と並んで踊ったりした。

和代が「お金持ちの家に嫁ぎたい」「あんなバラック小屋には嫁げない」と思うのは当然だった。が、ライバルは何でも親がかり、正博は昔から自力で仕事をしている違いがある。

それに和代は、正博が「天才少年」と呼ばれていること、一見貧弱な身体も空手で鍛え抜いていることも知っていた。そのずば抜けた能力と負けん気の強さに、男性としての魅力を感じたとしても不思議ではない。

正博と和代の関係は「友だち以上、恋人未満」に発展していった。

昭和三十四年（一九五九年）のはじめ、和代は近所に住む年上の男性から求婚され、困っていた。好きでもない人と結婚したくないが、ご近所同士なのでうまく断らなければ後々面倒なことになる。

和代は正博に相談した。

「どない言うて断ればええやろ」

その相手は、実は正博の遠い親戚でもあった。

「そんなら、ぼくと結婚することになってるから、と言って断ればええ」

正博にとって渡りに船であった。意を決し、発明家らしいプロポーズを囁《ささや》いた。

「結婚したら、すぐには無理だけど家を建てる。前に立つだけで、自動的に扉が開いたり、手を出したら、自動でお湯が出たりする、そんなどこにもない家を建てる。今はバラックで貧しいけど、夢があるよってに、ぜひぼくのところに来てください」

そこまで言われて、女心が動かぬはずはない。

「そんなだったら、騙されてもまあ希望があるんやし、行っちゃろか」

和代は嫌々嫁いでやる、という口ぶりだった。

実際、和代は周囲に漏らしていた。

「マーくんと結婚することより、プロポーズしてきた人から逃げることが先決やったんよ」

玉《たま》の輿《こし》という訳でもない結婚だから、正博に対する恋心は本物だったのだろう。それだけに照れくさくて、素直になれなかったのかも知れなかった。

正博はすぐに母親の二三四に報告した。二三四の行動も素早く、町内の世話役に仲人《なこうど》を依頼するなど、トントン拍子に話が進んでいった。

仲人の計らいで、結婚式はこの年昭和三十四年の十一月二日に決まった。

正博は、今まで手を付けずにいた特許使用料の一部を結婚資金に充てることにした。

内田に管理を任せっぱなしにしていたが、三年の間に正博の取り分は三千万円ほどになっているはずだった。正博は妻となる和代に、この莫大な財産のことを打ち明けた。

「今住んでいるバラックに来てもらうわけにはいかんから、貯金の中から二百万円ほど引き出して家を建てよう」

この時代、東京の公立小学校教員の初任給は八千円、大卒初任給は約一万五千円。山手線初乗り料金が十円、ラーメン一杯四十円だった。当時の三千万は現在では一億八千万円以上の価値となる。

しかもまだモノのない時代でみんな貧乏だったから、さらに桁違いの価値となる。正博は自らの発明により億万長者になったのだ。

「三千万は、くれてやる」

この頃、正博は鐘淵紡績（現、カネボウ）との合作で「カメレオンの手袋」というゴム入り安全手袋を販売し始めていた。

当時の鐘淵紡績には七人の役員がおり、大勢の女工さんを雇って製糸業を営んでいた。役員の一人である宮井は、たまたま正博の家から百メートルほど先に住んでおり、発明青年が近所にいることをビジネスチャンスだと考えたのだ。

ところが、すぐに内田から苦情が入った。

「わしを差し置いて、他で商売するとはけしからん！」

正博は内田のことを信用していたが、宮井は違った。

「なんだ、その内田という男は。そんなやつら、いないほうがマシやないか」

宮井は、興信所を使って内田の信用調査をおこなうことにした。

その間、正博は結婚資金の話で内田に連絡を取ったのだが、「売れ行きが良くなくて……」などとよくわからない返事をする。

まもなく宮井から、内田の信用調査の結果が報告された。

「内田という男は、確かに元海軍技術将校で、特許や技術のことをよく知っている。頭脳明晰な人物としても知られている。だがこいつ、とんでもない詐欺師なんや」

内田は「ゴム入り安全手袋」の出願人を勝手に自分の名前に変更し、正博はいつの間にか考案者の一人に格下げされていた。興信所の調査で、脱税までやっていることが判明していた。自分が手にするはずだった三千万円も行方不明である。税金をごまかすため、いったん正博の通帳へ入金し、それをすぐに引き出していた。

正博は血の気の引く思いであった。

〈騙された……〉

このままでは埒《らち》があかない。正博は、ただちに長野県の駒ケ根市に向かった。

〈死なない程度に殴ってやらんとおさまらん〉

三千万円は、まだ二十歳そこそこの正博にとっては金額が大きすぎて、その価値がちゃんと把握できていなかった。それよりも、赤の他人を騙すその根性が許せなかった。

正博は、内田の家に乗り込んだ。内田は相変わらず頭髪を綺麗に剃り、糠《ぬか》で磨いてピカピカにしていた。その姿はまるでどこかの高僧のようである。

が、その正体は、優秀な頭を良い方向には使わず、悪い方向にばかり使う札付きのワルだった。

正博は、近くにあったホウキを片手に内田に詰め寄った。

「許せぬ！」

内田は、涙を流しながらツルツルの頭を地面にこすりつけて土下座した。

「すまなんだ。申し訳ない」

正博は、その情けない姿を見て殴る気をなくしてしまった。

それに、こんな禿げ頭にホウキの柄を振り下ろしたら、簡単にパクリと割れてしまいそうであった。下手に怪我を負わせたりしたら傷害で逮捕される。損に損の重ね塗りとなってしまう。

〈こんな男が、本当に海軍技術将校だったんやろうか？〉

まったくもって情けない限りだった。

正博はホウキを投げ出した。

「もう結構です。汚れた金はいりません。三千万は、くれてやる」

その後、内田の案内で天竜下りをし、鯉こくを堪能した。

駒ヶ根市を去る際はハイヤーを呼んだ。

「ここから和歌山まで、ハイヤーで帰るわ。三千万円放棄するんやから、そのくらいのサービスはええやろ」

正博は内田からたっぷりタクシー代を受け取ってハイヤーに乗り込んだ。

すると運転手が言った。

「長野には上高地《かみこうち》っていう景色のいいところがある。いいところですよ」

運転手の話を聞いて、正博は上高地でキャンプをすることにした。せっかくの大名旅行である。

早く到着したのでキャンプ場にあるすべての貸しテントを借りて、貸し切り状態にした。

ただし、現地まで遊びに来た人には無料でテントを渡してあげた。

思いつきで行動したので、燃料も食料もない。他のキャンパーと仲良くなって「こっちで一緒に食べましょう」と仲間に入れてもらった。

和歌山に戻り、鐘淵紡績の宮井に報告した。宮井が言った。

「内田は本物の悪党だから、汚い金など受け取らないのが賢明だ。これは裁判をしても勝てないし、時間がもったいない。あれだけの機械を発明した島くんだ、そんな暇があるなら、新しい発明をしたほうがいい」

正博も宮井の意見に納得した。

が、誰もが、内田に対し、正博のように納得できるわけではなかった。

大洋手袋の井戸端政一は、特許出願が却下された際、不服申し立てに必要な資金を提供してくれた。

その際、政一から「出資するので連名にしてほしい」と言われ、出願者の一人に名を連ねていた。正博が勝手に三千万円もの金を放棄してきたことには、どうしても納得がいかない様子だった。

「自分も金をもらう権利がある。一銭ももらっていないんやから」

正博が言った。

「内田のことは、自分たちが動かんでもいつかバチが当たるよって、もう放ってしまいましょう」

婚約者である和代も、正博から話を聞いてあきれ果てた。

「お金がないのに、三千万円を放棄したって⁉　アホの中のアホや！」

和代には何を言われても仕方なかった。が、次に和代の口を突いて出てきたのは愛情のこもった言葉だった。

「そやけど、ほんまにあるかどうかも分からんお金、最初から当てにしてへん。綺麗な家に住めるから、あんたと結婚しようと思うたわけやない。それだけの大金を放棄するくらい太っ腹な行動に出たということは、次に稼ぐ考えがあるよって捨てたんでしょ？　頑張りなさい。お金がないところから、お互いに力を合わせてやっていけばええ」

そして和代は、最後に言った。

「それにわたし、あんたと一緒なら、かかあ天下でいけるよって」

あっけらかんとした物言いは、和代の優しさと強さを如実に表していた。誰でも言えるような台詞《せりふ》ではなかった。

その後の内田は、正博の予言どおりの哀れな顚末《てんまつ》になった。国税庁に摘発され、財産をすべて没収されてしまったのだ。そのショックもあってか、内田はあっけなく病死したのである。

正博の取り分もすべてくすね、税金も払わないので財産がどんどん増えていく。それを不振に思った誰かが国税庁へリークしたらしい。財産は何も残らず、汚名だけが残った。

内田の告別式には、手袋製造業界から誰もやって来なかったという。ただ一人、井戸端政一だけが参列した。政一は、内田が死んでも取り分を諦めきれなかったのだろう。発明に喜びを感じ、前に進むことだけを考える正博とは違うタイプの、根っからの商売人だった。

正博は、井戸端政一が経営する大洋手袋とは、その後もビジネス上のつながりは続いた。が、特別な関係は解消され、数多《あまた》ある取引先の一つとなった。

昭和三十四年（一九五九年）九月二十六日、紀伊半島から東海地方を中心にほぼ全国にわたって甚大な被害をもたらした伊勢湾台風が潮岬に上陸した。

手袋業界の集まりに参加していた正博は、足止めを食らってしまった。そこで偶然相部屋となったのが、都内中央区日本橋に本社を置く関東繊維工業（現・カンセン）の吉野弘社長である。吉野は、軍手や作業服をはじめとした衣類全般を扱っていた。

正博は暇々に、一回り年上の吉野に詐欺被害に遭った顚末を聞いてもらった。吉野もまた苦労人で、似たような境遇を歩んでいた。それだけに、結婚資金さえ奪われた話にいたく同情してくれた。

この時の出会いがきっかけとなり、正博と吉野は、和代や吉野の妻の三保子も交えた夫婦ぐるみの長い付き合いが始まる。

「島精機製作所」設立

昭和三十四年（一九五九年）十一月二日、島正博と高橋和代は結婚した。この時、すでに和代のお腹の中には新しい命が宿っていた。

和代はバラックの家へ嫁いでくれた。この頃の正博の月給は四千五百円。これで母親の二三四、妹の節子、そして和代を食べさせていくにはあまりに苦しかった。しかも、まだ四十代と若い二三四は、よくある他の家庭と同じく、和代の存在そのものが気に入らないらしく、嫁《よめ》いびりをして毎日、和代を泣かせていた。

妊娠中の新妻に辛い思いをさせたくない。そのためには、正博は、自分が頑張って金を稼ぐしかなかった。

この時、救いの手を差し伸べてくれたのが森精機製作所（現・DMG森精機）創業者の森林平である。森林平は大正十年（一九二一年）四月二十一日、紀伊半島の南端にある現在のすさみ町に生まれた。小学時代から神童と呼ばれ、和歌山師範学校（現・和歌山大学教育学部）で経済を学んだ。

林平は身体が弱く青年の頃に肺結核を患《わずら》っていた。そのため、徴兵されずに大学で勉強を続けられた。絵を描くことが好きで、戦時中に和歌山城の石垣に登って絵を描いていたところ、憲兵隊にスパイ容疑で捕まったこともあったという。

昭和十七年（一九四二年）に卒業した林平は、半年間教職に就いた後に召集された。船舶工兵としてニューギニア方面へ出征し、昭和二十一年（一九四六年）に復員した。

林平の父親は貝殻ボタン製造機械を自作して販売していたが、事業に失敗。昭和十九年（一九四四年）に奈良県大和郡山市に移転して、手袋やメリヤス類の編機の製造を始めていた。そのため復員した林平も奈良に移転。もともと図面を引いたり発明したりするのが好きだったので、後継者として申し分のない資質を備えていた。

やがて父親から事業を引き継ぎ、奈良県大和郡山市の町外れに工場を建設して昭和二十八年（一九五三年）から森精機製作所をスタートさせた。

森精機製作所は兵庫県明石市の松屋鉄工所と同規模の、日本有数の企業へと急成長していた。が、会社はまだ若く事業が軌道に乗ったばかりという段階だった。

林平もまた、正博が巻き込まれた詐欺事件のことは忘れたほうが良いという意見だった。

「裁判でそんなもんせいでも、若いんやからもっと他のやつ考えろ。それより島くん、うちの技術顧問にならないか」

森は、その報酬を給料ではなく、商取引の形で払うことを提案してくれた。

「うちの機械に島くんが開発したゴム糸挿入装置を付けて大量生産すれば、原価コストが下がる。その機械を、島くんが買い取って転売するんや」

林平は、正博が原価の二万二千円で完成した機械を買い取り、五万円で販売すればいいと言う。

正博が言った。

「差額の二万八千円は、もらい過ぎや」

森が答えた。

「技術顧問料の代わりや。島くん、資本を作りなさい。まずはお金を貯めて、それで会社を作るんや」

優しい人だった。正博のことを思い、先の先まで考えてくれたのだ。もちろん、森精機製作所にとっても良いことづくめだった。特許を持つ正博が技術顧問をしてくれれば安心して販売できるし、セールスポイントにもなる。

林平の行動により、業界全体で正博を応援してやろうという雰囲気にもなった。

「三千万円を放棄するくらいの発明青年や。業界あげてみんなで盛り立ててやろう」

正博は毎週末、大和郡山の本社にいる森林平を訪ねた。近所の料理旅館で酒を飲みながら店が閉まるまでの四、五時間、発明のことや企業経営、人生について延々と語り合った。

正博が勤務する池永製作所の岩城仁三郎は、製造は正博に任せ、販売をメインに商売していた。正博が離れたら、池永製作所は倒産してしまう。そこで初年度は、二万二千円で購入した機械に六千円上乗せし、二万八千円で池永製作所に卸すことにした。正博なりの恩返しである。

正博の機械は、好調な時は一カ月に八十台売れた。すると正博の取り分は一カ月で四十八万円。池永製作所でもらう月給の百倍以上、大卒の初任給一万円と比べても驚くほどの高収入である。

発明や特許出願もどんどんおこなった。

結婚した年には指先を丸く編む「回動式シンカーによる連結部編み目の複合装置」を特許出願。翌昭和三十五年（一九六〇年）には「手袋編機半自動動力装置」を開発してヒット商品となった。

さらにドライバー用手袋もヒットした。軍手は七ゲージで編まれている。ゲージとは一インチ

（二・五四センチ）の中に編み目が幾つあるかで編み目の粗さを表している。編み目を細かく、真っ白な綿のさらし糸を使用すると薄手で高級感ある手袋ができあがる。運転には薄手の手袋のほうが適しており、見た目も上品でおしゃれだった。一双一双セロファンの袋に入れ、一ダースにまとめたものを「ドライバー用手袋」と印刷した箱に詰めて販売する。当時は十ゲージ用の機械がなかったので正博が開発し、箱のデザインから名称まで自分で考えた。

それを和代が編んで販売する。そのうち機械の台数を増やし、下請けさんに作ってもらうほどよく売れた。

すると、あちこちの手袋業者から連絡が入るようになった。

「わしらも、十ゲージの手袋を作らせてよ」

「しかし、軍手と違ってハイクラスの商品なんで、人手は足りてるんです」

「島さん、そこをまあなんとか頼みますよ」

「機械を買うてもらえるなら、ええですよ」

そうして機械も売れるようになる。

トラックの運転手などは軍手を好んだが、運転だけでなく掃除など指先を使う作業はやはり薄手のほうが使いやすいようだった。

正博は莫大な利益をあげていたが、会社設立資金を貯めねばならなかったし、新たな発明にもお金がかかる。家庭ではむしろ、和代に養ってもらっているようなものだった。

和代はぼやいた。

「えらいところに嫁に来てしもうた。給料をちっとも入れんと、そのお金で新しい発明して飲み歩く。自分の好きなことばかりやって、わたしは苦労するだけや」

和代からすれば、正博にウソをつかれたようなものである。しかも姑《しゅうとめ》の二三四は、和代に辛く当たり続けている。

結婚して島家に入る際、二三四は和代に言い放った。

「正博がどうしてもあんたと結婚する、っていうから許したけど、うちはあんたのこと嫌いやから」

二三四は三十歳になるかならないかの時に、夫を戦争で亡くしていた。それ以降は再婚もせず、子どものために生きてきたのだ。積み重ねた苦労が、嫁に当たる形で出てしまったのだろう。

昭和三十五年（一九六〇年）七月、長女の千景《ちかげ》が誕生した。が、正博は起業の準備で忙しく、家に金も入れなかった。もちろん、家の中のことは和代に任せきりである。和代は義母や義妹から子育ての支援ももらえなかったため、赤ん坊を放置せざるを得なかった。それほどに手袋編みや家事に忙殺された。千景が手のかからない子だったこと、実家が農家でコメや野菜に事欠かなかったことが救いであった。

和代の実家は豊かな農家だった。土地もあり、野菜やコメだけでなく長兄が錦鯉《にしきごい》を飼って大もうけしていた。正博は錦鯉が巷《ちまた》で流行していることも知らなかったが、売り上げは数百万円にもなったという。

二番目と三番目の兄も運送業が当たって暮らし向きは良かった。実家や兄姉が豊かな暮らしをしている中で、和代はよく辛抱した。しかも並の苦労とは違う。いかに夫の発明は素晴らしくても会社経営はいつも綱渡り状態で、和代はそのあおりをもろに食らっていた。

和代は千景を産んですぐにまた妊娠する。それでも仕事の忙しい正博は、家にいることはほとんどなかった。

長男の三博《みつひろ》は、昭和三十六年（一九六一年）六月二十三日に生まれた。三博の「博」は父親の名前から一文字取ったもの。長男なのにあえて一博ではなく三博としたのは、「三」は正博がもっとも好きな数字なのだ。力学的に強く安定していて縁起も良く、三方向に伸びてほしいとの願いを込めてつけられた。

現在の島精機製作所の社長である。

跡取《あと》りの男の子ということで、二三四も和代には厳しく当たっても三博の面倒は率先してみてくれた。

繊維機械から高速精密旋盤の製造へと方向転換を図った森精機からは、不要になった繊維機械の製造装置を譲り受けた。正博は会社を設立するに足りる資金をようやく調達することができ、機は熟した。

昭和三十六年（一九六一年）七月、正博は、和歌山県立桐蔭高等学校の裏門の西側に「三伸精機」を設立した。

その場所はもともと「林メリヤス機械」という丸編機の修理屋だった。機械の発展とともに仕事がなくなってきたと聞いた正博は、「それならうちの部品を作りませんか」と声をかけた。親しくなるにつれ、「出資し合って会社をつくり、ゴム入り安全手袋半自動装置の製造販売をしよう」という話になったのだ。

設立メンバーは正博、林メリヤス機械の修理屋、そして池永製作所の次男だった。社名の「三」は三者で立ち上げたことと、カメラの三脚など「三」はもっとも丈夫で強く安定した形で、正博が一番好きな数だったこと。それに「伸」をつけて三方向へどんどん伸びていけという願いを込めて、正博が命名した。

ゴム入り安全手袋の半自動装置の売り上げは順調だった。が、正博は不満だった。

〈このままでは非効率や。機械だけで完成品をつくれんもんやろか。そうや、手袋編機の全自動化をやってみよう！〉

正博は全自動装置をつくりたい欲求にかられていった。

〈全自動にするためには動力装置をつくらなきゃいかん。半自動装置の部品を変えれば絶対にいける〉

正博は次のことを考えていたが、他の出資者は半自動装置の売り上げが順調だったため、正博の考えについてゆけなかった。

ある日、正博が出社してみると、三百万円もかけて揃えた工具類のほとんどが工場内から消えているではないか。前日こっそりと工具を窓の外へ放り投げておき、夜中に運び出したのだろう。犯人はもちろん、昨日まで仕事仲間だった人たちだった。

話を聞いた和代は激怒した。今なら数千万円もの価値がある工具類である。

「やつらを絶対、訴えるべきやわ！」

が、正博は最初の驚きが過ぎ去ると、もう気にもかけなかった。

「盗まれた工具なんて、たいしたことないよってに。時間のほうが大切や」

工具を盗んだ男たちは「第一三伸精機」と名乗って商売を始めた。半自動装置をつくり続けたほうが儲かるし、給料ではなく儲けた分をそっくり自分の収入にしたかったのだろう。

正博は、和歌山駅から少し南下した手平《てびら》という場所に会社を移転して心機一転を図ることにした。

正博が「経営の師」と仰ぐ森精機製作所の森林平が苦言を呈した。

「三伸精機なんて社名じゃ、誰の会社か分からんやないか。島正博がゴム入り安全手袋を発明したことは、業界人なら誰でも知ってることや。だから自分の名前を使わんともったいないぞ」

そこで正博は、「島精機株式会社」とした。

そのことを林平に報告すると、また怒られてしまった。

「この社名では機械をつくる会社なのか、販売する会社なのか、わからんじゃないか。つくる会社なら『インチキせず責任を持って機械をつくります』と、キッチリ社名で主張せんといかん」

言われたとおり正博は「株式会社島精機製作所」とした。結果的に、林平の会社名の「森」を「島」にしただけだったが、ようやくそれで落ち着いた。

昭和三十七年（一九六二年）二月四日、正博は「手袋編機の全自動化」という目標を掲げ、島精機製作所を設立した。

正博ほどの能力があれば、自動車業界に進んでも電機業界へ行っても出世したに違いなかった。が、中学生の頃から何百と発明してきた正博に、上司の命令通りに動くサラリーマンは向かなかった。独立は、正博の決められた運命と言ってもよかった。

金を愛すな、仕事を愛せ

池永製作所の岩城仁三郎には、息子が二人いた。長男は池永製作所の跡を継ぎ、次男は正博と一緒に三伸精機を立ち上げたが、工具類を持ち逃げして楽に稼げる道を選んだ。

もともと岩城親子は、仕事ができる男たちばかりではなかった。仁三郎は高校生の正博を安い給料でこき使い、自分はろくに働きもせず贅沢三昧をしてきた。長男は仕事より映画が好きなタイプである。次男も金は稼ぐより使うほうが好きなタイプだった。

正博はこれまで岩城一家のためにいろいろと仕事を回してやったが、本人たちに働く気がないのだ。正博と離れて商売がうまくいくはずがなかった。

次男は半自動装置がこの先もずっと売れ続けると思っていたのだろう。が、より便利な機械が世に出れば、古い型の機械などあっという間に無価値となる。そのことに気づいた時にはもう手遅れである。正博が仕事に忙殺されているうちに、第一三伸精機は潰《つぶ》れてしまった。悪さをしても、結局はうまくいかないのだ。

正博は思った。

〈「仕事」を愛さずに「金」を愛したらいかん。本気で仕事に取り組めば、新しいアイデアが沸いてきて、結果的に金も入ってくる。どんどん新しいものを作って、どんどん循環させていくのが正解や〉

長男が跡を継いだ池永製作所も、いつの間にか閉鎖されていた。

恩師との縁、事業に活かす

中学教師として正博を教えた谷崎博志は、教師を辞めた後、叔父が勤める会社に入れてもらった。海南市にある従業員二百人ほどの捺染工場で、叔父は専務の肩書きだった。

ところがまだ二十代後半で独身だった谷崎は、若気の至りだったのだろう。当時盛んだった労働組合を結成する活動に参加して、叔父から怒られてしまった。

「何を考えてるんや。おれの顔を潰したな」

叔父の困惑し怒った表情を見て反省した谷崎は、「叔父さん、悪かったな」と言い、翌日に辞表を提出した。

教師と同様、この会社も二年で辞めた。

谷崎は思った。

〈人さんに使われるのは性に合わん。電気の技術があるから、電気屋でもぼちぼち始めるか。それなら、一人でもやっていける〉

最初は電気屋の下請けとして、あちこちの天井裏に潜り込んで仕事をした。

二年ほど苦労して修業をし、昭和三十年(一九五五年)、電気設備工事業「谷崎電機工業」を設立。翌年に「明光電気工業」、翌々年に「明光電気」に社名変更した。名前だけでも格好をつけて、創業間もない苦しい時期を何とか乗り切ろうとした。

生活は苦しかった。質屋通いは当たり前で、すっかり店の主人と顔なじみになった。が、さすがに担保なしでは金を借りられない。それでも頭を下げに行くと、店の主人が言った。

「うちの商売はなんか担保もらわんと取引せん。値打ちのないもんでも置いてけ」

仕方がないので着ていた背広を脱いで質屋に預け、五万円を握りしめて帰ったこともある。もちろん背広は五万円もしない。質屋のおじさんの情けであった。

そんな中、谷崎は池永製作所で働く正博に請われて、何度か電気関係のことを教えてやりに出張した。

昭和三十七年（一九六二年）二月四日に島正博が島精機製作所を設立する際も、谷崎に手平工場の電気工事の仕事を依頼された。

機械製造には電気が欠かせない。しかも電灯など一般の電力のほかに機械を動かす動力設備工事が必要になってくる。正博は、そうした工事をキッチリやってくれる谷崎に頼むのが一番だと思っていた。

谷崎も、元教え子がいよいよ本格的に独立すると聞き、安い工賃で引き受けた。

谷崎も苦しかったが、元教え子の正博もいろいろと苦労を重ねている。お互いに一国一城の主として、さまざまな困難と対峙しながら会社を育てていった。

教師をしていた頃は「賢くてほがらかな子」くらいの印象しかなかった正博の活躍は、目を見張るばかりのものだった。谷崎は思った。

〈男は若い時は苦労しとかんといかん〉

もし谷崎の実家が裕福で何か事業をしていたら、父親の跡を継いで二年で潰してしまっただろう。

〈若い時に金もったらあかん。もちろん金があったほうが楽やが、立派な人物にはなれん〉

正博も若い時にさんざん苦労したから、これだけ立派になったのだろう。中学二年生の時もいつもニコニコ朗らかだったが、島精機製作所が世界に羽ばたいた後も、正博の笑顔は業界や地元では有名だった。

谷崎は、島に感謝していた。

〈島くんが社会人になってからは、こっちが教えてもらうばっかりや〉

「全自動シームレス手袋編機」開発への苦難

島精機が最初に目指したのは「全自動シームレス手袋編機」の開発である。

三伸精機を立ち上げた出資者たちは、半自動の売り上げが好調なことに満足していた。正博が言う手首から胴体、指先まですべて一台の機械まかせにできる編機が完成すれば、確かに画期的である。が、当時は夢物語のようなもので、いくら天才青年の言うことでも信じることができなかったのだろう。

食っていかねばならない、家族を養わねばならない現実がある以上、普通の人間はリスクを避け安全確実な道を選ぶ。が、正博の場合は天才発明家というだけでなく、情に厚く負けん気の強い「喧嘩マサ」の性格が、発明の情熱の源となっていた。

手袋作りの内職を続ける二三四や和代の苦労を減らしてやりたい、新たな発明品がヒットすれば家族に金の苦労をさせないで済むという思い。さらに、「なにくそっ!」と熱い思いをかきたてられたのが、和代の歯に衣着せぬ〝声援〟だった。

全自動の手袋編機を完成させるため日夜開発に没頭していた正博は、近所の人たちから噂された。

「島さんの息子、ちょっと頭がおかしくなったんとちがうか……？」

正博はあれこれと忙しく仕事をしながら、いつも頭の中で機械の設計図を思い浮かべながら新しい機械の仕組みを考え続けた。

〈この筋にゴム糸が入ってくる。それがこういくと二本に一本入る。二本上げて一本下がって……。うん、そうしたらうまくいくな〉

オーケストラの指揮者のように空中で腕や指を動かす様子は、何も知らない人から見ると、おかしな人にしか見えなかった。が、そうやって正博はようやく、指先を丸く編むシンカーニット方式を考案した。

正博にとってみれば、新しい機械のアイデアさえ思いつけば、八割方完成させたも同然である。正博ははやる胸の内を抑えながら、指先を丸く編む新型機械でサンプルをつくった。

〈これはお母ちゃん（和代）に報告せなんだらいかん〉

歪んでいたので、アイロンをかけて指先のアーチ型を綺麗に整えてから和代に見せた。

「どうや。指先を機械で編んだんや。全自動編機ができれば世界初や。今度こそ大きな家を建てられるぞ」

が、指サックのようなちっぽけなサンプルを見ても、和代はニコリともしない。

「なんや、指だけか。そんなもん一個持ってきても、売れるか売れへんかわからへん。サンプルじゃのうて、見せるならお金を見せて！」

和代にそう言われ、正博はカーッと頭に血が上った。

「よおし、見とけよ。必ず編機を完成させてバンバン売って、金を持ってきたる！」

和代が厳しいことを言うのも無理はなかった。島家は二人の子宝に恵まれて出費が増えた分、生活はさらに困窮していた。が、この言葉は和代の愛情でもあった。夫の発明家としての才能を信じていたものの、母の二三四や幼い子どもがいる以上、何がなんでも生活していけるだけの給料を持って帰ってもらわねばならなかった。

ところが、全自動編機の完成までの道のりは遠かった。工場には三十人の工員が集められて製造の準備は整ったものの、設計は正博しかできない。当時の部品精度と正博の掲げた理想にも食い違いがあり、思うように機械は動かなかった。

そこで和歌山工業高校二年生の担任だった早川禎一先生と、和歌山市出水に在住の笠松先生に声をかけ、開発の手伝いに来てもらうことにした。早川先生には高校卒業後も、何かあると手伝いに来てもらっていた。

〈三人で作業するなら、設計室が必要や〉

昭和三十九年（一九六四年）、正博は工場の隣に設計室を置くことにした。当時、爆発的にヒットしていたミゼットハウスである。

ミゼットハウスは、戦後のベビーブームで急激に家族数が増え、手狭になってしまった住宅問題を解決するために大和ハウス工業が考案した簡易住宅である。離れの勉強部屋として昭和三十四年（一九五九年）に発売し、当時の建築の常識では考えられない三時間という速さで建てられることと、十一万円程度に抑えた価格設定で爆発的にヒットした。この商品こそが、今日のプレハブ住宅の原点であり、プレハブ住宅の礎《いしずえ》となった。

家屋を建てれば高くつくし時間もかかる。ミゼットハウスなら注文した数日後には完成する。思い立ったらすぐに行動、の正博にうってつけだった。広さは、予算の関係でわずか三坪（約十平方メートル）だった。

が、設計室があれば二十四時間稼働できる。狭いので暖房費もさほどかからず、窓を開けるだけで換気もできる。

早川先生は、和歌山工業高校の夜間の教師を務める傍《かたわ》ら、日中は和歌山市宇須にある鉄工所で設計士として働いていた。すると、島精機の話を聞きつけた校長先生から言われた。

「教え子が発明した機械を商品化するんやったら、ぜひ応援に行ってあげなさい」

音のしない下駄を開発した時に、下駄履きでの登校を許してくれた校長先生である。

早川先生は「島くんを応援してあげるよ」と言って鉄工所を辞め、島精機に来てくれた。

笠松先生とは、先生の弟を通じて知り合った。正博と同世代の弟は、和歌山市長町の青年部会に所属していたのだ。聞くと、お兄さんが高校で機械について教えているというので、渡りに船と会わせてもらった。笠松先生は、正博の研究を面白がってくれ、早川先生とともに設計室に来てくれることになったのである。

が、本命の「全自動シームレス手袋編機」の開発は思うように進まなかった。正博、早川先生、笠松先生の三人は、狭い設計室でひたすら図面を引き続けた。特に正博は昼も夜もなく、こもりきりになった。

和代は子どもたちの世話を二三四に頼み、毎日山のような食材を抱えて工場に通った。三十人の作業員たちの昼食を作るためだ。食材費は経理担当の後藤武治専務から受け取っていたが、それだけでは足りなかった。

若い男性三十人の腹を満たし、かつ安くあげねばならない。薪《たきぎ》をくべて釜で大量の米を炊き、ボリュームのある献立を毎日考えるのは大変だった。工員たちの休みは二週間に一日だけ。大工や職人などの「一日《ついたち》十五日」に倣《なら》っていたので、和代もまかないづくりを月二回しか休めなかった。

それでも寮に住む社員たちは、和代が考案した数々の料理を楽しむことができた。いっぽう、島一家は和代の実家から送られてくる大量の旬の野菜を消費するため、大根ばかり、茄子《なす》ばかりの献立が続いた。

島精機は、手袋の指先を丸く編む技術を担保に、銀行から一千万円を借り入れていた。借金を返済しながら工員たちに給料を支払うと、自分の給料など一銭も残らなかった。だから正博は家庭に給料を入れることができず、ある時は和代の貯金通帳から無断で金をおろしたこともあったという。

倒産危機

昭和三十八年（一九六三年）暮れ、見切り発車の形で「全自動シームレス手袋編機」が完成した。業界は騒然となった。「夢のまた夢」と言われていた世界初の画期的な機械が世に出たのだ。

正博はこの編機と、以前発明した「作業用メリヤス手袋」が評価され、発明協会の近畿地方表彰優秀賞と和歌山県支部表彰特賞を受賞した。

それまで死に物狂いで開発に取り組んできた正博は、販売を商社に委託することにした。画期的な機械なのだから大々的に販売すべきだし、製造に集中しなければ注文に対応しきれない。

島精機の工場出荷価格は三十万円、希望の売値は四十万円だった。ところが、委託した東京江商《ごうしょう》(現・兼松)は、販売価格を二・五倍の七十五万円に設定した。あまりに高すぎるため、売れ行きは不調だった。思いつく限りの機能を取り入れたものの、当時の設備では精度を追求するのに限界があったため、故障も多かった。

研究開発費はかさんでゆき、昭和三十九年(一九六四年)暮れの段階で、資本金百万円の島精機は三千万円の累計赤字を出した。借入金は六千万円にまで膨れ上がっていた。ラーメン一杯五十九円、大卒の公務員の初任給が一万九千百円の時代である。

正博はたまらず東京江商の担当課長に交渉した。

「もっと販売価格を安くしてください。そうしたら売れるようになるよって」

機械を安く売れば買い主も喜ぶし、島精機も潤う。東京江商にとってもほんの少し長い目で見てくれれば儲けが出るだろう。三者全員が得をする提案なのに、東京江商は聞き入れなかった。

東京江商の担当課長は、ここでがめつく儲けて「部長に昇進したい」という己の欲を最優先にしていた。

正博は必死になって訴えた。

「買う人の立場を考えたら、そんなえげつないことできへんやろ」

が、担当課長は言い放った。

「値段をいくらにするかは、売主の勝手や」

その言葉に、「喧嘩マサ」の血が沸騰した。

「ああそうですか！　だったら、作る作らないもこっちの勝手やし、気に入らんところに売らないのも勝手や。もうええ、契約は打ち切りや！」

正博が啖呵《たんか》を切っても、東京江商の担当課長は余裕の表情を浮かべていた。百戦錬磨の商社にとって、こんな場面は慣れっこなのだろう。

〈どうせ一時間以内に戻ってきて「若気の至りでした。やっぱりお願いします」と頭を下げるに決まっている〉

そう高《たか》をくくっていたらしい。「商社は鬼より怖い」と言われていたが、正博はまさに鬼に食い尽くされる寸前まで追い詰められていた。

ところが鬼の目論みは外れ、正博は担当者の元を離れ、二度と戻らなかった。

商社を通すと値段が高いばかりか、アフターサービスを付けることもできず、これでは買い主があまりに気の毒である。

昭和三十九年（一九六四年）十一月末、正博は「全自動シームレス手袋編機」の初期タイプの製造打ち切りを決定した。製造したのはわずか百台であった。正博は、「見切り千両」と自分に言い聞かせた。

〈無理に指先を丸くせんでも、全自動に特化すればええ。工数をうんと少なくして、安全に使える安い編機をつくろう。そして商社抜きで、自分たちで直接売ろう〉

指先を角形に編んで、あとで人手による加工作業で丸く手かがりする量産・簡易型である。

結局、内職のおじいちゃん、おばあちゃんのところに手袋を持っていき、針で仕上げてもらわねばならない。未完成の手袋を内職の人たちに配るだけでも大変な手間であったが、やむを得なかった。

正博は気を取り直し、十二月二日から新しい編機の開発に取りかかった。場所は暖房効率の良い、こぢんまりした事務所内である。

いっぽう、専務の後藤武治は膨らみ続ける借金に絶望感を募らせていた。業界内には島精機と東京江商の縁が切れたとの噂が広まり、融資を打ち切る地元金融機関が出始めた。

正博は、さすがに焦った。機能を落とすのだから三週間もあれば完成すると思っていた新型が、いつまで経っても安定した動きを見せてくれなかった。

開発に取り組み始めた十二月二日以来、正博は一日一時間睡眠と決めていた。が、開発が思うように進まない。そのため、二日に一回しか眠ることができなくなった。

ふらふらしながら原動クランクを作動中、うっかり手を引っ込めるタイミングを誤って右の手を編機に挟まれてしまった。指は切断を免れたものの、骨が砕けてしまった。

すぐに菱川病院へ行って薬を塗ってもらった。それでも包帯を巻いて作業を続けた。こんな怪我を負っても、寝ずに作業を続ける意思に揺るぎはなかった。

後藤専務は、正博にこんな提案をした。

「社長、二人で生命保険に入ろうか……」

正博は勧められるまま、死亡保障総額一千五百万円の生命保険に加入した。専務は正博より二回り年上だったので五百万円の保険となり、合わせて二千万円。これに会社の四百坪（約一千三百二十平方メートル）ほどの土地と設備を売却すれば三千万円にはなる。借金を完済することはできないが、それで許してもらうしかなかった。加入後すぐに死亡しても自殺でも適用されるのはアメリカの保険だけ。その代わり保険料は法外と思えるほど高かった。

会社のすぐ脇を国鉄紀勢本線（現・JR紀勢本線、通称「きのくに線」）が走っている。正博と後藤は話し合った。

「会社の裏に警報器のない踏切がある。いざとなったら、あそこから午後三時過ぎに通過する急行列車に飛び込もう」

正博は開発を進めながら、金策にも走り回った。が、十二月二十五日が決済期限となる六十万円の手形がどうやっても落とせそうにない。

〈ああ、本当に電車に飛び込むしかないのか……〉

事もあろうに、島精機の取引銀行の行員が「島精機はもうダメや。つぶれる」とあちこちで言いふらしていた。そんな中、正博は十二月に入ってから睡眠時間を計二十二時間しかとらず、食べると眠くなるので三時間に一度わずかな量をとるにとどめていた。

いよいよ手形期限が明日に迫った十二月二十四日夕方、不思議なことが起こった。見知らぬ初老の男性が正博を訪ねてきたのである。

男は、大阪市西成区でプレス加工会社「上硲《かみさこ》金属工業」を経営する上硲俊雄と名乗った。が、正博にはまったく心当たりがない。

上硲は手に持っていた大きな風呂敷をほどくではないか。なんと中から出てきたのは、大量の百円札の束だった。

「明日に間に合うよう、金を持ってきたで。百円札で一万枚、ちょうど百万円ある」

呆気にとられている正博に、上硲がさらに口にした。

「領収証も何もいらん。金ができてから返してもらったら、ええ。余った金は、三十人いる従業員に、年越しの餅代として一人一万円ずつ渡してやんなさいよ。残りの十万円は、何かと物入りやから、その時のために取っときなさい。あんた、ここんとこ一滴も飲まずに頑張ってきたんやろけど、飲んでしまったらあきませんよ」

正博にとってまるで狐につままれたような出来事であった。後でわかったことだが、事の始まりは、和歌山県庁で経済部長（のち和歌山県知事）を務める仮谷志良《かりやしろう》だった。仮谷は、発明協会で二つも賞を獲得した島精機が、経営危機に陥っていると知って心を痛めた。

〈何とかして助けてあげられないものか〉

すでに和歌山では「島精機は倒産する」との噂が広まっている。仮谷は部下で中小企業診断士の田村徹ら工業診断員たちに依頼した。

「和歌山では倒産の噂が広まってるから大阪まで行ってくれ。銀行や大手は絶対だめや。個人の経営者で島精機に金を貸してくれそうな、太っ腹の社長を探してきてほしい」

仮谷にそう命じられた田村は、かつて大和ハウス工業創始者である石橋信夫《いしばしのぶお》の秘書を務めたことがあり、関西の中小企業と幅広い人脈を持っていた。

とはいえ、世は不景気。仮谷の言う太っ腹な人を探すのは大変だった。昭和三十九年（一九六四年）は東京オリンピックが開催された年で、東海道新幹線開通など高度経済成長期の象徴とも呼べる年だった。公共投資に力を入れたその裏で、企業経営の悪化、中小企業の倒産、株価の不振等不均衡が目立った年でもある。松下電器が販売会社や代理店へ貸し付けた一千億円が回収できず、松下幸之助が熱海会談を行った年でもある。

そのような状況下で、田村の目に留まったのが上硲俊雄である。上硲の出生地は和歌山で、若い頃は大阪の製缶工場で苦労しながら資金を貯めて独立し、成功した後は自宅で苦学生の面倒を見る慈善家でもあった。上硲には息子がいたが、医学の道へ進んだため会社を自分の代で畳むつもりでいるという話だった。

田村は思った。

〈こういう人なら、島さんの力になってくれるかも知れん〉

連絡を取って事情を説明すると、田村の見込みどおり力になってくれることになった、というわけである。何も知らなかった正博にとっては、奇跡が起こったとしか思えない出来事だった。

上硲が正博に言った。

「これで百万円ですよ。六千万円だと、これ何個いると思う？」

正博が答えた。

「トラックに積まんと、運べませんね」

「島さんに六千万円の重みをわかってほしくて、わざと百円札で用意した。それに今は不景気でかっぱらいが多いやろ。こんだけの大荷物は、おいそれと持ち逃げできへん。泥棒よけでもあるんや」

「自殺するしかない」とまで思い詰めていた正博は、九死に一生を得た。正博はさっそく大きな風呂敷包みを抱えて銀行に向かった。

「百万円、持ってきました」

驚愕したのは「島精機は潰れる」と吹聴して回った行員である。銀行員としてあるまじき行為であり、銀行の看板にも傷をつけ、本人も一気に信用を失った。もちろん自業自得である。

それから一週間、正博は不眠不休で編機の開発に取り組んだ。座ると眠くなるので立ったまま食事をし、栄養ドリンクをがぶ飲みした。まさに必死だった。

完成するまでの一週間、正博は一睡もしなかった。

悲願の「全自動手袋編機」完成

昭和三十九年(一九六四年)十二月三十一日午後三時。正博は、事務所内に設置した新しい編機の前に立った。

午後三時にしたのは理由があった。その十分後に、和歌山発白浜行きの急行列車が島精機工場の近くを通過するのだ。

〈スイッチを押して機械が動かなんだら、電車に飛び込もう。手袋一枚を編み上げるのに二分十五秒。

それまで待って、失敗だと分かってから線路に向かっても、急行列車はまだ通過中やから間に合う〉

機械と正博を囲むように、社員全員が固唾《かたづ》をのんで見守っている。

〈生命保険で借金をできるだけ減らさんといかん。ダメやったら、死んで償おう！〉

正博がスイッチを入れた。

すると、針がバチャンと小指に切り替わり、シャッ、シャッ、シャッと軽快な音を立てて編み始めるではないか。

社員たちが拍手しようとするのを、正博が制した。

「まだ成功したかわからん。もうちょっと待て」

小指から始まり、手首まですべて機械任せで編み上がった。予定どおりピッタリ二分十五秒である。

機械が自動的に二枚目の手袋の小指から編み始めたのを見て、正博は心底ホッとした。

〈これで間違いない。絶対大丈夫や〉

機械は二分十五秒ごとに一枚、また一枚と手袋を編み上げていく。

「成功や！」

とうとう全自動手袋編機（角型）は完成したのである。ワーッと歓声があがり、拍手が起こった。

その瞬間、正博はパッとひらめいた。

〈そうや。上硲さんが余分に貸してくれた十万円を使わせてもらおう〉

正博は、みんなに言った。

「展示会をせんといかん。こんな狭い事務所にお客さんに来てもろうたらいかんから、会社の社員食堂を使おう。あそこも油で汚れているから、床も窓枠も綺麗に掃除しよう。旗揚げやから、紅白の幕を飾るとええ。どこかにないかな」

大晦日であったが、社員がほうぼう探し回って「一張だけ在庫がある」という店を見つけた。正博は、日出手袋工業社長の川端敏夫に電話をかけた。

「いま、新しい機械が動き出しました。自殺せんでもええようになりました。電話かけているぼくの脚、幽霊じゃありません。ちゃんと付いています。大丈夫です」

川端は、受話器から聞こえてくる軽快な編機の音を聞いて言った。

「そうか。おめでとう。うちでも買うわ。そやけど、八時間つづけて動かさんと、みんなに信用されへんよ」

「わかりました。そしたら一月三日の朝八時から五時までぶっ通しで動かします。島精機の食堂で展示会やりますよって、来てください」

正博は、手袋業界の関係者に片っ端から電話をかけた。

みんな正月返上で準備をしてくれた。食堂はピカピカに掃除され、紅白の幕も飾られた。正月なので、ちょっとしたおつまみと御神酒《おみき》も用意した。

正博はその様子を眺めながら、上硲の心遣いに改めて感謝した。

〈百万円のうち残った十万円は、こういう時のために必要だと見越してくれていたんやな……〉

上硲の経営者としての配慮に舌を巻いた正博は心に決めた。

〈これから自分も、上硲さんを大いに見習おう〉

正博は「業界を活性化する。将来の日本を救うのは編機の開発しかない」という大きなビジョンを持って仕事に取り組んだ。するとその情熱を理解してくれる人が現れ、応援してくれたのだ。己の情熱と理解者の支援により〝昭和三十九年の危機〟を乗り越えた。

昭和四十年（一九六五年）一月三日、島精機の食堂に設営された展示会には、日出手袋、江川手袋をはじめ三十人ほどの関係者が詰めかけた。

正博は、午前八時に機械のスイッチを入れた。人間は何もせずとも全自動で次から次へと手袋が編み上がっていく。一ダースにかかる時間は、わずか五十四分。驚きとどよめきが会場に広がった。

参加者三十人のうち、その二割に当たる六人がただちに「注文する」と言ってくれた。

が、島精機は六千万もの借金があり、部品を仕入れる金がない。正博は会社の状況を説明し、提案した。

「販売価格は、一台三十万円です。注文の際は、部品代として一台十万円の前金を小切手でいただき、十台単位で受け付けることにします。バラバラに受注したら効率が悪くて、みなさんを待たせてしまうことになりますから。注文が早い順にナンバリングして、その順番で納品します」

話を聞いて、みんな納得してくれた。

「そうやな。製造するにはまず資金が必要やな。よし、それでええ。注文する」

その場で六十台の取引が即決し、六百万円の現金を手に入れることができた。

正博は思った。

〈和歌山だけで六十台やったら、全国発表したらすぐに六百台、借金の六千万円に到達するんやない

か？〉

そのためには、全国の業者向けにもう一度展示会を開催する必要があった。ちょうど一カ月後の二月四日が島精機の創立記念日で、タイミング的にちょうどいい。

正博は、倒産危機の際に救いの手を差し伸べてくれた和歌山県庁の仮谷志良経済部長に相談した。

「和歌山以外からも予約が入ってるんですが、電話でのやり取りなんでキチッと契約できてないんです。そやから全国から業者さんを呼んで、もう一度展示会しようと思っています」

仮谷が言った。

「だったら一日だけでは足りん。二月三日が節分やから、三日と四日の二日間開催するのはどうや。ちゃんと段取りしてやる」

「よろしくお願いします」

わざわざ遠方から来てくれるのだから、一台だけでは信用されない。正博はもう二台同じ機械を作り、三台展示することにした。会場は、仮谷が県庁近くの和歌山県経済センターを押さえてくれた。

展示会当日。三台の機械が、安定した動きで次々と手袋を編み上げていく。その様子を確認した業者たちから、次々と申し込みがあった。

その中には、昭和三十四年九月の伊勢湾台風の時に知り合った関東繊維工業の吉野弘社長もいた。立石電機製作所（現・オムロン）の立石一真社長と三男の義雄も大阪からわざわざ来てくれた。

「大量購入してくれたので値引きしましょう」という話になった。

正博が高校生の時に発明した「自転車用着脱式ランプ」を見てもらった三洋電機の井植歳男社長も、

正博が発明するたびに経済界に島正博の存在を広めてくれた。

「島くんは、お金はないけど、いろいろな発明をしていて一生懸命やってるんだ」

井植を通じて松下電器とのつながりもできた。何か新しいことを始める時も、井植は部品の仕入れ先などに「島精機を応援してやってください」と一声かけてくれた。

人とつながる重要性

正博は、今回の倒産危機を乗り越えて人とつながることの大切さを身に染みて実感した。

〈タコブツはいかん〉

以前、寿司屋に行った際、「これでちょっとビールを飲んでてください」と出されたのがタコブツだった。ぶつ切りにされた蛸《たか》の足を見て、正博は「手と手をつないで連携する」とは反対の意味の、人間がバラバラになって孤立する姿を想像した。

自分だけ、または仲間内だけの狭い世界に閉じこもっていて、外部に目を向けないことのたとえとして「蛸壺《たこつぼ》」とよく言われる。タコブツとは蛸壺と同じ意味で、人とつながることでもっともっと大きな力が発揮できることを伝えたい時、正博は「タコブツはダメや!」と表現していた。

続いて名古屋でも展示会を開き、合わせて六百台の注文が入った。ちょうど借金額と同じ六千万円である。すべて納品すればその三倍の一億八千万円の売上となる。

銀行から催促の電話が入った時、正博は言った。

「新しい機械が完成して、六千万できたんで、返しましょうか?」

すると、銀行員が手のひらを返した。

「いやいや、機械ができたんやったら、ゆっくり返してもらったらええんです」

返すあてのある人にはお金を貸したいのが銀行である。

「そうですか、ありがとうございます」

大量受注が取れたのは良かったが、納期を守るためには月百台以上を生産しなければならない。この時の島精機には到底、そのような生産能力はなかった。

〈銀行にカネを返したつもりで、必要な機械を思い切って買うか〉

大枚はたいて必要な機械類を一括購入し、人員確保のため和歌山県内の技能訓練校や工業高校に連絡して懇願した。

「出社可能なら、一人でも多く、一日でも早く、すぐに来てほしい」

正博の要望に応じて、卒業前の二月から工場に来てくれた新人もいた。

人員が多くなれば、現場を束ねるリーダーが必要となる。正博は、かねてから島精機に迎えたいと思っていた友人に連絡をした。和歌山工業高校時代に同級生だった粉川安夫である。

粉川は正博より三歳年上で卒業後は三菱電機に就職しており、高校時代から人をまとめ引っ張っていく能力と機転に長けていた。また三菱電機の技術協議会で優勝する実力の持ち主でもある。

正博はすぐに粉川に連絡して説得にかかった。

「人間の手で手袋を編んだら、どんなに頑張っても一人五ダースしかつくれない。けど、全自動の機械にやらせたら、一時間以内に一ダース仕上がる。機械やから二十四時間稼働させられるやろ？　一人で三十台ずつ管理したら、うんと合理化できる。ちゃんと食っていけるよってに、安心して三菱を辞めてきてくれ」

正博から全自動手袋編機をつくり上げるまでの話を聞いた粉川は、説得に応じてくれた。

「マサはおれより物づくりがうまいし、頭もいい。おまえの勝ちや。応援するよ」

「ありがとう。よろしく」

粉川は三菱電機の上司に退職すると告げた。上司は優秀な部下を失うまいと、あれこれ説き伏せようとした。

「手袋の機械なんか、一年二年ですぐ売れなくなる。その後に『三菱に戻りたい』と言っても、無理な相談や」

「わかってます」

清水の舞台から飛び降りる気持ちで島精機に来てくれた粉川だったが、正博の前では不安な気持ちを伏せて、冗談を言ってみせた。

「人間には手がある。世界中の人たちの手袋を全部ニットでつくろと思ったら、いったい何台の機械が必要になるやろか。そのへんを考えんのやから、三菱電機の社員はだいぶ頭が古いね」

正博は、粉川を安心させたくて言った。

「うちは手袋編機だけやない。うどんの機械も考えてるよってにね」

「うどん？」

「そうや。断面が丸い普通のうどんじゃなくて、四角いうどんをつくる機械や。丸より四角のほうが表面積が大きいから、出汁《だし》がからまってより美味しくなる。うどんの真ん中に芯を通して穴を開ければ、もっと出汁を吸ってくれる。芯を取る時に切れ目が入るから『C型』と呼んでる。絶対売れるぞ」

第五章　本格始動——カリスマの商魂

利益三分法

昭和四十年（一九六五年）、島精機は新人を七人ほど採用し、手平工場は一気に活気づいた。

正博は二月を準備期間、三月は月産十台、四月以降は毎月十台ずつ増やしていき十二月に月産百台、年内累計五百五十台を目標とした。人員及び設備は追々補充すればいい。

社員の休日は一日と十五日の月二日間のみであった。午前八時から午後五時までが定時勤務で、七時まで残業するとパンと牛乳が配られ、九時まで働くとラーメン、十時まで働くとラーメンに餃子が振る舞われた。

工場長となった元三菱電機社員の粉川安夫のアイデアだった。粉川は、みんなに残業をしてもらうため、夕方になると聞いて回った。

「遅うまで、やってくれる？」

「今日は、何が食べたい？」

「ラーメンにする、それとも餃子か？」

強制的にならず、なおかつやる気を出してもらうため、若者好みのボリュームのある夜食で残業に誘い込む。みんな美味しいものを無料で食べたいし、夜遅くまで働いても食いっぱぐれの心配もなくなる。妻帯者の場合でも、奥さんの遅い時間に夕食の用意をする手間も省ける。人手不足の中、正博と粉川は気持ちよく残業をしてもらうために、いろいろと知恵を絞った。

もちろん残業代もしっかり払う。それに加え、一台につき月給の一％の増産手当も出すことにした。

「たくさんつくって、たくさん給料を稼いでくれ」

昭和四十年（一九六五年）の年末になると、目標百台を超える百三十台の生産体制を達成した。「残業の島精機」と呼ばれたが、夕食代もかからず、増産手当も出たおかげでみんなの月給は基本給の三倍になった。

当初休みは一日、十五日と決まっていたが「平日より土日休みのほうが良い」との意見も聞き入れることにした。

ところが、一生懸命作った機械も市場に出れば「故障が多い」との苦情が相次いだ。高度で複雑なつくりの編機なだけに、部品を取り付けるネジの締め付け不足が故障に直結した。

社員は修理に時間を取られるようになり、生産性はどんどん落ちていく。「つくればつくるほど給料が上がる」と思えばやる気も出るが、苦情処理と修理に追われていては社員も疲労困憊してしまう。

昭和四十一年（一九六六年）、正博は品質の向上を重視して部品の精度を高め、ネジの締め付けチェックを実施し、月産台数を百三十台から百台に抑えることにした。すると故障件数はぐっと減り、会社と製品への信頼度はアップした。

困ったのは、前年に発売した初期タイプを購入した人たちから苦情が来たことである。

「あんな高い金を払ったのに故障が多い上に、一年も経たずに改良タイプを発売するとはどういうことだ」

正博が応対した。

「古い機械を動かしながら、新しいのも購入して使ってください」

給与体系も必要に応じてどんどん変えた。増産手当をやめにした新たな給与制度は、夏二・五カ月分、冬三カ月分のボーナスに加え、会社の利益に応じて三回目のボーナスを支給するというものである。「利益三分法」と名づけたこの制度は、税引き前利益を会社四、株主四、社員二の割合で配分すると、税引き後利益の受取額が会社、株主、社員の三者で同じになるというものだった。

社員のやる気を引き出す画期的なアイデアだったが、他社の経営者からは給料を払いすぎだと馬鹿にされた。

「発明は得意でも、経営はド素人やな」

正博は生産性を上げるためのアイデアとして、顧客向けの研修制度を実施した。複雑なつくりの機械なので、思うように動かない時はすぐに「修理に来てくれ」と連絡が入る。そこで研修で機械の構造を学んでもらい「ちょっとした故障なら自分で直したほうが早いし、生産ラインを長時間止めずに済みますよ」と呼びかけたのである。

研修は、顧客企業の担当者に一泊二日の日程で島精機に来てもらい、機械の構造、使い方、修理方法を教えた。夜は正博の自宅か、会社の蚕棚《かいこ》ベッドに寝泊まりしてもらい、ミカン箱を並べて食卓代わりにし、正博も参加者と一緒に夕食をとり信頼関係を深めていった。帰りには予備の部品を渡す。参加者はみんな満足して帰っていった。

不具合のすべてを人に見てもらうとなると、その間に機械は動かせなくなる。それよりも、ちょっとの不具合は自分で直せれば結局は持ち主も得をする。島精機がアフターサービスを面倒がっている訳では決してなかった。おかげで苦情は減り、社員たちは生産に専念できるようになった。

関東織維工業・吉野社長からの忠言

昭和四十年のある日、上京した正博は、伊勢湾台風の時に知り合った関東織維工業（現・カンセン）の吉野弘社長に誘われた。

「せっかくだから一緒にゴルフへ行こうか。クラブはわたしのやつを使いなさい」

日本橋で靴などを調達してから車で向かったのは、静岡県伊東市川奈の川奈ホテルのゴルフコースだった。完成したばかりで、メンバーもごく限られていた。

「とにかく前に飛んでいけさえすればいい。うまい人はクラブを選ぶけど、最初は関係ないからね」

正博はこの時、初めてゴルフクラブを握った。

クラブのレストランでメニューを見て、正博は目をむいた。カレーライスが三千円もする。大阪から東京までの新幹線の運賃とほぼ同額である。

〈えらいところに連れてきてもろうたな〉

正博がカレーライスの金額に動揺していると、吉野社長が言った。

「島くんも、お客さんを川奈へお連れするような機会を作りなさい。こうした環境の中で、美味しいものを食べながら接待すれば、ビジネス交渉もうまくいくものです」

吉野は、正博にとってまだ夢物語でしかない話を次々聞かせてくれた。吉野は苦労人であったが、母親は伊藤博文《いとうひろぶみ》の家庭教師をするほどの学識の持ち主だという。吉野自身も日本橋で地区長や商工会議所の役員などを歴任する、正真正銘の江戸っ子だった。

帰りは一緒に上りの新幹線に乗った。一杯やろうということになったのである。正博は銀座のクラブに案内され、遠慮するつもりで言った。

「ぼくはビールだとたくさん飲むよってに、ウイスキーでいいですわ」

正博が安いと思って選んだのはジョニ黒だった。実は、昭和三十二年（一九五七年）の日本発売当初は、一本の値段が大卒初任給の二カ月分と言われ、庶民の憧れだった高級ウイスキーである。そんなこととはつゆ知らず、正博は会計の際に金額を知って仰天した。

吉野は、恐縮する正博を優しいまなざしで見つめ、その後も実の弟のように可愛がってくれた。

ある時、正博は吉野とともにお互いに妻同伴で、山口県下関《しものせき》で一緒の宿に泊まったことがあった。宿の女将が自慢した。

「うちは、伊藤博文とゆかりのある宿で……」

吉野が言った。

「そうでしたか。うちの母は、伊藤博文の家庭教師をしておりました」

「まあ、そんなご家庭でしたら、こちらのお部屋をご利用ください」

女将はそう言って、わざわざ宿で一番良い部屋を用意してくれた。

吉野の妻の三保子は、映画雑誌「スクリーン」などで知られる近代映画社に勤務していた。和代も高校卒業後からずっと姉の美容室などで働き続け、後に会社の代表となる身である。

以来、正博、和代は、吉野夫妻と家族のような関係をずっと続けていく。和代は東京へ行く用事がある時は、必ず吉野のもとを訪ねるほど親密な関係となった。

次はニット横編機

昭和四十一年（一九六六年）四月期の島精機の売上高は四千百万円と、前期比二・六倍となった。経常損益は八百万円の赤字だったものの、会社は順調に成長を続けていた。

昭和四十一年（一九六六年）五月末、正博の空手の師匠で和歌山県議会議員の宇治田省三が、和歌山市長に就任した。また和代のお腹には三番目の子どもが宿っていた。

公私ともに充実した日々を送る正博だったが、気になることがあった。工場長の粉川安夫が三菱電機を退職する際、上司が言ったという「手袋編みの機械など一、二年で売れなくなる」という言葉だった。

〈確かに手袋だけやと、先が知れている。何か他の機械を考えてつくろう〉

いろいろと思案を重ねていくうちに、高校生の頃に見た、逆さにぶら下がっていた手袋のことを思い出した。

〈手袋を逆さにすると、小さいセーターみたいやな……〉

手袋編機がつくれるなら、セーター編機もいける。が、すでにアパレル製品製造の自動編機は海外のメーカーが開発、販売していた。それでもセーターなどのニット製品市場なら、手袋と比較にならないほど大きかった。

〈そうや。次はニット製品を編む横編機をつくろう！〉

昭和四十一年（一九六六年）、正博は新製品を開発するための会社「島アイデア・センター」を設立した。三百件以上となった正博の特許、実用新案の管理もここでおこない、島精機から分離させた。運営費は、本社売り上げの四パーセントを開発費として回す仕組みにした。

正博は、アイデア・センターで一升瓶を傍らに新しい機械の研究開発に打ち込んだ。日本酒をグラスについで、チビチビやりながら二時間くらいかけて一升空ける。すると頭の回転が良くなり決断力もより早くなった。

まず正博が考えたのは、全自動タイツ編機だった。手袋は「パー」の形の五本指だが、タイツは「チョキ」の形の二本指タイプで事足りる。

開発は順調に進んでゆき、この年の十二月、次女・恭子が誕生した。

「うちは貧乏なんやな」

正博の長男の三博は、物心つく頃から、父親と家の中で会った記憶はほとんどなかった。幼い子供にとって不在の父は、いないに等しい。兄弟はおらず姉と妹に囲まれていたので、男一人きりの母子家庭、女系家族の中で暮らしている感覚だった。

大人になってから幼少時の写真を見返してみても、父親の正博の姿はほとんど見当たらなかった。わずかに大阪府泉南のみさき公園や、和歌山県西牟婁《にしむろ》郡にある白浜のホテルのプールなどでいっしょに撮った写真が数枚あるだけだった。

幼稚園に入園するころ、三博は思った。

〈ぼくのうちは、貧乏なんやな〉

すぐ裏手に墓地があるような土地に、バラックを建てて住んでいる。幼稚園のお友達という比較対象ができたことで、お金のない家にいることに気づいた。

和代の作った食事も、正直貧しかった。実家から大量にもらった大根を使って、月曜日に大根と油揚げがちょっと入った煮物が晩の食卓に並ぶ。そして、大量に作り置きしておいた同じメニューが一週間も続く。それゆえ木曜日、金曜日くらいになると、大根に味が染みて真っ黒になる。

次の週は、同じ味付けの「ナスの炊いたん」が登場し、また一週間同じメニューが続く。だから大根もナスも大嫌いになった。

が、三博は母親に文句は言わなかった。

〈きっと、お金が無いんやろうな〉

だから幼稚園の年長の時、誕生日だからと和代が作ってくれたオムライスは、格別に美味しかった。その感動を、今でもハッキリと覚えている。

ミツバチの大群

昭和四十一年（一九六六年）、五歳になった三博は、春休みや夏休みなどの長い休みのたびに、和代の実家に預けられるようになった。大人たちはとにかく貧乏暇なしな生活だったので、世話しきれず口べらしの意味もあったらしい。三博もこれ幸いと、親戚の同い年くらいの子らと遊んで過ごした。

和代の実家は農家だったので、さまざまな農具や工具を収納する専用の納屋があった。何でも使いたい放題にさせてくれたので、友だちといっしょに工具を使い、いろいろなものを作った。

当時、フジテレビ系列の特撮テレビ番組『仮面の忍者赤影』が子どもたちの間で流行っていた。主人公の忍者たちは「水蜘蛛《みずぐも》」という忍び道具を使って、堀や川など水上をスイスイと渡っていた。三博たちは二つの浮き輪の上に板を張り、二本足で水上でも立てるオリジナル水蜘蛛を作った。後ろへ蹴ると前へちゃんと進む。

そのほかにも木製の船をつくったり、木の上に秘密基地をつくったりと、自由に物づくりができる環境の中で長い休み期間を満喫した。

田舎では食事も良かった。おかずは毎日変わり、しかも何品もある。おやつのスイカも一度に半玉も出てきて、夢中でかぶりついた。

祖父は農業だけでなく、養蜂《ようほう》も行っていた。祖父は三博にミツバチの飼育についても教えてくれた。燻煙《くんえん》器の煙を吹き付けるとミツバチたちは大人しくなり、刺される心配がなくなる。

ある時、祖父が霧吹きで水を吹きかけているのを見て思った。

〈ハチに水をあげるんだったら、ホースでかければええ〉

霧吹きはスモークと同様ミツバチを大人しくさせたり、表面にいるハチを追い払うために用いるのだが、三博は勘違いしてしまった。よかれと思ってホースでジャパッと水をかけた瞬間のことである。空があっという間に真っ黒になり、ミツバチの大群が襲ってきた。あの時の驚きと恐怖、痛みは忘れられない。あちこち刺されまくり、ついに病院へ運ばれた。

衿編機の仕事をしたい

のちに島精機の生産・製造技術畑で活躍し、常務取締役となる和田隆は、昭和二十二年（一九四七年）十一月十四日、有田郡八幡村（現・有田郡有田川町）に生まれた。

和田は、正博の母校である和歌山県立和歌山工業高等学校の機械科に在校していた。卒業を間近に控えて就職先を考え始めた時、島精機の手平工場に勤める一学年上の先輩の滝口がやって来て、後輩たちに声をかけた。

「おれの勤めている島精機の工場が、猫の手も借りたい状況なんや。とにかく忙しいから、みんなに来てもらわなきゃ困る」

和田は、その先輩とは顔見知りでなかったが、せっかく母校を訪ねてきてくれた先輩の言うことを無下にはできない。断れば顔を潰すことになる。当時は「先輩の言うことは正しく、真面目に聞くべき」との考えが生徒たちの中にあった。先輩から島精機とはどういう会社か、どんな仕事をしているのかも詳しく聞かなかった。それなのに、和田は、迷うことなくその誘いに乗ることにした。

和田の面接をしたのは、後藤武治専務だった。

「いつから来られるの？　早ければ早いほどええんやけど」

「いつでも大丈夫です」

「じゃあ、明日から来て」

卒業前の昭和四十一年（一九六六年）二月、和田隆は風呂焚《た》きの仕事を任されることになった。先輩たちがさまざまな部品を加工する際、鋳物《いもの》の粉塵《ふんじん》が服にも身体にも付着する。みんな夜十時過ぎに真っ黒になって帰ってくるので、とにもかくにも一風呂浴びてもらわねばならなかった。

風呂焚きの燃料は木箱だった。手袋編機に使うモーターは日立製で、木箱に収納されていた。それを分解して燃料にするのだ。

社員寮は工場の敷地の中にあり、そこに風呂がついていた。そして二段ベッドがぎゅうぎゅうに押し込まれた六畳の部屋に、六、七人が寝泊まりする。いわゆるタコ部屋である。和田も通勤時間がもったいないので寮に寝泊まりすることにした。

三月になり、入社式が行われた。普通なら社長が挨拶、激励するのが常であるが、正博にそんな暇はなかった。

「社長は敷地奥のプレハブの中で、なんやら図面を引いているらしい」

和田の耳にもそんな噂が入ってきた。社員は知らなかったが、正博はこの時、ドラフター（製図台）に向かって衿編機の図面を一心不乱に引いていた。

和田は、正式に入社後、まず機械課に配属され、手袋編機製造工場で加工作業を担当した。流れ作業になっており、部品にネジ穴を開ける係、ネジ穴を加工するタップ立ての係……とひたすら同じ作業を繰り返す。朝八時から夕方五時までが勤務時間であるが、残業のない日などまずない。

ただ、残業すると軽食が出るのはありがたかった。夕方五時を回るとパンとコーヒーが支給される。夜十時まで残業すれば、焼き飯や餃子などボリュームのある食事が待っている。「マル徳」という中華食堂に注文し出前してもらうのが常だった。

休みは第一、第三日曜日の月二日。和田は毎日餃子、チャーハン組だったので、毎日十二時間以上ひたすら働いていた。今から考えればブラック企業以外の何ものでもないが、当時は他の会社を見ても同じような条件でみんな働いていた。残業は当たり前で、正博のいるプレハブは日付がかわっても灯りがついている。社長自ら働いているので、社員は帰りにくかった。

勤務時間は長かったが、相応の手当はきちんと出た。初任給は一万七千円。一年先輩の初任給は一万六千円だと聞いていたので、千円上げてくれたらしい。寮生活なので食事はすべて無料だし、残業すれば餃子やラーメン、チャーハンも食べられる。毎日六時間の残業をすると、給料より高い二万円の残業代が加わった。使う暇がないのでどんどん貯金も増えていく。頑張れば頑張っただけ給料が跳ね上がるのだから、社員も文句の言いようがなかった。

昭和四十二年（一九六七年）、和田が入社して一年ほど経ってからようやく、島正博社長が若手社員たちの前に姿を現した。設計中の衿編機の本体フレームが先に完成しており、その寸法を測っているところだった。

正博が言った。

「このフレームに入る駆動装置を考えて、設計するんや」

和田はヘェと感心した。

〈普通やったら先に駆動装置をつくって、それから装置の入るフレームをつくるのに、社長は逆の発想なんだ。すごいな〉

この年、正博は世界初の全自動フルファッション衿編機「ＦＡＣ」を開発し、横編機の分野に進出することになる。

ある日、和田は粉川安夫工場長から言われた。

「今の仕事を、このまま継続してくれんか」

が、和田は断った。

「できたら衿編機の試作とか量産とか、実際に機械動かす方に配属してくれませんか」

ちょうど流れ作業で部品を加工するだけの単純作業に、焦りを感じ始めていた時期だった。

〈今の仕事を続けても、成長でききん。このままではいかん〉

ざっくばらんに話ができる職場だったのが幸いした。粉川工場長は和田の話を聞き入れてくれた。

「やりたいんやったら、やったらええ」

現在の島精機のように、総務部、経理部、営業部といった分業化が進んでいない時代のことである。人手不足は相変わらずだったから「やれる者がやったらええわい」という雰囲気だった。

初の納品

入社二年目になると、社員は「衿編機」か「手袋編機」のどちらかを選択できた。和田隆は軍手にも興味はあったものの、すでに手袋編機は多くのお客さんが購入しており、工場も稼働していた。和田は思った。

〈まったく新しい衿編機のほうがええな〉

チャレンジ精神旺盛な和田は、自分の力で販路を一から開拓することに大きな魅力を感じた。

和田は手平工場内の寮から、和歌山市坂田の寮に引っ越した。場所は、現在の本社ビル東側の東一号棟の3階、4階だ。

さっそく和田は、ニット編機と開発部で作成した簡単な説明書を持って、大阪市中央区谷町の顧客のもとへ納品に行った。

が、和田はまだ衿編機のことなどほとんど知らず、操作方法すらわからなかった。

和田は、説明書とにらめっこしながら顧客に訊《き》いた。

「お客さん、これ、どないしたら動くと思う?」

「そんな聞かれても、ワシかてわからんわ」

が、客は不機嫌になる様子もなく、むしろ機械をのぞき込んで「どないなってるんや」と興味津々の様子だった。和田に帰られてしまったら、誰も助けてくれる人がいない。購入してしまった以上、客も必死になって勉強するつもりのようだった。

和田とその客は、夜中まで二人でセッティングした。なんとか完了させ、試運転してみる。和田は編めない場合の調整などはできない。仕組みを知らないからだ。

〈なんとか動いてくれ……〉

和田の祈りが通じたのか、機械は順調に動き出した。

「おおーっ、編めてる、編めてる!」

和田はいたく感動したが、客のほうはもっと喜んでいる。その機械はその会社の若い従業員が使ってくれることになった。

まだ二十代という若さと、明るく屈託のない性格が受け入れられ、和田はさっそく客に気に入られた。聞くと、若手社員の父親の趣味が鮎釣りで、和歌山県に流れる紀ノ川へしょっちゅう釣りに来ているという。そこで若手社員の父親が鮎《あゆ》釣りに紀ノ川へ来た時に和田がもてなしをすると、家族ぐるみの親しい付き合いに発展した。

初回で要領を摑んだ和田は、二回目から手際よく納品できるようになった。和田が望んだ「衿編機を動かす」仕事は、実際には部品の製造から機械の組み立て、調整、完成品の納入まで何でも一人でこなさなければならず、県をまたいであちこち飛び回る忙しい仕事だった。

が、和田の胸には誇りがあった。

〈うちの編機は、世界中探してもどこにもない、唯一無二のもんや〉

世界初の「全自動衿編機」――市場の主導権

昭和四十二年（一九六七年）三月、島精機は、都内中央区晴海で開催された東京国際見本市に、手袋編機を応用した全自動タイツ編機を出品した。

正博の自信作だったが、展示会の最中に、ある商社の社員が耳よりな情報を教えてくれた。

「今年九月にスイスのバーゼルで国際繊維機械見本市（ＩＴＭＡ）」が開催される。その時にひょっとしたらスイスのエドワール・デュビエ社と西ドイツのストール社が、全自動衿編機を出してくるかも知れない」

ポロシャツは一九三三年、新しいテニスウェアとしてフランスで誕生した。その後、語源となったポロ競技をはじめ、世界中のさまざまなスポーツで着用されるようになる。基本的にはスポーツウェアであるが、衿付きであるためセミフォーマルとして扱われ、ブレザーなどを組み合わせて着用することも許される、紳士のための服として流行していた。

ポロシャツが画期的だったのは、単一の高級糸のみで編み上げたきめ細かい鹿の子編みニットを使用したことである。上品な光沢があり、夏でもサラリと肌に心地いい。

手袋もニットであるが、ニット編み技術の最上位にあるのが衿だった。手動機編みでしかつくれず、小さな衿一枚と、衿以外の前身頃、後ろ身頃、両腕すべてを合わせた編み賃が同じだった。それほど衿は重要な部位であり、手間と技術力を要した。

だからこそ、各ブランドが衿に注目してブームが起こり、各国メーカーが「衿編機に集中しよう」という動きになっていた。

ＩＴＭＡは、四年に一度、ヨーロッパで開催される世界最大の繊維機械総合見本市である。一九五二年にブリュッセルで第一回が開かれて以来、回を重ねる毎に規模を拡大してきた。開催周期が四年とサイクルが長い。四年の間には繊維生産の技術・生産及び、サービスは飛躍的に向上するため、各企業はこの見本市を目標に技術開発、製品開発を目指している「繊維機械のオリンピック」である。

商社の社員が言っていたデュビエ社とストール社は、世界の業界トップメーカーである。

ヨーロッパでは身頃や袖部分は全自動化が進んでいたが、衿の部分だけは技術的に難しく自動化は実現していなかった。ポロシャツは、手作業で目を減らしながら形を整えていくしかなかったが、もっとも難しい衿部分もついに自動化になるというのだ。

正博の決断は早かった。

「タイツより衿編機のほうがずっと市場は大きい。タイツはやめて、うちも衿編機を開発しよう」

当時、日本のメーカーは欧米製品のコピーばかりしている段階にあり、世界市場からは軽視されていた。今回の展示会でそれを肌で感じた正博は、「喧嘩マサ」の血が騒いだ。

〈世界初の全自動衿編機をつくって、ヨーロッパの同業他社を出し抜いてやろう〉

スイスで開催されるITMAは、半年後の九月二十七日から始まる。「世界初」の称号を得るためには、ITMAが開催される前に機械を完成させ発表しなければならない。正博は真っ先に、大阪市北区中之島にある国際貿易センターの会場に連絡して九月十五日に予約を入れ、全自動フルファッション衿編機「FAC」を発表すると決めてしまった。

フルファッションとは、裁断の工程が入る「生地編み」ではなく、編機で糸の編み目を増減させながらニットの各パーツを完成させる「成形編み」のことである。

とにかく半年しか時間がない。正博は開発が進むのに合わせて各部位の図面を仕上げるようにした。設計変更など日常茶飯事なので、書き直す手間を省いたのだ。が、横編機の基本さえ知らない社員は不安だったろう。機械の全体像は正博の頭の中にだけあり、社員は図面が出てくるのを待つしかない。正博のやり方に不安を抱く者もいたはずだった。

が、正博は自らの研究理念を「難しいところから始める」と定めていた。子どもの頃から変わらぬ考え方だ。喧嘩をする時も一番強い相手を選んで飛びかかっていく。難しいからこそ一生懸命になるが、不可能を可能にするだけではダメである。どこよりも先に開発しなければ、市場の主導権は握れない。

そしてなにより仕事を愛し、ニットを愛する気持ちが大切である。理念と愛情、この二つがあったからこそ、これまでもやってこられた。

手袋編機も衿編機も横編みだったが、今度は大型のものをつくらねばならない。衿の形にするには、両脇の編み目を減らしながら縦に編み目を積み上げていくのだが、柄やサイズの変更などに対応するため構造が複雑で、その作業を全自動化するのは大変だった。

まず、編み針を収納するニードルベッド上を左右に行き来するキャリッジのサイズを衿用にコンパクトにするところから始めた。内蔵するカム機構で針を上下させ、針にかかる糸のループを他の針に移す「目移し」のほか、編み目を増減させるなど独自の技術が次々誕生。ニードルベッドは針の動きを滑らかにする構造とした。島精機にとって最初の横編機だが、一連の技術は欧州各社の真似ではなく、世界初のものであった。

何とか開発のめどが立った六月、正博は京都工芸繊維大学の高名な宇野教授に「素晴らしい機械」とコメントしてもらった。また繊維機械に詳しい大阪府枚方《ひらかた》市の第一メリヤスの小久保恵三社長に機械を絶賛する談話をもらい、業界紙に載せてもらった。

正博は最後の一週間を徹夜し、展示会場へ設置した発表前日も作業着のまま機械を調整し続けた。

そして発表当日の朝、ふたたび奇跡が訪れた。ようやく編機が正博の計算どおりに動いてくれたのだ。会場を訪れた業者たちは、わずか五分で自動的に衿を編む世界初の機械を前に驚嘆した。

図面を引きながらの作業にもかかわらず、わずか百八十日で完成できたのは、細かな形成技術が必要な手袋編機の特性をうまく活かせたからだった。

発表会には一般紙を含めたマスコミ、商社、アパレルなどを招待した。中之島での三日間にわたる発表会が終わると、正博は休む間もなく南回りの飛行機でバーゼルへ飛んだ。正博にとって、生まれて初めての海外渡航である。当時はスイスへ行くまでに四回も乗り換えせねばならず、機械のような重たいものは乗せられなかったのは残念だった。

これなら十年で追い越せる

昭和四十二年（一九六七年）九月二十七日、第五回国際繊維機械見本市がスイス北部の古都バーゼルで開幕した。十八カ国、八八一社が出品し、日本が参加するのは今回が初であった。日産自動車、豊田自動織機、村田機械など八社がブースを設けた。日本人だけでもニット関係者が約二千人、紡績関係者三千人が渡航するほどの大規模な見本市とあって、会場は各社が粋を集めた最新鋭の機械がところ狭しと並び、閉幕までの十日間、世界各国からやってきた大勢の人々の熱気で包まれた。

国際貿易センターでお披露目した、できたてほやほやの全自動フルファッション衿編機「ＦＡＣ」の出品は間に合わなかった。正博は今回、視察のみになったが、そのうち業界内にＦＡＣの情報が流れるはずだった。

商社から仕入れた情報のとおり、デュビエ社とストール社が衿編機を出品していた。二社の機械を見るなり、正博は思った。

〈ぼくの勝ちや〉

正博の機械は衿編み一枚五分に対し、他社の編機は十二分もかかっている。正博は独自の編み針を開発し、他の針に糸を渡す目移しと、編む技術を両立させたことで編み時間の短縮に成功していた。

いっぽう欧州製編機は、駆動部に当たるキャリッジのストローク幅が大きいため時間がかかるし、機械の長さが四メートルもあった。しかも値段は一台一千二百万円と、正博の衿編機三百万円の四倍もする。勝敗は明らかだった。もっとも遅れて参入してきた島精機が、百年の歴史のある会社を差し置いていきなりトップに躍り出たのである。

展示会閉幕後、正博は伊藤忠商事の手配で、フランスとの国境に近いスイスのヌーシャテルにあるデュビエ社の本社工場を見学させてもらった。創業一八六七年の老舗であるが、並んでいる編機を見て正博は自信を深めた。

〈これなら、十年で追い越せるな〉

そのいっぽうで、ヌーシャテル（美しい城）の名前のとおりのデュビエ社の広大な敷地と、湖畔に広がる豊かな森の美しさに圧倒された。島精機の工場とは月とスッポンである。点在する工場の間は、汽車で行き来できるように整備されており、約二千人の工員が働く製造ラインも圧巻だった。何から何まで美しい。正博は刺激を受けた。

〈いい製品をつくるためには、こんな素晴らしい環境が必要なんや。うちも見習うべきや〉

それから約一カ月間、正博は一人でヨーロッパを回った。英語もドイツ語も一切話せなかったものの度胸で乗り切った。好奇心と見聞を広めてきた。

帰国した正博は、デュビエ社の森の中にたたずむ工場のことが忘れられなかった。折しも、島精機の手平工場が手狭になり移転が必要な時期だった。

正博は大量の十円玉を持って街中を俯瞰できる和歌山城へ行き、備え付けの双眼鏡を覗いた。デュビエ社に続く素晴らしい環境の土地を探すためには、何枚もの十円玉を投入する必要があった。

新本社工場に移転

昭和四十三年（一九六八年）一月、全自動フルファッション衿編機「ＦＡＣ」の生産が開始された。売れ行き好調で、注文に生産が追いつかないほどだった。すぐにでも新しい工場を建設し移転する必要があった。

鬼門の方向にも「坪四千円、八千坪」の好条件の物件があった。方角が悪いことには目をつぶり、買おうと思ってふと気がついた。土地は阪和線のカーブにさしかかったところにあり、道路の見通しが悪かった。これからますます自動車が増える時代に、直線で見渡せない道路が目の前にあったのでは、事故を呼んでいるようなものだ。しかも、島精機が買うと言ったとたん、坪四千円の土地が倍の八千円に値上がりした。

不動産屋から値上がりを報された正博は、あっさり断った。

「あ、そうですか。そんな人の足元を見て値段を言うんやったら、やめときます」

調べれば調べるほど悪い条件だらけだった。

あちこち探した結果、南東で辰巳の方向、お天道様の出る吉方位に当たる和歌山市坂田に広がる田畑が、最終候補に挙がった。周囲は田んぼばかりで見晴らしも良く、坂道もない。

正博は後藤武治専務に命じた。

「最低一万坪（約三万三千平方メートル）は買ってほしい」

正博がとんでもない広さの土地を求めていると噂で聞いて、取引先や同業者が噂しあった。

「島さんはスイスに行ってから、少しおかしくなったらしい……」

後藤も必死になって正博を説得した。

「一万坪は、いくら何でも広すぎや。予算も足りゃへん」

当時、島精機の台所事情に余裕はなかった。昭和四十三年（一九六八年）四月期の売上高は五億六百万円、経常利益は六千三百万円であった。

結局、その三分の一近い三千坪（九九一八平方メートル）を購入することに落ちついた。

それでも手平の本社四百坪（一千三百二十平方メートル）の七・五倍の広さになる。正博は、今回は、それで手を打つことにした。

〈今回は思い通りの一万坪は買えんかったが、周囲にはまだ広大な田畑が残ってる。将来拡張すればええ〉

とにかく急がねばならない。施工を依頼した浅川組（和歌山市）には突貫工事を依頼した。

坂田の移転先は田畑の中にあった。水田を埋め立てたところも多く、雨が降れば一面ぬかるみとなる。ただでさえ難工事である。新工場に導入する工作機械はかなりの重さで輸送の際は軟弱地盤の道路下に埋設してある工業用水の配管を破損しないよう、道路に鉄板を敷き慎重に運び込んだ。

問題はまだあった。幹線道路と建設地の間に南海電気鉄道貴志川線（現・和歌山電鉄貴志川線）があったが、付近に横切る踏切がなかった。南海電鉄に相談しても「新設なら自己負担で」とにべもない。やむなく自前で踏切を造った。費用は、当時一千四百万円もかかったという。

清掃が行き届いた新工場

昭和四十三年（一九六八年）九月、ついに新本社工場が完成し、本社移転も完了。横編機メーカーとしての本格的なスタートを切った。

工場のコンクリート床が完璧な水平を保つよう、特殊合金粉末入りのセメント材フェロコンを採用した。硬度が増したほか、ピカピカに磨き上げて鏡のようにした。

〈こうすれば、社員たちは汚さないよう掃除に励むはずや〉

ほうきで掃きやすいよう壁と床の境目を直角にせず、曲線で丸みを持たせた。

これほど清掃にこだわったのは、正博がエドワール・デュビエ社の工場を見学した際、確かに広大さに度肝を抜かれたが、工場内は掃除が行き届かず機械も汚れが目立っていた。

この時、正博は思った。

〈図体はデカいが、たいしたことはない。いずれ追い越せる〉

また工場内にエアコンを設置した。当時、空調設備完備の工場は日本にほとんどなかったと思う。家庭でも冷房設備は珍しい時代だ。夏場の工場の出勤率は上昇した。ただ、終業後もなかなか帰宅しない社員が増えて困った面もあったという。

本社ビル（事務所棟）には配管工事だけを済ませ、あえてエアコンを付けなかった。正博は以前、事務員が工場の社員を見下すような空気を感じたことがあり、そんな風潮を排除したいと思ったのだ。

和歌山の夏は暑い。空調が行き届いた工場で社員が生き生きと作業するいっぽう、本社ビルでは事務員が汗だくでソロバンをはじき、書類を作成していた。

しばらくすると工場の社員たちの間から声があがった。

「事務所にもエアコンを付けてやってください」

社員相互に思いやりの精神が芽生えるなら、これほど喜ばしいことはなかった。正博は言葉の使い方にも配慮した。

業界で「画期的だ」と讃えられた全自動手袋編機を発明した時、「しかしまあ、日本で手袋の機械をつくるのは当たり前だ」という雰囲気があった。が、衿編機で欧州の老舗企業を押しのけ世界一のトップメーカーになったのだから、事情をよく知るニットウエア業界から「島精機はすごい」と諸手を挙げて絶賛された。何も情報を持たない田舎の青年が、みんなに支えられて引っ張り上げられ、大成功を収めたのである。

その後、会社の成長拡大に伴い本社用地は広がり、現在では甲子園球場（総面積）の約五倍、六万坪（約二十万平方メートル）超に拡大している。

バラックから豪邸へ

本社移転と時期を同じくして、島家はようやく戦争直後に建てたバラック小屋を出て、和歌山市今福に建てた二階建ての新居に引っ越すことになった。

社員から「世間様の目もあります。頼みますからあの家を出てください」と懇願されるほどのボロ小屋から、いきなり豪邸を建てて引っ越したのである。

正博は、引っ越してから毎月給料を家に入れるようになった。結婚十年目を迎えた和代は心底ホッとした。

〈ああ、これで安心して生活できる……〉

ところが住宅ローンを払ってしまうと、正博の給料はほとんど残らなかった。結局、和代は節約生活と姉の美容室の手伝いを続けるしかなさそうだった。

その代わりとは言ってては何だが、正博は女道楽だけはしなかった。よその女にかけられる時間など一切なかったし、そんな苦労まで和代にかけさせたらそれこそ一大事である。

和代はもともと身長が高くモデルのようなスタイルだったが、この頃からふくよかな体型になってきた。体重五十キロの正博に比べ、和代はいつしか七十キロを超え、和代のほうが一・五倍も体格が良くなってしまった。高校時代にハンドボールで鍛えて運動神経も良いからなおさら逞しく、少しずつ〝お母ちゃん〟としての貫禄がつき始めていた。

贅沢はさせない

昭和四十三年（一九六八年）、小学二年生の三博はいつものように夏休みを和代の実家で過ごした。休みが終わって帰ってくると、島家は三博が後に通う中学校の目の前に引っ越していた。三博は、あまりの豪邸にビックリ仰天した。

「家の中に池があるぞ。錦鯉《にしきごい》まで泳いでる！」

吹き抜け部分に池があり、奥には豪華なステレオセットが鎮座している。池の近くに設置したモダンな階段が二階へと続いている。自分だけの子ども部屋も用意されていた。

が、高額なローンを組んで建てたため、質素な生活は続いた。食事は相変わらず大根の煮物であった。

三博は、友だちがみんな自転車に乗っているのに、自分一人だけが持てずにいることが不満だった。和代に買ってくれと頼んでも、聞き入れてもらえなかった。

「自転車なんか乗らんでいい、健康のために走れ！」

友だちが自転車で移動する時、三博一人だけが走って後をついて行く。子ども心に、切ない体験だった。だからどうしても自転車が欲しくて捨ててあった自転車を拾い、自転車屋に修理を頼んだこともあった。が、自転車屋からの電話で和代にバレてしまい、こっぴどく怒られた。

三博は特に何かした覚えもないのに、母親の和代からしょっちゅう怒られた。朝の通勤通学の時間帯に素っ裸にされ、表に放り出されたことまであった。「大根の煮物以外のおかずが食べたい」「自転車がほしい」といった子どもらしい欲求が、戦中派で日々の生活費にも事欠く和代には、贅沢でわがままに聞こえたのかも知れなかった。

カリスマの商魂

島正博が率いる島精機は、手袋の全自動化で世界一になり、衿編機でも世界トップとなった。

国際繊維機械見本市（ＩＴＭＡ）直前に完成した全自動フルファッション衿編機「ＦＡＣ」の評判

が海外に伝わると「シマセイキ」の知名度が世界の繊維機械業界でじわりじわりと上昇し始めた。

ＦＡＣはキャリッジをコンパクトにして効率を上げ、編み目の増減をコントロールするキャリッジ内のピッカーシステム、独自の羽根つきトランスファーニードルの開発、複数の針を格納するニードルヘッドに熱処理された特殊鋼のプレートを使用するなど、個別の技術も高い評価を受けた。その後、欧州各社はこれらの技術を新型機に導入していく。

ＩＴＭＡ視察を機に、正博の欧州出張は恒例になった。昭和四十三年（一九六八年）夏、正博は前年開催されたＩＴＭＡに電磁クラッチ式駆動装置を出品したイタリアのコルギー社を訪ねた。

本社はイタリア北部の都市レッジョ・エミリアにあった。古代ローマ時代以来の歴史があり、パルミジャーノ・チーズなどの産地として知られる。

正博の海外出張は原則単独行だった。この時も通訳と現地集合することになり、エミリアまで一人でたどり着かねばならなかった。ミラノから列車で一時間半から二時間の距離だが、ミラノ駅で尋ねても目当ての駅名は聞いたことがないという。

和歌山を出る時、英語が達者な知人が書いてくれたメモには、カタカナで「リッガミラ」と書いてあった。正博は、必死で「リッガミラ、リッガミラ」と繰り返したが、みんなクビをひねる。アルファベットのつづりも分からず、窮したところ、ある駅員が言った。

「この周辺の駅名を、全部教えてやる」

その駅員は、ミラノから先の駅を順番に読み上げてくれた。その中に正博の記憶の片隅に潜むレッジョ・エミリア（Reggio Emilia）があった。

ようやく目的地に着くと、地元の人から大歓迎された。

「おまえは、この街に来た最初の日本人だ」

終戦から二十年余り。日独伊三国同盟のよしみがまだ残っているのか、と思うほどイタリア人は親切だった。

レッジョ・エミリアでのコルギー社との商談はスムーズに進んだ。正博は申し入れた。

「ＩＴＭＡ会場で目をつけたコルギー社製電磁クラッチ式駆動装置を、毎月百台買う」

すると先方は目を丸くして驚いた。

正博は、当時開発中の全自動セミフルファッション横編機「ＳＦ」にこの電磁クラッチ式駆動装置を搭載するつもりだった。ＳＦは、全自動フルファッション衿編機「ＦＡＣ」の流れを受けた新鋭機である。汎用性に優れて操作もやさしく、さらにコルギー製電磁クラッチ式駆動装置の採用で機械の駆動速度を速め、同時に一定のスピードを維持できる安定性も高めた。従来機より作業効率を五倍に引き上げるというのがＳＦのうたい文句だった。

レッジョ・エミリアは当時さほど有名でなかった。が、その後ファッションブランド「Max Mara」（マックスマーラ）発祥の地として広く知られるようになる。

コルギー社の担当者が質問してきた。

「ところで、シマセイキの機械は、どこのメーカーの真似をしているんですか？」

やはり日本人はスイス、イギリス、ドイツなどの製品を真似したものを作る、というイメージがあるらしい。

「どこの真似って、島精機のオリジナルですよ」

相手が目を丸くして驚いた。

「だったら、それを言いに店を回ったほうがいい。イタリアには有力ブランドから中小業者までファッション業界に約八千八百社がひしめいている」

今度は正博が驚く番だった。さすがファッションの国である。正博の商売魂に火が点いた。

「よっしゃ、そんなにぎょうさん会社があるなら、直接訪ねてウチの機械を買うてもらおう」

それから正博のイタリア通いが始まった。当時イタリアに行く便はＪＡＬしかなく、毎月九日から十六日間の日程を組んで現地へ赴き、島精機の機械を売り込むのだ。九日間のスケジュールの場合は、土曜日に出発し日曜日の晩に帰ってくる。その間に休みが入るので有効に使える。

通訳に和歌山弁とイタリア語を理解する稀有な女性を連れていたが、商談の最中はあまり通訳を必要としなかった。正博はいつも持ち歩くスケッチブックに鉛筆でサラサラと絵や図を描く。すると相手が褒めてくれる。

「ああ、センスがいい」

機械の絵を描くと、「なるほど、編み目がキチッとなってる」と納得し、信用してくれるようになる。日々編機と格闘する技術屋同士だから、言葉はなくても意思は伝わる。

「機械の具合が悪いから、ちょっと見てほしい」

そう頼まれた時などは絶好のチャンスだった。修理し調整しているうちに先方と心が通じ合い、一段と親しくなれる。

正博は八千社すべて回るつもりだった。

「そのためには、一日十三社回る」

そう決めて朝六時にホテルを出発した。

長々説明しきれないので「もう時間です。他へ回らんといかん」と言うと「オッケー、オッケー」と言って契約してくれる。

移動距離を含めて一社一時間としても、休憩なしで十三時間かかる。だから帰りはいつも深夜零時近くまでかかるハードスケジュールだった。

次々に商談をまとめてくる正博の訪問スタイルに、みんなが驚いた。

「一人で行って、よく商談をまとめられますね」

ＳＦは月産百台以上を製造し、発売後、飛ぶように売れていった。

正博は精力的にイタリア通いを続けた。正博は五年ほどかけて八千社のうちの三分の二以上、約六千社を回り、島精機製品の分布は世界の中でイタリアがダントツとなった。

フランスにも四千軒ほどのメーカーがあったが、しばらくするとデザインだけ本国で行い、あとは人件費の安いアジアで縫製を済ませようとした。イタリアの場合は「自分のところで最後まで作らねば良い商品はできない」という考えだった。

現在、イタリアは約四千五百社のメーカーが頑張っている。一時期に比べ半減した時期もあるものの、最近はむしろ増加傾向にあるという。「良いものをお客さんに提供したい」というイタリア人の考え方は、正博の仕事の取り組み方と相性が良かった。

ヨーロッパ土産と苦い記憶

イタリア通いと時を同じくして、正博はニットの産地であるイギリス通いも始めた。飛行機はファーストクラスのみ。しかも「飛行機の王様席」と呼ばれる1A席だと、すべてにおいて最優先となり、完全ストレスフリーとなる。

正博が出張先のヨーロッパから戻ってきた時、三博は父親からお土産にモンブランのボールペンをもらった。が、これは社員や得意先に配るため大量購入したものに過ぎず、まだ十歳にも満たない三博には不要の高級品だった。

海外土産は決まってボールペンなので、三博の学習机の引き出しには、使われないままのモンブランがどんどんたまっていく。だから三博は、父親のことを「いつもモンブランのボールペンをくれるおじさん」だと認識していた。

家庭において、三博には父との苦い思い出があるという。

中学生に進級した時、怒った和代が正博に訴えた。

「三博がこんなことをしたんや。ちょっと怒ってやってよ！」

すると正博の平手がいきなり飛んできて、三博の頬《ほお》を叩いた。

三博には、なぜ母親が怒っているのか、自覚がなかった。

ふだんは仕事ばかりで家庭を顧みることのない父親が、三博の言い分も聞かずに殴った。

この一件は、苦い思い出として三博の記憶に刻まれたという。

それでも父親の血のせいか、三博は幼い頃から物づくりが好きだった。中学になると機械、特にオーディオに興味を覚え、スピーカーなどを自分でつくるようになる。

島精機カップ

正博は、国際繊維機械見本市（ＩＴＭＡ）の視察で初めてヨーロッパを訪れてから、ゴルフ大会「島精機カップ」を国内外で開催するようになった。

弟のように可愛がってくれている関東繊維工業の吉野弘社長から、「島くんも、お客さんを一流のゴルフクラブへお連れするような機会をつくりなさい」とアドバイスを受けていたのだ。ゴルフは素晴らしいおもてなしになるし、お互い親交を深めるのにもってこいのツールである。

昭和四十二年（一九六七年）には、島精機製作所主催のゴルフ大会「島精機カップ」を大阪で開催した。

開催地の大阪ゴルフクラブは昭和十二年（一九三七年）に設立された老舗で、南海鉄道沿線の大阪府泉南郡淡輪《たんのわ》深日《ふけ》の海岸・丘陵地帯二十四万坪（約八十万平方メートル）に全長六千七百ヤード、パー七十二のチャンピオンシップ・コースの建設に着手。翌昭和十三年（一九三八年）七月二十五日に全面開場された。

大阪では紡績業がさかんで、出資者は南海鉄道や岸和田紡績（現・ユニチカ）社長などを歴任した寺田甚吉《てらだじんきち》、総合商社の日商（現・双日）会長の高畑誠一《たかはたせいいち》などである。

正博は紡績関係者と仕事のつながりがあったこと、ゴルフ場が設立された年が自分の誕生年といっしょだったことから、大阪ゴルフクラブを選んだ。

スコットランドやイングランドで島精機カップを開催した。高級ニットといえば、やはりスコットランドである。お客さんのほとんどは現地の人々であった。

「イギリスばかりでなく、ヨーロッパでも開催したほうがいい」とアドバイスを受け、北イタリア・リグリア州のポルトヴェーネレでも島精機カップを開催した。海辺のリゾート地でゴルフ場を借り切っての開催である。カートはなく、みんな歩いてコースを回ったという。

戦前の日本では、衣類はオーダーメイドでつくられるのが一般的だった。

昭和三十年代から既製服が普及し始め、日本のアパレル産業が確立された。昭和四十年代は洋服の需要も増えて国内縫製工場も活況を呈していたが、日本では急激に人件費が高騰。労働集約型である繊維縫製工場は日本国内では減少しはじめ、韓国、そして香港へと市場が移っていった。

新しいことをやりたいんやろ？

和田隆は、大阪、近畿、和歌山県内なら海南市《かいなんし》や高野山《こうやさん》など近隣エリアを担当し、次々と編機を据え付けていった。高野山の大門の近くにはニッター（ニット製造業者）があり得意先だった。

全自動フルファッション衿編機「FAC」に続き、昭和四十三年（一九六八年）には全自動セミフルファッション横編機「SF」が開発された。和田は難易度の高い衿編機から入ったので、新製品SFの取り扱いは簡単に感じた。

しばらくして、和田は考えた。

〈現場から、今度はサービスへ異動したいな。そう、新幹線に乗って仕事できたら最高や〉

一度新幹線に乗ってみたかったが、自費ではなかなかつらい。それに、できるだけ多くの顧客と接して現場を知らなければ、技術も技能もなかなか向上しないと考えた。

和田は粉川工場長に頼んだ。

「わたしに本格的なサービスをやらせてもらえませんか？」

ところが、会社は難色を示した。人手不足だったので、和田が抜けてしまうと現場が困ってしまうらしい。

「あと二、三年は、現場をやってくれないか」

そう言われ、がっかりした。新しいことにチャレンジせずに何年も同じ仕事をするなど、耐えられそうになかった。もう辞めてもいいくらいの覚悟で、和田は一週間ズル休みをした。

すると、後藤武治専務が和田の実家まで迎えに来てくれた。

「新しいことやりたいんやろ？　わかったから、会社に来なさい」

会社は和田の要望を聞き入れてくれた。おかげで新幹線に乗って関東圏へ行き、東京近辺の神奈川、山梨、長野を担当できるようになった。

その間にも、島社長は全自動ダブルカム目移しセミジャカード横編機「ＳＬ」、全自動目移しセミジャカード横編機「ＳＴ」などを開発した。和田はその都度どんな編機も対応できるようサービスの腕を磨いていった。

中には苦情もあった。

「糸の密度を詰めて生地を編みたてる度詰めをしづらい」

「素材を変えたら編めなくなった」

が、苦情は機械の改良につながるし、クレーム対応をすると人間のレベルも上がる。中にはいきなり怒鳴りつけてくるような客もいたが、時間が経てば忘れてしまう程度のことだった。

和田は、客の望みどおり編めるよう、現地に飛んでいって改造して回った。

技術力がないとサービスは担当できない。さまざまな不具合が発生する最大の理由は、カムなどの機械部品の寸法だった。特に目移し（トランスファー）の安定化には針の上下運動の高さを調整しなくてはならない。そこで和田は現地で鉄工所を探し、溶接用具を借りてその場でカムの高さを調整した。

地方のあちこちへ行って「いったん帰って段取りしてきます」では効率が悪すぎるし、客も納得しない。だから溶接技術がないとサービスはできなかった。和田は、本社に戻ってくるたびに自主的に溶接の訓練を続けた。

お客さんに怒られると、「よし、もっといい機械にしよう」とやる気が出る。「こうしたらいいのではないか」と頭も使う。和田の成績はどんどん上がっていった。

「コンピュータ編機」時代を予見

昭和四十四年（一九六九年）三月、都内中央区晴海で開催された「東京国際ニット技術展」に、全自動セミフルファッション横編機「ＳＦ」をはじめとした全機種出展し、業界をあっと驚かせた。

全自動衿編機「ＦＡＣ」で横編機業界に参入してからわずか一年半の間に、相次いで新鋭機を開発し、いずれの機種もオリジナルであった。否が応でも注目が集まった。「シマセイキに横編機あり」と評価され、横編機メーカーとして本格的スタートを切った。

昭和四十五年（一九七〇年）、島精機の営業所第一号となる「甲府営業所」が開設した。和歌山本社と、代理店だけでは全国の顧客をフォロー仕切れなくなったからである。

昭和四十五年、正博は「シマトロニック」の名称を商標登録した。

〈まもなくコンピュータの時代が必ず来る〉

確信に近い思いがあった。

コンピュータは一九四〇年代後半に世界初のコンピュータ「ＥＮＩＡＣ」が誕生されてから開発が進み、六〇年代は「第三世代」と呼ばれ、コンピュータの小型化・高速化が格段に向上した時代である。また、多くのメーカーからさまざまな種類のコンピュータが発表され、どんな処理にでも対応できる「汎用コンピュータ」として利用範囲が広がった。

正博はひそかに決意していた。

〈誰よりも早く、誰にも真似できないコンピュータ横編機をつくろう〉

「特許侵害」裁判の内実

昭和四十五年（一九七〇年）二月、正博は念願だった「全自動シームレス手袋編機（ＳＦＧ）」をついに完成させた。昭和三十八年（一九六三年）に製品化したものの、当時は加工精度の問題で故障が多かったこと、販売価格の問題で商社ともめたことなどが重なり、一年足らずで生産を中止した手袋編機の完全版である。手作業で指先をかがる必要もなく、指先を丸く編める機械がついに完成したのだ。

機械は順調に売れ、手袋編機のトップメーカーとしての地位を揺るぎないものにした。ところが、SFGを販売したのとほぼ同時期に、愛知県の松谷鉄工所からほとんど同じ機能をもつ手袋編機が出たのである。

「あの会社、何から何までうちの真似ばかりしよって！」

松谷鉄工所は島精機より歴史のある会社だった。が、島精機製の編機を購入して分解し、ほんの少し形を変えて自社製品として売り出していたのである。

以前開発したゴム入り安全手袋の編機を販売した時も、同様に真似をされ腹に据えかねていたところだった。しかも、今回は島精機の特許公告を確認してから特許出願しており、誰が見ても松谷鉄工所側が真似をしていることは明らかだった。

昭和四十六年（一九七一年）二月、島精機は松谷の編機を使う手袋業者の製造、販売差し止めを求め、大阪地裁に仮処分を申請した。

四月には特許庁に松谷の特許が島精機の特許に抵触するとして異議申し立てをおこなった。

さらに五月には、大阪地裁へ特許侵害で松谷など三者を相手取り、本訴訟を起こした。

ところが訴訟は思いのほか長期化した。なんと七年もの歳月と二千万円の訴訟費用がかかってしまった。

訴訟を担当した裁判官は編機の構造がまったく理解できず、途中から怒り出す始末だった。被告側の弁護士がこれ幸いとばかり、裁判官の感情をあおり立てるような言動に出る。やがて裁判官は、原告側で被害者である島精機の言い分を聞かなくなってしまった。

甘言に釣られ島精機から松谷鉄工所へ移る社員も三人ほど出た。そのうちの一人は、正博が昭和三十九年（一九六四年）暮れの倒産危機の際、睡眠時間を平均二時間しか取らず一カ月を過ごした際、共に闘ってくれた同志だった。

あまりに眠いので、ついうっかり編機に手を挟まれて骨を砕く大けがを正博が負った際、パッと応急手当をしてくれたのが、その社員だった。彼は正博が怪我をした手を摑み心臓より上に手を上げさせて出血を抑え、「誰か包帯！」と叫び、病院まで連れて行ってくれた。

〈松谷が提示した給料が、よっぽど良かったんやろか？〉

後から考えても、もう確かめようがなかった。

が、そのような謀反人はごく少数であり、森精機製作所や鐘淵紡績（現・カネボウ）を筆頭に、業界のほとんどは正博の味方だった。そのため、裁判を続ける間に松谷鉄工所の規模はどんどん小さくなっていった。

松谷鉄工所の会長は、寺のお坊さんであるという。その息子が事業をしたいと始めた会社という話だった。

〈坊さんがそんな悪いことやったら、いかんやろ〉

昭和四十九年（一九七四年）六月、大阪地裁は「特許侵害は認められない」と島精機敗訴の判決を下した。

屈辱的な出来事だった。が、手袋を下から引っ張って編んでいく松谷方式と、上から編地を押さえながら編んでいく島精機のシンカーニット方式では、最終製品の品質で島精機側に分があり、市場競争では勝利する結果となった。

松谷鉄工所はその後、従業員が減っていき最後は会社を畳んだらしい。寺のお坊さんであった会長はまもなく亡くなったと聞いたが、これ以上相手にはしていられない。正博はこの件をすぐに忘れて、新たな発明、開発に改めて乗り出していった。

ブローニュの森にある名店で

昭和四十六年（一九七一年）は、各地で展示会が開催され、島精機が「世界を代表する横編機メーカー」との世評が確立した年だった。

三月には大阪国際見本市で、五月にアメリカのアトランティック・フェアに出品。そして六月二十二日から十日間、国際繊維機械見本市（ＩＴＭＡ）がパリ南部のポート・デ・ベルサイユで開催された。「繊維機械のオリンピック」と言われるＩＴＭＡに、島精機が初めて出展したのだ。

正博は、この日のためにいくつもの機械の開発に取り組んできた。例えば形に合わせて編み目を増やしたり減らしたりできるフルファッション機能と、穴をあけた紋紙の操作により複雑な文様が編み出せるジャカード機能に加え婦人用のテーラーカラーやイタリアンカラー等の編成機能を搭載したＦＡＣのＴ型や、ＩＴＭＡ開催直前に完成した「全自動万能特殊柄機（ＳＰＬ）」などである。

もちろん、「全自動フルファッション衿編機（ＦＡＣ）」、正博にとって格段の思い入れのある「全自動シームレス手袋編機（ＳＦＧ）」も出展した。

出来立てほやほやのＳＰＬは、横編機の機能に経《たて》編機の原理を応用した経糸を使用することで、これまで考えられなかった柄が次々に編めるようになる画期的なものだった。新しいファッションに関心の深いフランス人などを中心に、絶賛の声が上がった。

正博は、パリ十六区にある森林公園・ブローニュの森にあるレストランでパーティを企画した。せっかくなので、アメリカ大使館の横にある有名なフレンチレストランに予約を入れたかった。現地の知り合いが「あそこは本当に有名なレストランでなかなか入れないから、ぜひ行ったほうがいい」と言う。ところが「島精機」の名で予約しようとしても、店から断られてしまった。

すると展示会でいっしょだった豊田自動織機社長の豊田芳年《とよだよしとし》が親切に言ってくれた。

「うちの分の一部を譲ってあげましょう。お客さんを招待するといいですよ」

トヨタグループの繊維機械メーカーである豊田自動織機とは、三洋電機創設者の井植歳男を通じて親しくなった。

正博ら一行は、豊田芳年のおかげで念願のフレンチレストランの予約ができた。まだ招待客が来る前に喉を潤そうと、給仕係に「ビール」と注文した。

すると、給仕係がにべもなく言った。

「ここはビールを飲むようなレストランではない。お帰りください」

そこで正博は、素早く百ドルチップを給仕係に渡して言った。

「その理由を教えてくれませんか？」

給仕係は、喜んで教えてくれた。

「まだ他にお客様がいらしていないので、教えてさしあげましょう。ドイツ料理で思い浮かぶものは、何もないでしょう。日本人もビールが好きですが、やはり飲んではいけません。ビールは胃液を流してしまうし、泡でお腹が膨らんで、せっかくの美味しい料理も食べられなくなります」

「何を飲んだらいいですか?」

「食前酒はドライシェリー。スペイン産のティオペペがやはり一番美味しくてお値段も手頃です」

「ありがとうございました」

島精機が開催したパーティには約八百人もが集まった。これには地元の人たちがみんな驚き呆れた。予約するだけでも大変なこの高級レストランで、ここまで大規模なパーティをしたのは日本人が初めてだ。日本人はクレイジーだ」

それでも正博は〈記念になれば、それでええ〉と思っていた。

正博は、給仕係に教えてもらったワインやドライシェリーがすっかり気に入った。海外の客からも「ワインは健康にいい」と勧められた。食事をすると、口腔内細菌が食物中の砂糖をエサにして酸をつくり出す。だからアルカリ性のワインを飲むと中和されてバランスが取れるという。

この時から、正博のワイン道が始まった。

〈これからは国際感覚も身に付けんといかん。ワインもその一つや〉

正博は、海外へ行くたびにロマネコンティを三本ずつ買って帰るようにした。一人三本まで免税になるからで、和代と海外へ出かける時は二人で六本手に入る。

タックスフリーで一本三十万円もしたが、日本で購入すると、当時百万円した。ファーストクラスの席の前にあるクロークに入れるのだが心配で、「割れたらいかんよってに」と言うと、客室乗務員から「割れる時は墜落する時だから大丈夫、大丈夫」と言われた。

免税の差額で儲けようというのではない。「このお客さんだけは逃したくない」という相手に出すのである。すると客は喜んで「機械の購入台数をもうちょっと増やそうか」といった話になる。

フランスのブルゴーニュワインとして日本人にも広く名前の知られているロマネコンティは、独特の風合いがあるワインで人気が高いが、味見して「これはロマネコンティだ」とわかる人はそう多くない。

ただし、美味しいワインであることは間違いなく、空き瓶だけでも値打ちがある。日本でもその名はよく知られていることから、お客さんへのプレゼントにもピッタリだった。お客さんの誕生日や会社の設立記念日などは、ちょっと調べればすぐにわかる。そうした時にプレゼントするとたいそう喜ばれた。この習慣を正博は半世紀以上、現在もずっと続けている。

帰国後、正博は「全自動セミフルファッション横編機（ＳＦ）」をより使いやすいセミフルファッション機として、駆動部分や電気回りを大幅に改良した「全自動セミフルファッション横編機（Ｎｅｗ ＳＦ）」の開発に取り組み、昭和四十七年（一九七二年）一月から量産をスタートさせた。

ＳＦの色は、昭和四十三年（一九六八年）の開発以来、あえて明るいベージュ色にしていた。従来は油汚れが目立たないグレーや濃いブルーを使用していた。

「機械を白くするなんておかしい」

みんながそう言ったが、汚れた機械を放置したせいで生地が汚れては話にならない。常に機械を綺麗に清潔に保つために必要だし、明るい色使いは常に薄暗い工場で働く従業員の気分も明るくしてくれる。そんな逆転の発想ができるのも、正博の才能の一つだった。

「一つの柄がヒットしたら家一軒が建つ」と言われた時代、New SFはベストセラー機となった。おもな納品先は新潟、福島、山形、大阪などで、特にニットの産地として知られる新潟の五泉《ごせん》市や見附《みつけ》市では「石を投げればSFに当たる」と言われるほどだった。

New SFに続き、正博は「海外の高い機械には手が出ない」という声に応えた「セミジャカード機（ST）」を開発した。

縄模様のような柄をつくるには、編み目を入れ替える「目移し」が必要だが、この目移しを自動的にできる機械の登場により、同じ糸を使ってファッション性がぐっと豊かになった。

こうして正博は〝作り手、売り手の立場〟より、〝使い手、買い手の立場〟を優先した物づくりと値段設定を貫いてきた。

昭和四十四年（一九六九年）四月期の売上高は七億四百万円と前の期から四割増となる。昭和四十五年（一九七〇年）四月期は二十六億七千二百万円と急成長。定期採用者も増え、入社式後の新入社員研修も始めた。

国内では、島精機、三星製作所、巽精機が編機製造の「ビッグ3」と呼ばれるようになった。

海外では百年以上の社歴を持つドイツのストール社とスイスのデュビエ社に、島精機が猛烈な勢いで追いつき、追い越そうとしていた。

第六章

労組との対決——専務の社内自殺

労組分会結成

昭和四十七年（一九七二年）二月四日は、島精機製作所創立十周年の節目に当たる創立記念日だった。その直後に、共産党系の労働組合「労組分会」が旗揚げした。さっそく現場主任、係長など、日ごろリーダーシップをとっている社員が集まった。

島精機はもともと、頑張ったら頑張った分の給料をしっかり払ってくれる会社だった。不満を言えばきりはないが、ボーナス以外に成果を出したら給料も跳ね上がる業績配当制度が確立されていた。和田隆はこの制度を「最高や」と思っていた。よそ者が中心となった組合活動などより、会社愛の方がはるかに強かった。

が、組合活動は当時の流行だった。町のあちこちに数え切れないほどの赤旗が立ち、その雰囲気に流される社員もたくさんいた。

「うちらは、社内の健全な組合をつくろう」

労組分会ができた一週間後に企業内組合が結成され、和田は執行部の幹部となった。が、外部の労組分会を構う価値などまったくないので完全に無視し、「それよりいいものつくろうよ、いい機械つくろうよ」という情熱と志で一致団結していた。

労働紛争が起きた年の昭和四十七年（一九七二年）、和田は二十五歳の自分の誕生日に結婚した。仕事が忙しくて女性とデートする暇もなかったが、恋愛結婚だった。稼ぐだけ稼いで使う暇がなかったので、結婚資金も充分に貯まっていた。

結婚後は、七年間の寮生活に別れを告げ、会社から離れた和歌山市西小二里《こにり》の借家に引っ越した。新婚の間は多少勤務時間を短くしてもらった。

なお、寮生活は、とても楽しいものだった。仲間意識が強い寮生たちとの生活は充実していた。和田は仕事柄ほとんど外に出ずっぱりだったので、島社長と会う機会は数えるほどしかなかった。

家族への嫌がらせ

その直後にできたのが、プロの活動家が介在する「和歌山県合同労働組合島精機分会」通称・労組分会である。賃上げの一律要求、昼休み時間の延長など、共産党の専従活動家の指示で勧誘を行い、社員二百二十人のうち過半数が雪崩を打つように加入した。

しばらくすると、会社正門には赤旗が林立した。

「十分な賃金を払っていない島は盗っ人だ」などと書かれたビラがまかれた。

労組分会は和歌山地方労働委員会へ不当労働行為救済を申し立てた。

確かにプロの活動家の話は慣れているだけあって上手でこなれており、傾倒する社員もいた。が、組合費としてお金を取られ、それが活動家の収入になっていることに気づいた社員は、自分たちが踊らされると気づいて戻ってきた。

正博ら経営陣を慕う社員も危機感を募らせ、外部の労組分会に対抗してできたのが、労使協調を掲げる穏健な企業内組合である。

正博は年三回のボーナス支給を含め、会社、株主、社員の「利益三分法」により十分社員に報いているという自負があった。

正博が何よりつらかったのは、とばっちりが家族にも及んだことだ。

自宅のすぐ目の前に、長女・千景と長男・三博が通う和歌山市立西和中学校があった。すると授業中に正博の自宅を目指してやって来た街宣車が、拡声器でがなり立てる。

「島精機の社長島正博は、不当労働行為をやめろー」

教室にいても響き渡るような大音響である。

「シママサヒロー！」と父親の名前を連呼し罵倒する大声に、千景は思わず耳を塞いだ。クラスメートや先生の視線が突き刺さるようだった。

隣家の壁、電信柱に正博を糾弾するビラが貼られ、家族は外出するのも億劫になった。せっかく檜木でつくった家にも、あちこちにべったりビラを貼られた。

正博が不在のある日、ピンポンと玄関のチャイムが鳴った。和代がドアを開けると屈強な男がなだれ込んできた。数えてみると十四人もいる。

「争議団共闘や。島正博社長を呼べ！」

が、和代は気丈にも三十分以上も睨《にら》みあった末、男たちは根負けしてこの日は帰った。

別の日に押しかけて来た時は、長男の三博が、和代と組合の男たちとの問答をこっそり録音していた。

和代はやにわに表にあったホースをつかみ、水をまいて男たちにかけて追い出した。

男たちが帰った後へナヘナと床に座り込み、子どもたちに見えないようひっそり涙した。

和代は正博をなじることはなかった。悪いのは明らかに労働組合側である。

正博は決意を新たにした。

労働紛争と「社内報」創刊

藤田紀《おさむ》は昭和二十五年（一九五〇年）三月九日、栃木県に生まれた。父親の転職のため、小学校入学と同時に和歌山に転居してきた。

立命館大学経営学部で学び、地元で就職したいと思い探していたところ、知人の電気屋の伊藤喜三郎が、島精機製作所を紹介してくれた。

「ここの社長とは、幼なじみなんや。いい会社やで」

昭和四十七年（一九七二年）三月に藤田が島精機に入社した時は労働争議の真っ只中だった。社員は二百二十人で平均年齢は二十一歳と若く、年寄りは数えるほどしかいない。聞くと、共産党系の組合「労組分会」が二月十七日にできたので、それに対抗すべく企業内組合が二十五日に立ち上がったという。藤田は総務部に配属され、入社していきなり労働紛争に巻き込まれた。

社外組合は合同労働組合といい、主に組合のない中小零細企業の労働者が個人単位で加入する組織である。地域や産業別に分会があり、社外組合のことは「合同労組」や「労組分会」と呼ばれていた。弱い立場の労働者を救う組織だといえば聞こえは良いが、ヤクザまがいの恫喝や業務の邪魔は当たり前という、過激で悪質な側面が大きかった。

四階建ての本社ビルの目の前には、いつも赤旗が十本も立っていた。共産党系の労組分会がいろいろと要求してくるので、労組分会が二回、企業内組合が二回の週四日も団体交渉を強いられた。労組分会との交渉の場は必ず社外だった。外部なら時間制限を設けられるが、うっかり社内でやってしまうと徹夜になって仕事に大きな悪影響が出てしまう。そんなことの繰り返しだった。

藤田は思った。

〈面白くない会社やな。辞めて学校の先生になろう〉

毎日そう思い悩みながら仕事をしていた。

まもなく、全社員に会社の正しい情報を伝える手段として、社内報がつくられることになった。労働争議でゴタゴタしている最中だったので、やはり社内報はあったほうがいい。それに藤田自身も情報発信にもともと興味を持っていた。たまたま飛び込み訪問で営業をかけてきた印刷屋と出会い相談してみると「やりましょう」と話に乗ってくれた。

昭和四十七年（一九七二年）六月、社内月報「シマセイキ」が創刊された。部数は二百五十部。ところが二号までつくったところで印刷屋が倒産してしまった。やむなく違う印刷屋に頼むことになったという。

最初は拙《つたな》い内容だったが、次第になくてはならない貴重な情報発信、情報共有ツールとなっていく。

入社して半年ほど経った昭和四十七年（一九七二年）九月、総務部の新人である藤田は、通産省所管である日本生産性本部の研修に参加した。全国から労務担当者が研修所のある静岡に集合したが、ほとんどが年配の人たちだった。五日間かけて経営論を学び、同じ業務に就く人たちと交流した。その中で、藤田はハッと気づかされた。

〈おれはこれまで「島精機は何にもできてない会社やな」と心の中で文句をたれていた。が、よう考えたら、総務にいる自分がやらなきゃしょうがないやないか〉

そこから考えが一八〇度変わった。自分が責任を持って問題を解決する。主体性を持つことであれほど嫌だった仕事が一転、楽しくて仕方なくなった。当時、社員同士の年齢が近いことも手伝って、仲間意識が強まっていった。

二百二十人いる社員のうち、労組分会への参加者は七、八十人。当初は企業内組合のほうが人数は少なかった。

「まずは、企業内組合の人数を増やそう」

藤田も参加し、社員に呼びかけて人数を増やしていった。当然、外部の労組分会とのにらみ合いは強まる。特に藤田は労務担当ということで「会社の犬」と罵られた。

年末が近づくと、藤田は正博に社内報の新年号に掲載する社長インタビューの取材を行った。正門と道を隔てた開発会社の島アイデア・センターへ行くと、いつも正博は自分の席に座って新しい機械の開発に勤《いそ》しんでいる。その必死な姿に心打たれた。

取材を終えた時、藤田は感動のあまり泣きながら総務部へ戻ったこともあったと振り返る。それほど正博の話は人の心を打つものがあった。

「これは無料の宣伝や」

島正博の長男、三博の機械好きが最初に役に立ったのは、中学二年生の時である。

共産党系労働組合の荒くれ者たちが自宅にまで押しかけてきた。その時、買ってもらったばかりのソニーのラジカセとワイヤレスマイクを使い、その音声を密かに録音したのだ。のちのちの証拠として使うためだ。

労働紛争には、三博も悩まされた。組合員が中学校のすぐ近くで日常的にがなり立てるからだ。教室が道路側に面していて、窓からすぐに道路が見下ろせるから余計たまらない。街宣車が学校をグルグル周回するので、ほとんど授業にならなかった。

島家は中学校正門の目の前にあったので、街宣車が自宅に向けてわめき立てているのか、息子のいる中学校に向けて授業の妨害を図っているのかはわからなかったという。

幸いだったのは、クラスメートたちが三博を仲間、身内としてかばってくれ、イジメの対象にならなかったことだ。

「授業の邪魔をされて迷惑」というよりも、どちらかというと面白がっており、活動家たちの真似をして「島精機の労働者、おう！」と歌ったりして、とにかく陽気だった。

また同級生たちは、町中の電柱などに針金でくくりつけられているビラ看板を撤去する手伝いをしてくれた。三博が「今日も看板剥がし手伝ってくれよ」と声をかけると、みな「おう、おう！」と言って参加してくれた。帰る頃には、同級生たちの自転車の荷台は撤去したビラ看板でてんこ盛りになったという。

そのうちに正博は開き直った。

「これは無料の宣伝や。広告費払わんで済む」

実際効果てきめんのようで、今まではタクシーを呼ぶ際に「島精機です」と言っても通じなかったのに、労働争議が始まって以来、「ああ、あの立て札の島さんですか」と住所を告げる必要もなくなった。

外部の人間に会うと、必ず労働争議の話題となる。正博は「ああ、宣伝やってもろうてるんですよ。このくらい大したことないですよ」と答えることにした。相手は「いやあ、堪《こた》えてないんやね」と感心してくれるので、「堪えてないですよ」と涼しい顔をしておけば良い。

正博がそのように飄々とした態度になったので、組合員たちもだんだん気抜けしてきたらしい。自分たちの活動や恫喝が効いていると思えば気合いも入るが、暖簾《のれん》に腕押しではやる気もなくなる。

そもそも、正博は国内外で愛用される高品質の機械を開発し続け、利益三分法で正しい会社経営をおこなってきた。そこに外部からやって来たプロの活動家が難癖をつけているのだから、堂々としていれば良い。

労働争議が起きたこの年、正博は仕事面で評価され、表彰の栄誉に輝くことになった。三月には「全自動シームレス手袋編機（ＳＦＧ）」の開発に対して、機械振興協会から「第二回中小企業向け自動化機械開発賞」が、四月には科学技術庁から「科学技術庁長官賞」を授与された。当時、三十五歳の正博は全国最年少の受賞となった。十二月には、ＳＦＧと衿編機ＦＡＣの完全自動化に対し「中小企業研究センター全国表彰」を受けた。

激しい労働争議のさなかの昭和四十八年（一九七三年）三月十日、島正博は三十六歳の誕生日を迎えた。

この年は、正博にとって重要な意味を持っていた。

二十年前の高校二年生の時、占いをする新聞勧誘員のおじさんから「三十六歳で死ぬ」と予言されていた。おじさんは他にもいろいろと占ってくれたが、その占いが不気味なほど当たっていたので、よくよく気をつけなければならないと肝に銘じていた。

労働争議は収まる気配はなかった。それでも高度成長時代の好景気の追い風で、島精機の経営は順調であった。編機は前年比一・五倍と好調な売れ行きを見せていた。

昭和四十八年（一九七三年）六月、島精機はニットの産地で知られる新潟県五泉《ごせん》市に新潟営業所（現・東日本支店）を開設した。

〝お母ちゃん〟

昭和四十八年（一九七三年）年五月、三女の都《みやこ》が誕生した。これまで三博、千景、恭子の三人の子宝に恵まれ、「もう四人目はできへんな」と思っていたところでのおめでたとなった。そのため、他の兄姉たちとだいぶ年齢差が開いた。

子どもたちは、和代のことを「お母ちゃん」と呼んでいた。スタートがバラック住まいの手袋屋だったので和代は「お母さん」と呼ばれるより「お母ちゃん」と呼ばれるほうがしっくりきた。人から「奥さん」と呼ばれるのも気恥ずかしく、いつも「わたしそんな品格ありませんよ」と返していた。

正博は、子どもたちの面倒をすべて和代に任せきりにしていた。だからしょっちゅう喧嘩になる。

「あんたは子どもをつくるだけで、他に何にもせん。給料だって持ってこんし」

そんな状態だから、子どもたちはみんな和代に懐《なつ》いていた。和代も夫にはきつく当たるが、子どもには優しかった。

三人の娘たちはみんな和代にそっくりの顔立ちをしていた。年齢を重ねていくにつれ、体格や性格のほうもだんだん母親に近づいていく。

唯一の男の子となった三博は、和代からよく怒られた。逃げ足が速くサッと二階へ駆け上がろうとしたところを、ハンドボール部で鍛えた和代が、自慢のコントロールで履いていたスリッパを投げる。動きを予測して投げるものだから、見事、三博に命中したという。

オイルショックと古傷

正博が三十六歳の呪縛から解放され「占いはやはり当たるも八卦《はっけ》、当たらぬも八卦」と思い始めた秋、世界に激震が走った。

昭和四十八年（一九七三年）十月六日、第四次中東戦争が勃発した。ＯＰＥＣ（石油輸出国機構）が原油の供給制限と輸出価格の大幅な引き上げを行うと、国際原油価格はわずか三カ月で約四倍に高騰。エネルギーの八割近くを輸入原油に頼っていた日本は急激なインフレに見舞われ、石油関連製品を中心に物価が急上昇した。オイルショックの到来である。

パニックに陥った人々は、トイレットペーパーの買いだめに狂奔《きょうほん》した。戦後初めてのマイナス成長に見舞われ、日本の高度経済成長期は終わった。

消費は極端に冷え込み、衣料品も売れなくなった。島精機には機械購入のキャンセルが相次いだ。

倉庫には在庫の山ができ、工場の稼働はストップし、従業員たちの仕事は機械整備や掃除くらいしかない。

年が明け昭和四十九年（一九七四年）となった。三月十日、無事に三十七歳の誕生日を迎えることができ、読売新聞の販売店の店主が言っていた三十六歳は何とかやり過ごすことができた。

これまでの波瀾万丈の人生を表すかのように、正博の身体は傷だらけだった。何も知らない人が見たら「大事故にでも遭ったのか」と驚くほど、あちこちに傷跡が残っている。

終戦間もない頃に裸足で過ごし、釘を踏んで甲にまで貫通してしまった傷。少年時代にオートバイに乗っている時、ダンプカーの脇を通り過ぎようとして失敗し、ダンプの下で回転しているプロペラシャフトに巻き込まれてしまった手の傷。

とある祝賀セレモニーに出席し、単車で帰宅途中に滑って崖から転落した時の傷。幸い、後方からすぐに仕事関係で顔見知りの人の車が来て病院へ連れて行ってもらい助かった。転落した時の摩擦で、あちこちの傷口から細かい石が入り込んで大変な怪我だとわかった。「うちでは治療できない」と言われ、菱川病院へ行って何とか治療してもらった。

古傷からも、少年時代のやんちゃぶり、命知らずな性格がうかがい知れる。それでも何とか無事に、ここまでやってこられたのだ。

「世の中には、いろんな仕事があるもんやな」

昭和四十九年（一九七四年）には、労組分会がピケを張り、組合員が本社の入り口などを固めるなど、勢いがどんどん増していった。激しいぶつかり合いが生じた時は、警察も出動したが、なかなか争議は収まりそうもなかった。

労働争議が長引く中、労組分会の組合員の数は少しずつ減っていった。が、相手側には外部の指導者がいた。

新入りだった藤田紀は、中央労働委員会に出張って東京へ行くことなどはなかった。その代わり、町中に貼られている「島正博は悪徳経営者だ」といった看板を剥がしに出かけた。針金でくくりつけられた看板は何とかなるが、電柱に糊《のり》でべっとり張られているポスターは厄介で、剥がすのにずいぶん手こずった。

そのうち要領がわかってきて、ブラシでこそげ落とす方法を編み出した。人がいる時間帯はやりにくいので、深夜に起きて剥がして回る。藤田は思った。

〈世の中には、いろんな仕事があるもんやな……〉

労働争議終結

昭和四十九年（一九七四年）二月、労組分会書記長の瀧《たき》に異動を命じたが、瀧が拒否したため、段階を踏んで解雇処分にした。

当然、「解雇を受け入れず出勤闘争する」と大騒ぎし、共産党お抱えの法律家たちを何人も投入して和歌山地裁の地位保全と賃金支払いの仮処分を申請してきた。

正博は「無条件降伏はいかん」と争う姿勢を見せた。すったもんだの挙げ句にようやく和解し、瀧は自己退職扱いとなった。瀧は後に、和歌山県地方労働組合評議会事務局長に就任している。

労働争議は四年半におよんだが、皮肉にも活動にブレーキをかけたのがオイルショックだった。労組分会の活動は下火のまま継続され、影響力はほぼなくなっていく。真面目に働く同僚からは蔑視されながらも、平成十九年（二〇〇七年）まで三人の組合員が残り、その後、完全に消滅した。

専務自殺

労働紛争はほぼ決着を迎えたものの、昭和四十年代に入り毎年のように前年比一・五倍ほどの成長を見せていた島精機の業績に急ブレーキがかかった。昭和四十九年（一九七四年）の夏には、運転資金に苦労する状況に追い込まれた。

口下手な正博に代わって営業、経理を取り仕切っていた後藤武治専務は、販売総代理店の伊藤忠商事、取引金融機関の三和銀行（現・三菱ＵＦＪ銀行）、泉州銀行（現・池田泉州銀行）などへ金策に駆け回った。

加えて労働争議や、愛知県の機械メーカーを特許侵害で訴えた裁判が紛糾していたことも重なり、悩みや疲労が蓄積していたらしい。が、正博の前では快活で、よく冗談を言って励ましてくれた。

後藤の実家は海南市下津町大崎のミカン農家で、世の中の動きも機械のことも知らずに暮らしているらしい。田舎ではメンツが何より大切なので、労働争議で騒がれている会社にいる後藤のことを恥じていた。心優しいが、心配性で気が小さい後藤には、実家が味方してくれない状況は辛かっただろう。その上、せっかく和歌山市に建てた後藤の家にもビラを貼られ、共に暮らす家族にも恐い思いをさせてしまっていた。

昭和四十九年（一九七四年）九月十二日、この日は島精機本社に伊藤忠商事の子会社社長と常務を招き、正博と後藤専務が応対にあたった。

販売総代理店である伊藤忠商事は、島精機の横編機すべてを取り扱っていた。が、在庫を抱えて苦しんでいる正博らに、冷たい言葉を放った。

「在庫は一カ月分しか引き受けない。しかしその分の金利は従来通り取る」

機械がどんどん返品されている中、そのような条件を出されてはたまらない。実際、会社の資金は底を尽き、どんどん借金が膨らんでいた。

正博は心の中で伊藤忠商事を罵っていた。

〈伊藤忠というても、ブローカーみたいなもんや。一カ月分しか買い取らないのに、それで金利を取るわけや。おたくらも、たいしたことないな〉

昼食は出前の寿司とデザート用の果物を注文し、役員室がある二階でいっしょに食事をした。が、正博は心中穏やかでなかった。伊藤忠商事の出した条件により、絶体絶命の大ピンチに陥ってしまったのだ。

〈昭和三十九年の倒産危機の時といい、今回のオイルショックといい、「九」のつく年はどうも相性が悪い……〉

伊藤忠商事の子会社社長らを見送った正博は、社長室に戻った。ところが、いっしょだったはずの後藤専務がなかなかやって来ない。どうしたのだろうと思い、近くにいた社員に頼んで探してもらった。

しばらくして、真っ青な顔をした社員が戻ってきた。

「大変です、専務が……！」

後藤専務が、先ほど食事をした役員室で血まみれになって倒れているという。

報せを受けた正博は、愕然とした。

「えっ、ほんまか⁉」

正博は、役員室に入り、後藤専務の姿に呆然とした……。

〈専務……〉

すぐに警察と救急車が駆けつけた。警察官が言った。

「自殺か他殺かわからんから、絶対触ったり入ったりしたらいかん」

指紋を採取し、現場検証をした警察は、デザートの果物に添えられていたナイフで頸動脈を切ったことによる自死、と結論した。遺書などはなく、発作的な出来事だったようだ。


寿司を食べた後、総務部の藤田紀が伊藤忠商事の担当者を駅まで送ることになった。運転しながら、藤田は不安だった。

〈本当に会社は危ないんとちがうか……〉

会社に戻ってみると、何やら大騒ぎになっている。後藤専務が自殺したと知らされた。

警察が帰った後、藤田たちは若手社員と一緒に役員室を掃除した。カーペットを剥がし、血で汚れた部分を隠すように丸めて、裏手にあるテニスコート場で燃やした。

正博によると、生真面目な性格なだけに、後藤専務はストレスでノイローゼになっていたらしい。眠れないから睡眠薬を常用し始め、やがて日中もボーッとするようになり、薬が効かずに眠れなくなると、薬の量を増やしていたという。

天才発明家の正博、現場をまとめる粉川安夫工場長、そして国内営業や資金調達などを引き受けてきた後藤専務。この三人体制でこれまでずっとやってきたのだ。

倒れるなら前へ

オイルショックで不景気になった時、企業内組合では「組合がしっかりしなきゃいかん」という心意気の人が多かった。

「島精機は危ない」という噂が流れても、和田隆はあまり気にしなかった。そんなことばかり悩んでいても前進できない。

正博は、いつも言っていた。

「倒れるんやったら、前へ倒れてこい。後ろへ倒れたら脳しんとうを起こして、よう起きれないやないか。倒れるなら前や。常に前へ、前へと行こう」

和田もまったくその通りだと思った。

後藤専務が自殺した時、サービス部門を担当する和田隆は出張して不在だった。数日後に知らされた時はさすがにショックだった。

後藤専務には、入社する際に給料を決めてもらったり、いろいろと段取りをつけてもらったりした。後藤は几帳面な面もあったが、「おまえちゃんと洗濯せえ」「天気がいいんやから布団を屋根に干せ」など、まるで寮長のように世話好きで頼りになる人でもあった。

和田が本社に戻った時は、社内も少し落ち着いている頃だった。

正博はショックのあまり口もきけなかった。

〈ほんまは、自分が三十六歳で死ぬはずだったのに……！〉

正博は、後藤専務が自分の身代わりになってくれたように思えて、いたたまれなかった。

後藤専務の死は「構造不況業種の繊維機械メーカーで犠牲者が出た」と夕方六時のNHK全国ニュースで報じられた。

ニュースを見た関係者や債権者は騒然となった。

「オイルショックで繊維業界が大ピンチなのはわかっていたが、代表する島精機の営業、財務担当の専務が自殺するとは。これはえらいことだ！」

翌日、島精機に「手形を買い取ってくれ」という債権者が次々に現れた。

正体不明の同居人

昭和四十九年のオイルショック時は、島家でも異変が起き始めた。

池がある吹き抜けの隣に応接間があり、そこに島精機の幹部たちが夜中に何人も集まっては、深刻な表情で何やら話し込んでいる。

中学生だった三博は、オイルショックのせいで会社が経営危機に陥っていると理解できた。

そのうち、三博の隣の部屋で見知らぬおじさんが寝泊まりするようになった。

〈誰やこの人？〉

正体不明の赤の他人が自宅にずっと居続けるのは、さすがに不気味だった。しかも、そのおじさんは黙ったまま一言もしゃべらずに、三博たちといっしょに朝ご飯を食べるのだ。普通、子どもが同席していれば、「坊や」など何かしら話しかけてくるものだが、それもない。

〈誰なんやろう。銀行の人かな……〉

和代にこっそり聞いてみても、何も答えてくれなかったという。

三和銀行が全面支援——支店長の決断

この状況に救いの手を差し伸べてくれたのが、取引銀行のひとつである三和銀行の南和歌山支店に赴任してまだ二週間足らずの奥田久男支店長だった。

正博は奥田が赴任した直後に電話した。

「今度の休みは天気もええようです。うちでクルーザー出しますよって、銀行の女の子たちといっしょにいっぺん和歌山の海へ出てみませんか？」

三和銀行南和歌山支店は建具の製造販売をおこなっていた祖父の時代からの付き合いであり、正博はそのつながりを大事に思っていた。幸い当日は天気も良く、女の子たちも大はしゃぎだった。

「わたし、クルーザーなんて生まれて初めて乗りました」

奥田支店長も同感だったらしく、楽しい歓迎会となった。

〈オイルショックのせいで返品も借金もあるし、労働争議も長引いているようだが、やはり島精機製作所は世界に名だたる一流メーカーだ〉

そう実感していただけに、後藤専務の自殺は奥田にとってもショックだった。

〈あんなニュースが流れたら、島精機は大変な騒動になるだろう。島社長一人じゃとても無理だ。こんな時こそ、銀行が応援するのが当たり前や〉

正博や島精機が悪いのではなく、時期が悪いだけ。そう思った奥田は、翌日、島精機へ向かった。

昭和四十九年（一九七四年）九月二十日の手形決済日、本社食堂で開いた経営説明会は、債権者たちの怒号が飛び交った。正博は汗だくになって必死に説明した。

「日本はニット普及率が先進国で低い。通産省（現・経産省）も編機の自動化を進める考えで、売り上げ減少は一時的です」

が、債権者たちはまったく納得する様子はない。ここで三和銀行の奥田支店長が立ち上がり、全面支援を約束してくれた。

「島精機さんの支払いは当行が全面保証します。こちらも腹をくくります。信用できないなら、ここに小切手があるから、これを当行で換金してください」

それを聞いた債権者は、われ先と列をなした。正博は感情を抑えて笑顔をつくり、奥田の指示通り、銀行渡りの小切手に裏書きして捺印して手渡した。十人ほどに渡すと、会場の雰囲気が変わった。

「……大丈夫そうやな」

「そやな」

そんな囁き声があちこちから聞こえてきた。頭に血が上っていた債権者たちもようやく冷静になった。もし「信用できない」として協力を拒み現金化したら、島精機との縁は終わる。それは先々のことを考えれば、大損となるのではないか。

行列はなくなり、そのうち「つらいのは一緒や。お互い頑張ろや」と、どこからともなく声が上がってきた。

経営説明会は約一時間で終了した。大半の債権者は、手形をそのまま持ち帰った。

三和銀行が全面的に島精機を応援するという情報は、通産省を通じて商工中金にも入った。

「三和さんが支援するなら、うちもそうするか……」

三和銀行に続き、商工中金も島精機をバックアップしてくれることになった。

〈もし、奥田支店長がいなかったら……〉

そう考えると、正博は感謝してもしきれない思いだった。

経営の大転換

三和銀行らの協力と、債権者たちの理解は得られたものの、大量の在庫と借金を抱えた状況に変わりはなかった。伊藤忠商事や銀行からは人件費を削減せよとアドバイスされた。

「三百人いる社員をリストラして、半分以下に減らしたほうがいい」

正博は三日間寝ずに考えた。

〈今後いくら新機種をつくっても、オイルショックで潮目が変わり、時代は大量生産から多品種少量生産へ移る。今までのようには売れないだろう〉

それにリストラと簡単に言っても、退職金を渡さねばならない。「退職金を月賦《げっぷ》で……」という訳にもいかず、退職金用にさらに金を借りるわけにもいかない。第一そんな金の使い方をしたくなかった。

正博が出した答えは、商社や金融機関のアドバイスとは正反対のものだった。

「人間、裸ではおれん。コンピュータ制御で多品種少量生産できる横編機を開発すれば、社員を減らさずに済む」

まずは在庫を片付けることにした。島精機の社員総動員で、トラックの荷台に編機を積んで全国各地を売り歩いた。

「機械買うてください。わたしがちゃんと責任もって、設置やら何やらやりますよって」

「世界の島精機」の社員たちが、頭を下げながら夜の十時、十一時まで飛び込み営業をして回った。製品そのものの信頼度は失っていなかったので、その熱心な様子に打たれて契約してくれたり、一度はキャンセルした業者が注文し直してくれたりする業者が現れた。おかげで在庫は三カ月でほとんどはけてしまった。

ここで正博は、コンピュータ化へ向けた新方針を次々に打ち出した。

まず正博は、昔から我が子のように可愛がってくれている森精機の森林平に連絡した。

「NC（数値制御）工作機械を、十台ほしいんやけど……」

コンピュータで制御するNC工作機械は、森精機が在庫を抱えて困っていたATC（自動工具交換装置）付きの最新鋭工作機械で、一台三千万円もした。大企業でさえサンプルで一台買ってみようかという時である。が、この機械があれば、外注に頼っていたパーツ製造を自社で少量でもつくれるようになる。部品の精度もぐっと上がる。

正博は、十台分の機械を三億円の三分の二の値段の二億円に値切り、さらに二十四回分割払いにしてもらった。林平はどこまでいっても正博に協力的だった。

「島くんのところ困ってるの、よくわかってるよってな」

思い切って工場のNC化を選択したことが、島精機の大きな転換点になった。

島精機はそれ以降も、ずっと森精機から工作機械を導入している。森精機も特別に価格を安くしてくれる良好な関係が現在も続いている。

ある日、正博が森精機の工場を訪ねてみると、床が油で汚れているのが目に入った。

「床を、もっと綺麗にせんといかん」

正博は、森林平社長と工場長を招いて、自分の工場まで来てもらった。

「ほら、うちの工場は背広のままコロコロっと転がっても、一つも汚れませんよ」

林平が言った。

「島くんのところはいいけど、うちは工作機械だから油をタンクに入れる作業があるんや」

が、正博は容赦なかった。

「そんなこと、やる気ないだけやねん。いい加減に油を計るからあふれて床が汚れる。石油の計量器を常時据えればええ。それでキッチリ計れば絶対に漏れることはありません」

「なるほど、そうやな」

林平は、素直に正博の言うとおりにしてくれた。すると工場の床はみるみる綺麗になっていった。

林平は正博よりずっと年上だったが、ちゃんと聞く耳を持っていた。納得すれば即座に実行に移す。正博も反応の良さが嬉しくて、どんどんアイデアを進言する。林平と話をしていると、いつも前向きで面白かった。優しくて、なんとも魅力のある人である。

森精機では、創業者の林平が工作機械に特化し、息子や親族がそれを大きくしていった。林平の長男は身体こそ弱かったものの、図面を引くのが得意なため、企画デザインを担当した。

現在、DMG森精機の社長を務める森雅彦は、林平の甥である。英語もドイツ語も堪能で、京都大学工学部精密工学科を卒業した後、伊藤忠商事にトップの成績で入社した。入社して最初に言われたのは、「森精機に戻るまで三年、五年ではいけない。十年はいてください」だったという。繊維機械の営業の傍ら、東京大学大学院で研究し博士号も取得。その後に森精機に入社した。森一族はそろって頭脳明晰であることも知られている。

島精機が新たにNC工作機械を扱うには、専門知識が必要だった。機械は二十四時間フル稼働させるつもりだったので、八時間交代で一台につき三人、計三十人の専門家が必要だった。そこで大学で電子工学を専攻した人材を採用し、減産で仕事のない社員には三角関数やアルゴリズムなど数学やコンピュータの勉強をさせた。

「いつリストラされるか」と不安に思っていた社員たちはざわついた。銀行から「人を減らせ」と言われたのに雇用を増やし、「事業を縮小せよ」と言われると高額の最新機械を十台も導入した。

「社長はいったい何を考えているのか……」

が、この時の正博の英断は、まさにピンチをチャンスに変え、国際競争力をつける大きなきっかけとなっていく。

社員のクビは切らない

オイルショックの影響で、島精機の経営状況は深刻となった。

藤田紀は総務部であったが、営業にも駆り出された。自分で作った営業と印刷した名刺をポケットに入れ、和歌山から外に出て、九州、東北まで出かけて手袋編機を売ったり部品代の集金に行ったりした。都市部のサラリーマンの平均月収が二十万円を超えた時代に、わずか一千五百円の集金のため一軒の客先に三回も足を運んだこともあった。

そのいっぽうで、まさかと思うようなところで手袋編機が売れたりする。営業の技術などなかったが、売れれば「会社に貢献できた」という喜びがあった。売った端から手形をもらい現金化した。手形期日まではとても待てない。手形割引料を払ってでも現金が必要だったので、地方にいる時も銀行に何度も足を運んだ。

藤田は、正博が銀行や業界の先輩から「社員を半分にしろ」と言われた話を聞いて、なかば覚悟した。

〈クビ切り役をやらなあかんのかな。そないなったら大変や……〉

すると、正博が「社員のクビは切れへん」と宣言した。社員たちは安心したし、正博に対する忠誠心や信頼感は一気に高まった。

正博の「社員のクビは切らない」という考え方は、その後もずっと続いていく。が、正博からは当然「総務部も協力するところは協力せい」という話になる。結局、ボーナスカットといった給与面への影響が出てくるのだが、藤田らは「協力せんかったらもっと痛い目にあうぞ」と矢面に立って踏ん張るしかなかった。

昭和四十九年（一九七四年）、正博は一度だけ企業内組合の団体交渉に出たことがあった。「島社長に来てもらわんことには、おさまりがつかない」という状況に追い込まれたのである。正博は、現在の会社の状況を嘘偽りなく切々と伝えた。

二番手三番手の島精機が世界トップを目指す夢を達成するため、みんなで競合メーカーに向かっていく攻めの時期はやりがいがあった。サービスの人間が修理に駆け回っており、最初はトラブルも多かったが、お客さんのほうが島精機の可能性を見て長い目で見てくれていた。

昭和五十年（一九七五年）になり、春闘の時期がやってきた。島精機では直近の春には三〇％ほどの賃上げを行っていた。が、企業内組合では、昨年に正博が団体交渉に応じて腹を割って話をしてくれたこと、解雇しなかったことに恩義を感じていた。そのため、年齢や勤続年数を基準とした定期昇給しか要求してこなかった。

正博もまた、そうした姿勢を見せてくれた組合員に対して評価をする。が、会社は火の車で現金を用意できず、ボーナスは銀行が発行した「三カ月定期」の証書を配るありさまだった。

社員はみんな生活に困ったが、若かったので何とか辛抱もできた。その様子も正博はちゃんと見ていて、景気が回復した段階でその分を上乗せして給料を支払った。お互いに頑張り、辛抱し、信頼し合って労使関係は労働紛争が起きる前より良くなった。

共産党系労組の活動成果はふるわないまま居場所がなくなり、潰れていったという。

東欧最大の展示会でゴールドメダル

オイルショック後の世界には、コンピュータ化の波が押し寄せた。

大量生産・大量消費から多品種少量に転換し、ニット製品にもバラエティ豊かな模様編みや色柄の組み合わせが求められるようになった。多様な製品を安価で簡単に生産できる機械が不可欠になるが、当時一つの編み柄の作成には多額の費用を要し、大量生産でなければコストを吸収できなかった。

昭和五十年（一九七五年）九月、東ドイツのライプチヒで、東欧最大の展示会・ライプチヒ・メッセが開催された。

正博は、わずか半年で開発したメカトロニクス（機電融合機）「全自動シマトロニックジャカード手袋編機（SJG）」を出展した。ジャカード機とは穴を開けた厚紙を用いて複雑な模様を編める機械で、フランスの発明家ジョゼフ・マリー・ジャカールが一八〇一年に発明。原理はパンチカードの孔が有り・無しで作用（ON）・不作用（OFF）を決める機械的二進法である。

SJGは高く評価され、ゴールドメダル賞を受賞した。出品業者六千社の中から二十一社に対してだけ与えられた栄誉である。正博は、後に国家評議会議長（国家元首）となるエーリッヒ・ホーネッカーと握手を交わし乾杯。日本から来場していた新日鉄会長の稲山嘉寛《いなやまよしひろ》をはじめとする財界関係者からも賛辞を送られた。

ゴールドメダル受賞のニュースは世界各国に伝わった。日本ではオイルショックの経営危機説を吹き飛ばす格好のアピール材料となった。

翌十月には、イタリア・ミラノで国際繊維機械見本市（ＩＴＭＡ）が開かれた。欧州各社がコンピュータ制御の横編機を出品した。一台約一千五百万円の超高額製品だったが、正博が見たところ、どの機械も試作機の域を出ていなかった。

他社製品は編み目を１（あり）と０（なし）の二進法に置き換え、確かにコンピュータ化されていた。しかし、実際に柄を変えて編むには針の交換が必要で、編み幅八十インチで編み目の大きさが十二ゲージの場合、編機には約二千本の針が搭載され、交換に数時間を要する。こんな機械は工場での量産に向かない。

ただし、ＳＪＧには狙いがあった。二進法の編機では複雑な柄出しは難しい。横編機の完全なコンピュータ化へ一つの布石である。

〈新しい制御法を考え出さねば……〉

正博は、悶々としながら考え続けた。

恩人との縁

昭和五十年（一九七五年）十月四日、和歌山県知事・大橋正雄の急逝を受けて行われた和歌山県知事選挙に、仮谷志良《かりやしろう》副知事が立候補して当選した。

仮谷は昭和三十九年（一九六四年）の島精機倒産危機の際、スポンサーになってくれる企業を大阪で探してくれた大恩人である。以来、仮谷は二十年にわたり知事を務めることになり、公私ともにさらに正博と親交を深めていった。

スポンサーになってくれた上硲《かみさこ》金属工業の上硲俊雄社長との縁も続いた。医学の道へ進んだ上硲社長の長男の上硲桂之介は医師になり、地元契約病院の副院長として島精機に月二回健康相談に来てくれることになった。

正博は、珍しい名字なのでもしかしたら、と思って尋ねた。

「上硲俊雄さんは、ご存じですか？」

「それはわしの親父です」

偶然ではあったが縁の深さを感じた正博は、桂之介を島精機の産業医として迎え入れることになった。

印刷三原色からの閃き

昭和五十一年（一九七六年）のある日、横編機の鋳物部材の外注先である静岡の企業から、島精機に連絡が入った。

「今後、うちはヤマハ発動機の完全協力会社としてエンジンづくりに専念することになりました。そこで、うちと同じレベルの鋳物業者をご紹介します」

昭和五十一年（一九七六年）春、正博は工場長の粉川安夫らとともに、石川県松任市《まっとう》（現・白山市《はくさん》）に工場がある大手機械メーカー・石川製作所の工場見学に出かけた。

鋳物部材を作る工場を見学していたところ、たまたま目に留まった印刷機械の三原色（マゼンタ、シアン、イエロー）の粒子から目が離せなくなった。

オフセット印刷が写真のように見えるのを以前から不思議に思っていたが、三原色の組み合わせだったのだ。正博はその場を動かず、約二時間もルーペで覗き込んでいるうち、パッと閃いた。

「編み方の基本といっしょや。応用すれば三進法のコンピュータ横編機のプログラミング言語になるぞ！」

編み針の上昇位置でニット、タック、ミスの三種類に分かれ、この組み合わせで編み物ができる。三原色を三つの編み物動作に置き換えプログラミングすればデザインの質と幅は一気に広がる。色や明るさの濃淡の階調を二百五十六通りとすれば、三原色の使用で三乗の千六百七十七万通りのパターンが可能である。オンとオフの二進法とは比べ物にならない。工場見学後、石川製作所が経営するゴルフ場に招かれ、夜は福井県の芦原温泉に宿を取ってもらったが、正博は興奮冷めやらず、一刻も早く和歌山に帰りたくてたまらなかったという。

「二代目」修業アルバイト

昭和五十二年（一九七七年）三月、中学を卒業した三博は思った。

〈おれも編機のこと、少しは勉強せにゃあかんのやろうな〉

三博は周囲から「二代目、二代目」と呼ばれていた。そう言われてもピンと来なかったが、中学生から高校生になる節目を迎え、ふとそう思ったのだ。

そこで高校入学までの春休みの期間、開発会社である「島アイデア・センター」でアルバイトをすることにした。労働争議から約二年が経ち、まだ景気が回復していない頃だった。この時に、初めて父親が開発した編機をまじまじと見た。

三博は、幼少期の昭和四十六年（一九七一年）三月、大阪国際見本市（ＯＴＥＭＡＳ）に連れていかれた。そこで正博の開発したさまざまな編機を見たのだが、当時は何の機械かもわからなかった。

三博は、島アイデア・センターでヤスリがけや穴開けなどを手伝った。気がつくと、作業に没頭していた。

〈うん、面白いな……〉

それから春休み、夏休みなど長期の休みになると、島アイデア・センターでアルバイトするようになった。ボランティアではなく、アルバイト料もしっかり受け取った。

海外営業志願

和田隆は新潟県に長期出張となった。新潟は「ニットの産地」と呼ばれており、顧客が多かったことから、五年ほどをこの地で過ごした。

和田は思った。

〈新幹線には何度も乗った。次は飛行機や〉

和田は、中村輸出部長にお願いした。

「海外に行ってサービスの仕事がしてみたいんです」

「おまえ、英語わかるんかい？」

「英語は全然わかりません。でも、習ったらいいんでしょう？」

和歌山市本町にマンツーマンで英語を教えてくれる教室があったので、そこへ通うことにした。若い女性の先生だった。費用は一カ月分の給料ほどもかかり、会社からの補助金も出なかったが、かえってそのほうがいいと思った。

〈会社で費用を出してくれたら、気が緩んで勉強する気がなくなるわ〉

自腹で学習するがゆえに必死になれた。

昭和五十年六月、和田は念願の海外に長期出張することになった。生まれて初めての海外渡航先は、東西冷戦時代の社会主義国家ポーランドだった。普通なら尻込みしそうな国だが、和田の気持ちに揺るぎはなかった。

扱う機械は衿編機。輸出部の部長は「一カ月間お願いします」と言った。外国では自分以外に頼りになる者はいない。和田は、出国までに編機その他のノウハウを目一杯頭にたたき込んだ。

和田はまず教えられたとおり町の警察署へ行き「このホテルに泊まっても良い」との許可をもらった。そのホテルからバスに乗り、毎日工場へ営業に通った。

現地の言葉は当然話せなかったが、英語を解するスタッフが工場にいた。和田の英語も相当あやしかったが、仕事内容は営業ではなくサービス。技術力さえあれば言葉は不要だった。

工場へ行くと、複数の衿編機が納入されていた。その中で、一台だけ倒れて横向きになっている。運び込んだ時に誤って倒してしまったらしい。

工場のスタッフが、和田に言った。

「必要な部品を伊藤忠に言って取り寄せ、壊れてる部品をここで直せ」

「わかりました」

海外の顧客であれば、部品を注文して届くまで一カ月も待たなければならない。その間ずっと機械を止めたら大損失である。目の前で修理しなければ客も納得しない。が、和田は国内で溶接から何から いろいろな経験をこなしている。必要な工具さえ届けば、修理などお手の物である。和田は、部品が届いてから三日ほどでサッと修理を終え、正常に機械を動かしてみせた。

それから、現地の若いスタッフに機械の扱い方、修理の仕方を教えた。言葉は不自由だが、持ち前の技術力と明朗快活な性格も手伝って、休みの日には若いスタッフの家庭に食事に呼ばれたりして、友人同士の付き合いに発展した。

ポーランドはソビエトやドイツと複雑な関係にあったが、その影が家庭にまで及んでいる様子はなく、みんなとても優しかった。

幸い、教え子のドイツ人の妻が英語を話した。食事は口に合わなかったが、友好のため頑張って残さずに食べた。

一カ月の予定が二カ月かかり、和田は無事帰国した。

それからの和田は、籍を和歌山本社に置きつつも、海外を飛び回って過ごした。イギリス滞在が長く、その中で特許がらみのトラブルに巻き込まれた。訴訟元が取得した特許に部品の一部が抵触しているという話だった。

するとこの一件により和歌山の本社全体が、新たな開発に向けて意欲的になった。

「新しい技術を開発して、このピンチをチャンスに変えたほうがええ。社内で一斉に取り組もう」

「そうや。ごちゃごちゃ理屈言うてても進まん。新しいことやろう」

文句を言われれば、むしろやる気になる。それだけのプライドがあった。

「くそう！　なんとかあの外国人の鼻を明かしたるわ」

ちょうどヨーロッパは夏のバカンスシーズンだった。その一カ月間で開発し、訴訟に至らず和解したことで特許トラブルは完全に解決した。

海外勢から見れば、メイドイン・シマセイキはメイドイン・ジャパンと等しい。島精機は、日本の評判も背負いながら仕事に取り組んでいた。

和田は思った。

〈この会社の前向きな雰囲気が、ほんまにええ。社長の魂が現場にある〉

島社長も必死だが、従業員たちも必死であった。みなが前を向き、明るい未来を目指して懸命に仕事に取り組んでいた。

昭和五十三年（一九七八年）、島精機は、横編機のエレクトロニクス化の記念すべき第一歩である「シマトロニックジャカードコンピュータ制御横編機（ＳＮＣ）」を開発した。

糸や編み目の密度はすべてデジタル制御でおこない、「性能が倍で値段が半分」のうたい文句のとおり、ライバル機に比べて機能は数倍、価格は半値の一台七百五十万円で販売することにした。

伊藤忠の独占販売に風穴

和田隆は、SNCの品質の高さにまず驚いた。これまで得意先に行ってパーツの交換をする際に、なかなか本体と合わず調整に苦労したが、SNCの場合は用意した新しいパーツがそのままスポッと入った。

が、ハード面で得意な和田も、今度はソフト、プログラミング、電気などの技術訓練をしないと顧客にトータルで製品を提案できなくなった。習得には大変な苦労が伴ったが、やりがいはあった。すべてが新しく、まだ世界で誰もタッチしていない分野に一番乗りできる。それが島精機の最大の魅力だった。すでに市場に出回っているものや、あちこちで目にするものは今ひとつ魅力に欠ける。が、世界初のものに触れられる喜びは格別で、スキルも上がるし気合いも入った。

〈うちの会社は、ここまでできるのか……〉

そう思えることが誇らしく、毎日が喜びに満ちていた。

もう一つ、ニット柄の編み方の制御を電子信号に転換し、その電子信号のパターンを紙テープに孔を開けて伝達する装置「テープメイキングシステム」も独自開発した。

ところが、正博が開発したコンピュータ制御横編機はあまりに先進的で、総代理店である伊藤忠商事も理解できなかった。

「日本全国に販売し、十年かけても五百台も売れないでしょう」

「いや、一日に十台、二十台つくっても足らんようになる」

すると業界紙に「大げさに言うのもほどほどに」という内容の記事を書かれてしまった。

低価格を実現するため、立石電機製作所（現・オムロン）の立石義雄常務に掛け合った。

「制御装置を一台百万円でつくってください。その代わり一カ月に百台、二百台って増やしていくよってに」

制御装置の相場が一台三百万円の時代である。かなり無理な交渉である。

が、立石は了承してくれた。

「いいでしょう。ＳＮＣを共同でつくりましょう」

性能が良く価格が安いのだから、売れないはずがない。日産一台からスタートし、すぐに日産十台になった。

が、商社や業界紙はそれを信じず、正博をほら吹き扱いする始末だった。

その過程に、当時採用していた欧州の部品に満足できず、昭和五十五年（一九八〇年）には高精度部品を自社で製造する「シマファインプレス」を設立した。三年ほど経つと総販売台数は一千台を超え、島精機で祝賀セレモニーも開催したほどである。

この仕事を通じて立石電機も制御装置だけでなくシステムをつくるようになった。その技術は、駅の自動改札の開発などに応用されていく。

また制御機器の製造が本業である福岡県北九州市の安川電機も加わって量産体制が整った。

正博は、商社という存在の有り難さと冷酷さを、会社設立当初から骨身に染みて味わってきた。

昭和三十八年（一九六三年）暮れに「全自動シームレス手袋編機」の初期タイプを開発した。その際、江商（現・兼松）が工場出荷価格の二・五倍の値で販売したため思うように売れず、倒産の危機に追いやられた。

在庫の山を抱えたオイルショックの際は、伊藤忠商事が在庫を一カ月分しか引き受けてもらえずに大ピンチとなり、その影響もあり盟友だった後藤武治専務が自殺してしまった。

商社という仲介者が入ると、ユーザー企業との距離は遠くなる。商社も部品交換や故障対応の窓口になるが、動きは鈍い。仲介料が上乗せされるため、製品の販売価格も上がってしまう。

それでも伊藤忠商事との契約を続行したのは、商社の販売、宣伝広告、企画、情報収集、マーケティング、物流などのずば抜けた能力を無視できなかったからである。

〈伊藤忠とは解約したい。が、相手がそう簡単に既得権を手放すはずもない……〉

そこで正博は一計を案じた。伊藤忠が呑みにくい条件をあえて提示しようと考えたのだ。

正博の計画を聞いた島精機の営業担当者は渋った。

「社長、ほんまにやるんでっか？」

「うむ。損して得取れ」

正博は、さっそく伊藤忠の担当者に条件を伝えた。

「体質を強化したいんで、役員を送ってほしい。会社の株式を半分持ってほしい。ＳＮＣに年間千二百台の最低販売枠を設けて、製造コストの保証金をもらいたい」

年間九十億円の商いである。が、商社はもともと五百台も売れれば御の字と思っていたから、年千二百台も売れるとはまったく思っていなかった。

正博は強く迫った。

「一カ月以内に返事ください。無理だというなら、自分のところで直販するよってに」

あとは、正博の思惑どおりに事が運んだ。伊藤忠が正博の出した条件を素直に呑むはずはなかった。

「それだけ売れる根拠を見せよ。第一、保証金を出した前例はない。出せない」

伊藤忠が難色を示し条件を拒否すると、正博はすかさず言った。

「一年一千二百台の保証金は絶対にお願いします」

「……それなら、もう一度検討します」

が、結局、伊藤忠の出した答えはノーだった。正博は言った。

「SNCは巨額の開発費がかかっているんで、どうしても資金を回収せんといかん。今後はおたくとは総代理店契約はできません。今後も伊藤忠さんが販売を続けることは構いませんが、うちでも直接製品を販売させてもらいます」

伊藤忠は、正博の申し出を受け入れた。二年間かけて、とうとう商社による独占販売に風穴を開けたのだ。

一時的に販売量は落ち込んだものの、直販できるようになったおかげでニット業者との距離感がぐっと縮まった。情報を幅広く吸収できるようになった。

業績面でもプラスに働き、昭和五十五年（一九八〇年）四月期から七期連続の増収増益を達成した。

コンピュータ横編機は、平成三十年（二〇一八年）の段階で累計販売台数二十万台を突破。現在に至ってもなお、その数は伸び続けている。

正博は思う。

〈商社いうもんは「過去型」やな。今までのデータしか見ようとしない。だから先を見る目が養われんのや〉

スティーブ・ジョブズと同時落札

昭和五十四年（一九七九年）、正博は、かつて石川製作所で思いついた「三原色をプログラミング言語に使う」というインスピレーションを具現化するために動き出した。これがデザインシステム、コンピュータグラフィックス（CG）へと発展していく。

デザイナーは、センスはあってもエレクトロニクスのプログラミング能力はない。いっぽう商社や販売部門、営業の人間は、ただ売って中間マージンを取るだけである。またプログラミング能力のある者はデザインセンスがない。

デザイナーのもつ色や造形美の感性と、エンジニアリング技術をうまくつなげるためには、コンピュータが不可欠だった。その理想像は描けても、まだ理論がついてこない。

CGは、アメリカが一九五〇年代に開発した防空管制システムや宇宙計画のレーダー装置を萌芽として、一九六三年にマサチューセッツ工科大学のアイバン・エドワード・サザランド博士が開発した図形を自動的に描く描画プログラム「スケッチパッド」が起点となっている。昭和五十二年（一九七七年）に公開された映画『スター・ウォーズ』での戦闘シーンなどにCGが登場して一般にも知られるようになったが、日本ではＣＧ製作に必要な一台数千万円の高性能コンピュータが何台も必要だったため、ほとんど導入されていない時代だった。

正博は決意した。

〈何がなんでもアメリカから最新技術を導入する必要がある〉

まずは、島精機の若手エンジニアの小瀧賢治を「ＣＧを勉強してこい」とニューヨークへ派遣することにした。

小瀧はもともと、島精機のニット編機の取引先の息子だった。自宅に招かれて行くと、当時中学生だった小瀧が、正博も見たことのない機器類をいくつも使ってテレビをいじっていた。聞くと、真空管でコンピュータを組み立てているのだという。

〈まるで昔の自分を見ているようやな……〉

小瀧は、そこらの先生よりも桁違いにコンピュータに関するさまざまを理解している。自分と重なる部分が多く、何か縁を感じた。それから数年後、小瀧の父親が言った。

「うちの長男は家業を継いでくれて、下の息子は電通（大阪電気通信大学）に通ってます」

中学生の時、テレビをいじっていた少年である。正博は言った。

「それやったら、下の子が卒業したらぜひ島精機に来てもらってください」

正博は、入社一年目の小瀧に編機の基礎知識を教え、わずか二年目にアメリカへ送り出した。その後、総代理店である伊藤忠商事のコンピュータ担当役員に頼んでおいた。

「ＣＧは日本よりアメリカが進んでいるから、何か情報があったら教えてください」

しばらくして、伊藤忠の担当者から連絡が入った。

「NASA（米航空宇宙局）が土星のアニメーションをつくるために使ったグラフィックボード（画像処理基板）があります。予備につくった三枚が不要になったんで、民間に払い下げるというので、応札しませんか？」

正博は即決した。

「そうする」

「応札するには、通訳が必要です」

「いや、通訳できるだけではいかん。コンピュータに詳しくて、コンピュータ会社のトップともつながりのある人がええ」

「わかりました。探してみます」

数日後、伊藤忠から連絡が入った。

「見つけました。普通の通訳の十倍の報酬が必要です」

「その人を雇う。金は、かかっても構わん。一年も二年も雇う訳やなし」

「そりゃそうですね」

業界に精通した者なら、十倍の報酬でも安いものである。

それまで島精機のジャカード方式コンピュータ横編機は柄組み情報の入力の際、データを紙テープに孔を開けて伝える独自開発のテープメイキングシステム（TMS）を使っていた。が、このボードがあれば、ディスプレー上でデザインから柄組み情報の伝達、製造までの作業を一気通貫で処理できるかもしれない。

昭和五十四年（一九七九年）四月期の島精機の経常利益は六億五千四百万円。正博は五千万円まで出すつもりで小瀧に言った。

「何が何でも手に入れろ」

幸いなことに、入札された三枚のうち一枚を値切らずに即決価格の一千五百万円で落札できた。その一報が届いた時、正博はうれしさのあまり叫んだ。

「他の荷物を全部置いてきていいから、ボードを抱きかかえて早く帰ってこい！」

三枚のうち一枚は正博が、もう一枚は、アップルコンピュータ・カンパニーを創業したスティーブ・ジョブズが落札した。その縁で、なんと小瀧はジョブズの家に食事に招かれたという。

正博が何をやろうとしているか理解できず、「無駄遣いだ」と反対する社員もいた。新しいことを始めようとすると、必ず反対者が出る。正博は、帰国した小瀧に言った。

「あんなのはノイズといっしょやから聞くな。聞いたら腹が立つ」

持ち帰ったボードをもとに研究を続けた。

こうした努力の結果、ソフトウエア・ハードウエアが一体化した初のシマトロニックデザインシステム「SDS-1000」を開発。昭和五十六年（一九八一年）七月から発売を開始した。ニット、タック、ミスの三要素をパンチカードや紙テープを使わず、プログラミングコードで読み込ませカラーコード化した自動制御ソフトは画期的なものであったが、問題は速度が遅いことだった。

正博はふと思い出した。中学三年生の朝礼の時、少しもジッとしていない正博を担任の廣瀬俊男先生が叱り、罰として朝礼台に立たされた時の光景である。

一年から三年までの全校生徒一千五百人が、一列二十五人ずつ六十列を作って綺麗に並んでいた。その時の光景から閃いたのが、CPU並列だった。

CPUとは日本語で「中央処理装置」「中央演算処理装置」などと呼ばれ、人間でいう「頭脳」にたとえられる。このCPUを複数並べ、同時に処理させることで処理速度が高まるという発想である。一人が三つの仕事を同時に引き受けるのではなく、三人が一つずつ仕事を処理すれば時間が三分の一で済む、という発想である。

正博は、技術者の小瀧に言った。

「CPUを並列処理せい。そしたらスッとできるよって」

小瀧が驚いて言った。

「社長、そんなこと、どこで勉強したんですか？」

「勉強せいでも当たり前のことやないか。中学生の時、朝礼台に立たせてもらったんや。それを思い出しただけで、応用だけやねん」

その後、SDSはクリエイティブなデザインワークから型紙作成、縫製、ニット自動プログラムまで、多目的な一連の用途を集中的にこせるよう改良が重ねられた。

思い返せば、コンピュータグラフィックスも本当に運だった。石川製作所に見学に行く機会がなかったら、工場で印刷機械を見逃していたら、このような展開にはならなかった。

トヨタ自動車の社長である豊《とよ》田《だ》章一郎《しょういちろう》は発明協会会長でもあり、島精機と同様に技術第一でやってきた会社である。

「島さんは新しいもの懸命に開発し続け、日本だけでなく世界で活躍している」

芽が出てきたところでちょっと踏まれたらお終《しま》いだが、正博はこうして大勢の支援者たちに支えられ、応援されてここまで来た。

大手先輩企業が要所要所でしっかり応援してくれたことが、島精機の成功の鍵だった。ギブアンドギブの精神である。先輩たちが島精機を可愛がってくれたのだ。

〈やっぱり心が一番大切や〉

心底そう思える瞬間の幸福感が、正博の支えにもなる。欧州各社も追随できないシステムの完成により、以後編機の世界トップメーカーとしての評価が定着していく。

CGへ行き着くまでの島精機製作所は「いつ潰れるかわからない」との緊張状態が続く、悪条件だらけだったのだが……。

第七章

国際進出——バブル時代の萌芽

血は水よりも濃し

高校生の島三博はある日、漫画雑誌「週刊少年マガジン」に掲載されているゲルマニウムラジオの特集記事に目を留めた。部品を五つほど揃えればラジオが自作できると書いてある。

さっそく市内の電気パーツ店まで行き、ゲルマニウム・ダイオード、セラミックコンデンサ、抵抗器などの部品を揃えてつくってみた。すると、ＡＭラジオをちゃんと受信できた。数種類の安い部品を組み合わせるだけで、ラジオとしてちゃんと機能する。その面白さに目覚めた三博は、次にトランジスタラジオの製作に取りかかった。

高校三年生になると、興味はコンピュータに移った。見渡せば、島アイデア・センターには、高価な部品があちこちに散らばっている。三博はそれらをもらい、アルバイト代で基板を買ってきてコンピュータを組み立ててみた。その後、アルバイト代をもらっては何かを自作するという繰り返しだった。

オーディオ好きは相変わらずで、スピーカーを十セットも自分でつくった。が、スピーカーを替えて音楽を楽しむには、いちいちアンプにつなぎ直さないといけない。そこで聴く音楽に合わせてスピーカーを切り替えられる「スピーカーセレクター」を自作した。ボタン操作ひとつでスピーカーを自由に選べるだけでなく、時間設定をして一番から十番までオートモードで自動的にスピーカーが切り替わるシステムもつくった。

三博は大満足だった。

〈われながら傑作や。二宮無線で売ったろ〉

三博は、二宮無線というなじみの電気店へ行った。その店のオーディオ売り場にはスピーカーがずらりと並んでいるのだが、試聴する際に店員がつなぎ直すため、いつも数分間待たされる。が、自信作は認めてもらえず、門前払いを食らった。冷静に考えてみたら、高校生がつくったものをプロの電気店が買うはずもなかった。

父親の正博もまた、高校生の時にナショナルや三洋電機に自作の自転車用着脱式ランプを送ったことがある。父親から英才教育を受けてきたわけでもなかったが、やはり親子なのだろう。似ているところがあった。

昭和五十五年（一九八〇年）四月、島三博は、日本大学理工学部の精密機械工学科へ入学した。「自分は島精機の跡取りだ」「跡を継ぎたい」との思いはあまりなく、あくまでも自分の趣味の範囲で進路を選んだ。

キャンパスは千葉県船橋市にあり、和歌山を出てアパートでの一人暮らしが始まった。大学では座学が大の苦手だったので講義は一切出ず、実験の時だけ参加した。精密機械工学科、機械系と電気系の実験を偏りなく実施してくれたので、大いに勉強になったという。

島アイデア・センターでのアルバイトでずっと図面を描いていたため、製図も得意だった。

ある日、自分のアパートに戻ると、狭い六畳一間に知らない学生たちが十人も集まっていた。いつも鍵をかけないので誰でも出入り自由だった。理工学部の連中が集まってああでもない、こうでもないと話し合っていた。

三博は、機械いじりの才能はあったものの、講義に出ないものだから単位を落としてしまい、卒業間近で留年が決まったという。

島社長についていけば間違いない

コンピュータ横編機の時代に入ると、総務部の藤田紀は毎年のようにあちこちで開かれる展示会の担当となった。

一般の会社だと工場と事務所を区別しがちだが、島精機ではほとんど隔たりがなかった。本社の前には島アイデア・センターがあり、そこで新しい機械が次々と開発されていく。社員もみな自分の会社に大きな可能性を感じた時期であり、実際に会社はどんどん成長していった。その中で社員へのボーナスも業績配当も出てくる。勢いのある時期だった。

島精機の役員と管理職は約十人と、人数はさほど多くなかった。上層部も風通しが良かった。

正博は、毎年具体的な目標を掲げた。

「今年はこういう年にしよう、こういうところに力を入れよう」

掲げた目標は、その都度実現してきた。正博の言うことはだいたいピタリと当たり、「十年後にこんなふうになる」と予想すると、その通りになった。

社員の中で〈島社長についていけば間違いない〉という確信が、どんどん強くなっていった。それが昭和の時代であった。

昭和五十六年（一九八一年）五月、総務部の藤田は三十一歳で管理職に昇格した。理由はよく分からなかったが、課長職に就いていた社員が急に辞めてしまったのだ。

〈これから、どないするんやろうな……〉

そう思っていたところ、正博に呼ばれて言われた。

「どうせ課長になるんやったら、今からやっとけ」

国際企業人・島野工業四代目社長との交友

正博は就航したばかりのコンコルドに乗って移動することにした。

コンコルドは巨額の投資と十四年の年月をかけ、英仏共同で開発した超音速旅客機である。昭和五十一年（一九七六年）から運航が開始され、全長六十二メートル、三角翼で高度一万八千メートルの成層圏をマッハ2超の速度で飛ぶ。正博が搭乗した時は、高度二万メートルを飛行した。

正博は高いところが好きだった。高いところから見下ろす光景には格別なものがある。だから飛行機が大好きだった。

この時は伊藤忠の社員といっしょにコンコルドに乗った。ロンドンを午前十時に出発すると、同日の同時刻にニューヨークに到着する。なんだか一日得をして、生きている時間を余分にもらったような気持ちになる。三十六歳で死ぬと予言されていた時期を過ぎたばかりだったので、余計にありがたく感じた。

ニューヨークには少し早めに到着した。

「島野さんが、いてるかもわからんな」

自転車部品と釣具のアウトドアスポーツメーカーである島野工業（現・シマノ）とは、正博が高校時代に発明した自転車の無段変速機を見てもらって以来の付き合いである。

後に四代目社長となる島野喜三《よしぞう》は、入社して間もない昭和三十三年（一九五八年）に「世界市場に乗り出していくためには、アメリカの業界全体と専門店の動きを知る必要がある」としてアメリカ市場開拓を目指し、ニューヨークで販売会社を設立。シマノ・アメリカン・コーポレーション社長となり、以来ずっとアメリカ暮らしを続けていた。

正博が島野に連絡してみると、ゴルフ場にいるという。

「今日は日曜だからゴルフしているんだ。道具があるから、いっしょに回りませんか」

正博は誘いに乗ってゴルフ場まで行った。正博と島野は、そんな親しい関係をその後もずっと続けていった。

危機の予感

昭和五十九年一月、正博は朝礼の時に言った。

「昭和三十九年には倒産危機があった。昭和四十九年にはオイルショックがあった。昭和五十九年にも何かが起きるかも知れない。その時が来たら、褌《ふんどし》を締めてかからんといかん」

すると、のちに総務から注意された。

「社員には女の子もいますから『褌締めて』じゃなくて『気を引き締めて』と言ってください」

「そうか、わかった」

正博の話は、言葉の選び方、言い回しに矮小化されてしまった。
が、「褌を締めてかからねばならない」という思いは真剣だった。十年後ではなかったものの、正博の予感どおり、島精機に三度目の危機がやがて訪れるのである。

最上級のもてなし——細部へのこだわり

コンピュータ化の波にいち早く乗った正博は、昭和五十年代半ばまで毎年のように革新的な機械を開発、発表し続けた。「シマトロニック」の名がついた製品が増えるに従い、解説書だけは間に合わず、顧客のための実地研修が必至となった。

コンピュータ制御横編機となると研修期間は国内顧客で一週間、海外ユーザーになると三週間が基本となる。当初は旅館と契約して宿泊してもらっていた。が、滞在期間が長くなるにつれ顧客から食事に対する不満の声などが増えていった。

〈そうや。自前の研修施設をつくればええんや〉

昭和五十六年（一九八一年）春、正博は和歌山市雑賀崎《さいかざき》に建つ六階建ての「ホテル南風荘」を買い取った。戦後間もないころ、大阪府和泉《いずみ》市の金持ちが建てたホテルらしく、洋風のモダン建築が当時は斬新で、和歌浦湾が目の前に広がるオーシャンビューが素晴らしかった。

噂を聞きつけた人が、不思議そうに訊いてきた。

「島さんが何にでも興味があるのは解っているが、どうしてホテルまで買うんです？」

「うちは国内だけでなく世界を相手にしている。だから客人をもてなすホテルやレストランが必要なんや」

浴場の位置を変えて展望風呂をつくり、六階にラウンジを設けることにした。正博は自分でスケッチを描いて「こんな感じにして」と内装業者に依頼した。ちゃんと伝えたはずだったが、間違って十センチも低いバーカウンターを据え付けられてしまった。むろん正博は納得しない。

「カウンターの高さは、肘や腕を置いてちょうど良い具合になる百十センチと決まっている。これでは田舎のホテルといっしょや。全部やり直し」

正博は細部に至るまでこだわり抜いてデザインした。総務部に「世界一の研修センターをつくれ!」と命じ、担当者は大阪の高級ホテルを巡って内装から小物類までを研究した。

十五室あるツインルーム、ラウンジのほか自習室もつくり、そこに研修対象である機械を据え付けた。

料理も一流のものを提供するため、手練《てだ》れの板長・平賀道夫をスカウトした。

正博は平賀に言った。

「仕事を愛する気持ち、料理を愛する気持ちがあれば、そこに工夫と創造性が生まれてくる。例えば和食なら、外国人の口にも合うインターナショナルな料理を考えてほしい」

昭和四十二年(一九六七年)に初めて海外に出て以来、正博は世界各国の最高レベルの料理を食べてきた。和食とうまく融合できれば、素晴らしい料理ができるに違いなかった。

が、これまで日本料理の修行を積んできた平賀は反発した。

「日本料理に変なアレンジをしたくない。そんなことするくらいなら、わたしは辞めます」

正博は言った。

「嫌やったら辞めてもらったほうがええよ。そやけど、やっぱり和のことばかり言うてたらいかん。うちのホテルには海外からのお客様のほうが多いんやから」

「……それやったら、やってみます」

「やるんやったら、一番になるようにせい」

思いとどまった平賀は、苦心して和洋折衷の料理を考案した。

昭和五十六年（一九八一年）秋、「研修センター南風荘」がオープンした。

和食出身の平賀料理長は、海外からの客のために洋風にアレンジした魚料理を用意した。肉料理はフォアグラの軍艦巻きが評判となった。厚さ五ミリに切ったフォアグラに最高級のコニャックを一振りしてフランベにする。それを軍艦巻きにして食すると、海苔のうまみ成分と爽やかな酢飯が絶妙なハーモニーとなり、絶賛された。

ステーキも最高級のコニャックをフライパンの中に落とし、一気にアルコールを飛ばすいわゆるフランベで香り付けをする。この和風ステーキに合うのはわさび醤油ではなく、おろし生姜醤油である。

外国人は醤油のことを「シィウユー」と発音する。が、正博は同音で悪い意味の単語があることを知っていたので、料理長たちに提案した。

「醤油は『黒帯』と名付けよう。柔道や空手も有段者は黒帯になる。上級の醤油を使用しているという意味だ。こういうセンスや表現力がものを言うんや」

材料にもこだわった。日本国内の顧客は新潟、山形、福島など北陸と東北地方が五割以上を占めており、納品のためしょっちゅう行き来していた。そこで正博が思いついたのが、帰りにカラになったトラックに現地の美味しい食材を積んで持ち帰ることだった。

コメは新潟県内で南斜面の田んぼを所有する農家五十軒から二俵ずつ調達したコシヒカリを玄米のまま購入した。農家の人たちが、自分たちだけで食べるように、手間をかけて特別に天日干しした美味しいコメで、二俵で五万円もした。玄米は専用の冷蔵庫を設置して冷蔵保存しておき、毎日必要量だけ精米して酒造用のおいしい水で炊いた。

できるなら和歌山県産にこだわりたい。和歌山県南部の熊野《くまの》地方で旧藩時代から飼われていた熊野牛は、当初はうまく飼育できていなかったものの、餌と環境を改良することで本当に美味しい肉質になった。松阪牛《まつさかうし》はむろん美味しいが、松阪ブランドを崩さないためにどんな等級の肉も高値のまま出荷している。それなら地元産の和牛を育てたほうがいい。

他にも那智勝浦《なちかつうら》の生マグロなど、地場産の食材を活用したこだわりのメニューをそろえた。

器は有田焼の特別注文したもので、有名な窯元の名前が入ったものである。これを研修でやってきた客たちにセットにして帰り際にプレゼントにした。器には、島精機のマークも入っている。

〈食にも食器にもここまでこだわっている島精機だ。機械も徹底してこだわっているにちがいない〉

もてなしを受けた客たちは、正博の狙い通りそう思うようになった。

和歌山へ来る旅費は顧客持ちだが、和歌山に入ったらすべて島精機が負担するという独自のシステムにした。イタリアやフランスから二十人、三十人の業者が次々に訪れ、ピーク時には来客数は年間五百人超、レストランではスカウトした板長を含め六人の板前を抱えるほどになった。「家に帰りたくない」と思うほどのもてなしと、丁寧な研修を受けた顧客たちは、大満足して帰国して仕事に励むようになった。

フル稼働が続くと、もてなし好きの妻・和代が「忙しいみたいやし、わたしも手伝うわ」と、お運びさんとしてアルバイトをするようになった。

和代は、南風荘までは原付バイクで移動した。正博は心配したが、和代は平気だった。

「だってわたしバイクしか乗れないもの。狭い道は、バイクのほうが便利よ」

お運びといっても、さまざまな能力が必要である。一生懸命仕事に取り組んで、同じお運びをしているスタッフに手本を見せなければならない。

「わたしの旦那は偉そうにしてるけど、家にお金持ってきてくれんと、わたしこうせんといかんの」

南風荘は賓客《ひんきゃく》の接待にも使われた。常陸宮正仁《ひたちのみやまさひと》親王が来県され地元企業を視察された折、ノーリツ鋼機で昼食会が予定されたが、その際の対応について正博に要請があり平賀料理長が担当した。その料理が絶賛されたことを聞き、和歌山県御坊《ごぼう》市出身で自民党衆議院議員の二階俊博《にかいとしひろ》の計らいもあり、みごと平賀料理長が自民党総裁賞を受賞。料理人としての格がグッと上がった。

平賀は感無量であった。

「最初は抵抗がありましたが、辞めずに島社長の言うとおり和洋折衷にして本当に良かった」

正博は、海外からの客が来るとヤマハの白い最新式ピアノに座って弾いてみせた。オーダーメイドして作ってもらった自動演奏機能付きピアノである。

当時、自動演奏ピアノが発売され始めた初期であったので、ほとんどその存在を周知されていなかったからお客さんから「上手だなあ」と驚かれる。

やがて正博の両手が鍵盤から離れ、宙を舞うようにひらひらさせて、自動演奏だと種明かしをする。ちょっとしたイタズラ心だった。

また正博は、コルク製のコースターをライターで焦がし、自分と客の顔にヒゲを描くイタズラも好きだった。第一メリヤスの小久保恵三社長の顔にも描いたし、正博は海外からの賓客を前でやにわに自分の顔にヒゲを描いた。するとジョークのわかる客が「わたしにも描いてくれ」と自分の口元を指し示し、二人で記念写真を撮ったこともあったという。

似たもの夫婦

正博は挨拶が苦手だった。人前で話をするのが恥ずかしいのだ。和代の前でさえ苦痛である。が、会社が大きくなるにつれ、何だかんだと壇上に立って挨拶をする機会も増える。

〈こっちは機械を発明するのが仕事や。挨拶は本業とちがう〉

自分でそう言い聞かせていたが、見かねた和代が事前に挨拶文を考えて紙に書き、渡してくれるようになった。

「こんなん覚えるのも苦痛や」

正博は天才であったが、子どもの頃から国語と音楽だけはダメだった。興味のないことを考えたり覚えようとしても、一つも頭に入らなかった。そんなものなのだろう。

和代が言った。

「覚えんでも、これからは『挨拶するのが下手やからちょっと読ませていただきます』と言って、これを読んだらええ。そのほうがスマートや」

試しに和代の書いた文を読み上げてみると、なるほどうまくいく。

「お父さん、それやったら総務で書いてもらったものを読みなさい。どうせお父さんの挨拶下手は有名やから」

正博が言い返した。

「おれがもし口が達者で国会議員とか市会議員とかになってたら、他に女性をつくって問題を起こすかもわからん。でもそんな心配ない。お母ちゃん一人しか愛してないよ」

和代に対しては、こんな上手いことも言えた。

正博と和代は、ある意味似たもの夫婦だった。肝《きも》の座り方、潔さ、大局を見る視野の広さ、相手を思いやる心などがあり、価値観を共有できた。

いっぽう、お互いの足りないところを補う関係でもあった。正博はガリガリに痩せていて口下手、歌も下手くそであるが、和代はふくよかで口が立ち、聞き惚れるほど歌が上手い。カラオケを歌わせたら、十曲のうち五曲は機械が百点満点判定を出す、プロ顔負けの喉を持っていた。

正博はやむなく歌わねばならない時、伴奏なしで「ラブミーテンダー」を歌った。そうすれば伴奏とのズレを気にする必要もないし、嫌になったらマイクを手放すだけですぐにやめられる。

正博は「仕事中に酒を飲めば頭がスッキリする」ほど酒と相性が良い身体だったが、和代は下戸《げこ》だった。飲めそうに見えるが、ビールをほんの少し飲んだだけで顔が真っ赤になる。飲ませて酔った時に怒らせると怖い。いつもより、さらに口が滑らかに動き出すからだ。

逆鱗に触れて勘当

島三博は、機械いじりの才能はあったものの、講義に出ないものだから単位を落としてしまい、大学卒業間近の昭和五十八年（一九八三年）三月に留年が決まった。

この時に、思いもかけぬことが起こった。

同期の友人が大学を卒業して名古屋で働き始めたのだが、大学時代に付き合っていた女の子と遠距離恋愛になってしまった。

「わたし、寂しいの……」

三博は、そんな話を聞いてあげているうちに、情が移って友人の彼女と交際が始まったのだ。

それと同時に、コンピュータのソフトウェアに強い関心を抱くようになり、東京に残りたいと思うようになった。

〈ハードは自作できる。コンピュータでやったことがないのは、ソフトウェアだけ。やったことないけど、おれなら絶対できるはずや〉

三博は、和歌山に戻って正博と和代に宣言した。

「これからはコンピュータの時代や。だから、コンピュータソフトのことをもっと勉強したい。だから島精機に入る前に、東京でソフトウェアの開発を行っている企業へ就職する」

これが正博の逆鱗《げきりん》に触れた。

この時の三博は、ちょっと天狗になっていたところがあった。それが偉そうな物言いになり、つい両親の怒りを買ってしまった。

夜中の親子げんかは、手こそ出なかったが売り言葉に買い言葉でどんどんヒートアップしていった。ついに正博は三博に勘当を言い渡した。

「もう、親でもなければ子でもない！」

三博は、今まで親が借りたアパートを引き払い、「かわいそうだから十万円だけやる」と父親からもらったお金と、戻ってきたアパートの敷金で新生活をスタートさせた。

とりあえず、交際相手の女性が母親と住んでいる家に転がり込んだ。そこを拠点に就職活動を行い、卒業後の四月に東京のベンチャー系の小さなソフトウェア会社の入社試験を何社が受けた。

「わたしは、何でもできます」

嘘八百を滔々《とうとう》と並べたので、受けた会社すべてから「明日から来てくれ」と言われた。その中から秋葉原近くの社員三十人ほどの会社に就職を決め、通勤に便利な習志野《ならしの》の団地に部屋を借りた。

そのころ、たまたまオープン間近の船橋のホテルが「結婚式無料キャンペーン」を実施していた。冗談半分で応募したが、本当に当選してしまった。そこで急きょ、結婚話がまとまった。

三博は、自分の住まいの住所も就職先も実家に報せていなかった。が、結婚式には出席してほしい。そう思って連絡を取った。が、返ってきた返事は「結婚式には出席しない」だった。

結婚式は予定通り行われたが、島家からは誰一人出席せず、新郎側は会社の上司や同僚のみ。新婦側の親戚からは戸惑いの声があがり、さんざんな式になってしまったという。

ニット編機、二十世紀最大の発明

昭和五十八年（一九八三年）にイタリアのミラノで開催された国際繊維機械見本市（ＩＴＭＡ）に、島精機製作所は手袋編機、コンピュータ横編機、デザインシステムまで全製品を出展。企画から販売にいたるまでトータル志向の「アパレルマルチデザインシステム」を提案すると、島精機の技術水準の高さが賞賛され「世界一の横編機メーカー」のお墨付きをもらった。

手袋編機、横編機に続きコンピュータグラフィックスという三本目の柱が育つ中、ＩＴＭＡを機に輸出が増加していき、翌昭和五十九年（一九八四年）は島精機製作所にとって記念すべき国際元年の幕開けを迎え、海外拠点の開設を展開していく。

正博は年頭の挨拶で社員に語った。

「世界のトップメーカーへの道には、多くの課題が待っている。海外で通用するメーカーとなるためには、一本の針折れに対しても徹底的な原因究明が必要だ」

編機だけ売れれば良かった時代は去り、トータルシステムの提案が必要とされていた。

この頃、イギリスのミルトンキーンズの工業団地に森精機製作所の工場が建設された。ミルトンキーンズは、ロンドンの北西約八十キロ、オックスフォードとケンブリッジのほぼ中間の丘陵地にあり、昭和四十二年（一九六七年）にニュータウンとして指定され開発が進められてきた。

森精機創業者の森林平が、正博を誘った。

「島さん、うちの隣に出て来なさい。そしたら日本語で話もできるし、いろいろ助けもできるよってに」

ミルトンキーンズなら、編機を最初に発明し「世界のニットの発信地」と呼ばれるイングランドのレスターも近い。レスター近郊には世界最大のニット工場があり、数多くの業者が集まっていた。ロンドンへの直行列車も走っており、交通の便も良かった。

レスターのニット博物館に足を運んだ正博は、四百年前の編機が展示してあるのを見て感心した。古い編機で同じものが二台あるのを見て、たまらずに頼んだ。

「一台わけてもらえませんか。日本で展示して、みんなに見てもらいたい」

頼み込んで購入したアンティーク編機は現在、和歌山市の商業施設「フォルテワジマ」内の編機博物館「フュージョン・ミュージアム」に展示されている。

世界のニット発信地に魅了された正博だが、しっかり頭の中でソロバンもはじいていた。

〈レスター近郊の工場には編機を、ロンドンではデザインシステムを売ろう〉

昭和六十年（一九八五年）にイギリスの現地法人を買収し、島精機初の海外法人となる「シマセイキ・ヨーロッパ」を森精機製作所現地法人の隣に設立した。

正博の考えたとおり、昭和五十七年（一九八二年）に開発されたツインキャリッジ方式のフルファッション成形機「ＳＥＴ」がレスター近郊の工場で数百台も売れた。

ところが、納品先でもっとも大きな編機メーカーから、想定外の苦情が来た。

「寸法誤差が大きすぎる。こんなのは商品にならんから、機械を百台返品する」

成形編みするコンピュータ横編機は後で切ったり継ぎ足したりできない。乱寸《らんすん》（寸法の乱れ）は即機械の不良品となる。誤差の許容範囲は二・五％以下。ところがＳＥＴの誤差は四％をたびたび超えていた。伸び縮みするニットの糸の張力を測定することが難しいため、乱寸が出てくるのがニットの最大の欠点だった。温度や湿度などの環境の変化により、誤差が大きくなってしまうのだ。

ＳＥＴは最新鋭の横編機で、これから拡販していこうという時期だった。もし老舗の大手工場からダメ出しされれば島精機の名前に大きな傷がつく。正博は夜も眠れずに悶々と考え続けた。

〈返品されたらかなわん。どうしよう……〉

ある日、夢うつつの中でパッと閃いた。

〈糸を測長して、一％以内の誤差で横編機に送り出す装置をつくればええんや〉

測長とは、測長器という専用の機械にかけ、精密に寸法を測定することを言う。一メートルの長さの糸なら、一センチ以内の誤差であれば問題がない。職人の経験と勘が頼りという部分があった。それをコンピュータ制御で解決しようというのだ。

正博は、苦情を入れた工場と交渉した。

「糸の長さを測定しながらコントローラーで制御していく。そうすれば、絶対に乱寸は一％以内になります」

客にはそう説明したが、ハードもソフトもすべて一からつくらねばならない。魔法のようにすぐにはできないので、最低でも二、三カ月はかかる。

「三カ月ほど猶予をください。そのかわり一生懸命やってきますから、その間待っていてください」

幸い、相手は了承してくれた。

「わかった。完成したら、わが社が世界で最初にその装置を使うことになりますね？」

「そのとおりです」

このくらい追い詰められれば、気合いも入るしその熱意が相手にも伝わる。ここでも「喧嘩マサ」の心意気で乗り切るしかなかった。

今回のケースでは、トラブルから逃げも隠れもせず、正々堂々と新たな発明で解決しようという心意気を見せたのだった。

正博は返品を待ってもらい、ちょうど三カ月の研究開発を経て完成したのが「デジタルステッチコントロールシステム（ＤＳＣＳ）」だった。この装置を機械に取り付け、糸の長さを測りながらコントロールすれば誤差は一％以内におさまる。

さっそくクレームが出た工場に報告し、試しにＤＳＣＳを取り付けて試運転した。するとまったく問題なくニットが編めるようになった。相手はひどく喜び、返品の話もなくなった。

「ここにある機械全部に新しい装置を付けてくれ」と返事があった。

「わかりました。数日かかりますのでお待ちください」

クレームが来てからＤＳＣＳを発明し、装置の製造、取引先への納入、設置まで約百日で済んだ。またもやピンチをチャンスに変え、誠実な対応をしたことで大手工場との信頼関係が築かれた。業界では「ニット機器の中で二十世紀最大の発明」と大絶賛された。

ＤＳＣＳは、昭和六十年（一九八五年）に開催された大阪国際繊維機械ショー（ＯＴＥＭＡＳ）などに出品された。日本ではほとんど理解されなかったものの、海外のニット関係者らには大きな衝撃を与えた。

きみ、和歌山の名士の長男なの？

昭和六十年（一九八五年）五月のゴールデンウィーク明けに、三博は初出勤した。するといきなり、東芝関係の仕事をやれと言い渡された。

「北陸電力に、停電や故障した場所がわかるシステムを納品する。それを東芝の日野工場へ行って作ってきてくれ」

どの電柱に雷が落ちたか、どの区間が停電しているか、といった現場状況をネットワークでわかるようにする巨大なシステムである。それを三博一人でつくれという。出張先で仕事をするので、わからないことがあっても一人で解決するしかない。

おまけに、せっかく会社近くにアパートを借りたというのに、日野まで行くとなると中央線で片道二時間半もかかってしまう。

〈嘘なんかつかなきゃ良かったなぁ……〉

「何でもできる」と大風呂敷を広げたことを後悔した。が、時すでに遅し。五月に仕事を受け、納期が七月末だというが、ソフトウェアの組み方自体を知らないため、スケジュール感覚すら理解できなかった。

三博は本屋へ行って「ソフトウェア入門」といった本を買い、一カ月かけて猛勉強し、六月初旬から同僚に教えてもらいながら仕事を始めた。泥縄状態で怒られながら夜遅くまで仕事を続け、自宅に帰るのは週末だけ。平日は東芝に泊まり込んだ。

結局、納期は一カ月ほど遅れてしまったが、何とか仕事を終えた。

「きみのつくったシステム、評判がいいみたいだから、次も東芝の仕事頼むよ」

「えっ、本当ですか？」

自分でも信じられなかった。吉報には違いなかったが、また日野通いである。

〈せめて、もっと近場にしてよ……〉

そう思いつつ承諾した。

また、翌年には、国土交通省のプロジェクトで、現在のカーナビゲーションに当たるシステムの実験をするという。当時はGPSなどない。東京都内の中央道路の地下に設置されたビームコンパスの電波を読み取り、自動車に搭載された機器で受信することで位置を確定する仕組みである。後にビーコンと呼ばれる設備の実験を、三博は任されたのである。

当時はCPU（中央処理装置）の処理速度が遅かったため、自動車が時速六十キロを出すだけで表示速度がついていかなかった。国土地理院もまだ地図のデータ化がされていなかったため、人海戦術でデジタル化していった。実験自体はそう難しくはなかったが、地図のデータが膨大で、マンホールの位置までデータで出てくる。そのすべてをカーナビに表示すると、地図が文字で埋め尽くされてしまう。

〈ハンドルを握る人は、どの情報を見て運転するのか。何が目印になるんやろう〉

交差点の名前、主要ビル名、消防署、警察署など、目印になる情報を取捨選択していくのも三博の仕事だった。

また常に北向きの地図と、進行方向に向かって回転する地図のどちらかを選択できる機能も盛り込んだ。コンペ形式であったが、無事採用されて東京都知事賞をもらった。

このカーナビシステムの仕事をしているある日、三博は会社の社長に「きみきみ」と呼ばれた。

「きみは、和歌山の名士の長男なの？」

三博は、自分が島精機製作所の跡取り息子だということを会社に黙っていた。

「親御さんが探しているらしいから、会いに行ったらどうだろうか」

実家の手配により、三博を探して興信所の調査員がやって来たらしい。三博は覚悟を決めて、一度和歌山へ戻ることにした。

久しぶりに三博の顔を見たものの、むっつりと黙り込んだままの正博に代わって、和代が言った。

「ほんまにあんたは勝手なことばかりして。心配したんやで」

和代は、あらたまった口調になった。

「こんど、島精機の東京支店が赤坂《あかさか》にできるんや。和歌山に帰ってくるのがイヤなら、そこに勤めたらどうや」

三博は、その提案を受け入れることにした。

「はい、そうします」

新本社ビル建設は延期しなさい

昭和六十年（一九八五年）、正博は築二十年近く経った本社ビルの西側にインテリジェント（高付加価値）ビルを新築し、移転する計画を立て竹中工務店に設計依頼した。が、規制で高さは六階まで、大型受電設備が必要など制約の多いことがわかった。

相談した知人がアドバイスをくれた。

「もう少し待てば規制緩和されるし、今年は島さんの年回りが悪いから延期しなさい。その代わり、方角の良い南側に工場をつくりなさい」

翌年、正博は総工費五十億円を見込んだ計画をいったん白紙に戻し、必要性はあまり感じていなかった新工場を五億円で着工した。

知人のアドバイスが正しいと証明されるのは、それから間もなくのことである。

テレビ局から自動車メーカーまで浸透したCGシステム

「シマトロニックデザインシステム」は優れたデザインツールとして異業種への展開も進み、独立した事業部門に育っていった。

一九八〇年代半ば以降、NHKや民放各社をはじめ、鹿島や大成建設、竹中工務店などのゼネコン、大手広告代理店、印刷会社のほか、イトキン、オンワード樫山（現・オンワードホールディングス）などのアパレル各社に島精機のCGシステムが活用された。

アメリカのフォード・モーターは車のデザイン開発用にSDS－480SGXを採用。フォード側は、SDSを実際に操作してみて驚いた。

「なぜこんなに速く処理できるんだ⁉」

　正博が答えた。

「並列処理しているんです」

「ほう、今までそんなシステムはなかった。すごいな」

　フォードの副社長が来日した時、正博は子ども時代の話を披露した。すると副社長が言った。

「島社長、方向指示器で世界特許を取っていたらとんでもない大金持ちになっていたのにね」

　伊丹空港から島精機の本社までの行き来は、島精機とノーリツ鋼機が共同購入したヘリコプターが使われた。

　フォードが購入したSDS-480SGXには、ハイビジョンのモニターが必須だった。正博はソニーで社長や会長を務めた大賀典雄《おおがのりお》に「購入したい」と話したが、当時まだハイビジョンのモニターは販売されておらず、表に出すには時期尚早と言われてしまった。

　が、ソニーからヘリコプターを購入したことで交渉は進み、「フォード社のケルン研究所で使用し、決して外部には漏らさない」との条件付きで四十二台のハイビジョンモニターを入手することに成功した。フォード社も、下から順番にハンコをついて許可をもらう日本の会社と違い、即断で購入を決めてくれた。

　このハイビジョンモニターを使用して、コンピュータグラフィックス（CG）部門でもハイビジョン対応の新システム「SDS-480SGX」を完成させ、後の平成元年（一九八九年）四月、フォードがワンセット一億円するこのシステムを四十二セットも買ってくれた。

ＳＤＳでデザインした自動車の第一作が、フォード・トーラス（Ｆｉｅｓｔａ）である。

フォードがＳＤＳを大量購入した話が広まると、トヨタ自動車や本田技研工業（ホンダ）などの自動車メーカーも遅れを取るまいとＳＤＳを採用してくれた。

昭和六十年前後はＳＤＳの開発、改良を次々におこない、「ＳＤＳ‐３８０」は、デザインツールとしてテレビ局から一般企業まで幅広い業界で注目を集めた。

テレビ局でＳＤＳを最初に使ったのは、毎日放送だった。毎日放送は島精機のメインバンクである三和銀行系である。そこで三和銀行の山本副頭取が口利きをしてくれたのだ。

また毎日放送には、和代の高校時代のハンドボール部の先輩である鈴木晴彦がいた。

山本は正博に念を押した。

「毎日放送には『ＳＤＳを導入するなら三千万円別融資する』と言ってあげますから、その代わりフォローのほうしっかりお願いしますよ」

毎日放送は、融資を受けた三千万円でＳＤＳを導入した。銀行の口添えがなければ、なかなか実現しなかったはずである。

それからというもの、テレビ局からも〝国産ＣＧ〟として注目されるようになり、映像制作のためのソフト開発が進められた。

テレビで最初にＣＧが使われたのは、相撲の勝敗ランプだった。勝利者のほうにランプがつくのだが、カメラマンの判断でカメラを回し勝者の表示を映さねばならなかった。間違って敗者のほうを映すミスも起きていた。が、ＣＧが導入されてからはランプと同期されたため、自動的にカメラが勝者の表示を映し出してくれる。

そのほかにも、タイトルバックなどさまざまな映像にＣＧが活用されるようになる。

東京支店開設

昭和六十二年（一九八七年）五月、島精機は東京・港区内に東京支店を開設した。手袋編機、横編機に次ぐコンピュータグラフィックス事業が拡大中だったため、思い切って自社ビル建設を決断した。青山通りと一ツ木通りが交差する赤坂の角地に目をつけ土地の売買交渉を始めた。時はバブル経済真っ盛り。売り手の言い値は一坪（約三・三平方メートル）五千五百万円。用地は三十坪でざっと十六億五千万円だ。所有者は周辺一体の再開発をもくろみ「バラ売りはしない」と耳を貸さない。

ところが、正博が粘り強く交渉を続けたある時、不意に「わかりました。売りましょう」となった。所有者は、一度も値切らなかった正博の交渉術に感銘を受けたのだった。

その夜、赤坂の居酒屋で祝杯を挙げていると、近くの席で和歌山弁が聞こえる。声をかけてみると、やはり同郷人で鹿島建設の社員さんの宴席という。

「すぐそこに土地を買ったばかり」といった話をしている鹿島に施工をお願いすることになり、約一年後に全面鏡張りの東京支店ビルが完成した。

赤坂の一等地に自社ビルができると、正博はいろいろな人から「東京に本社を移すのですか」と聞かれるようになった。そのたびに、正博は「その気はまったくありません」と断言した。東京は人件費が高く通勤に時間がかかりロスが多い。他方、和歌山は職住近接で通勤ラッシュの疲れもなく空気もおいしい。ニットのメリヤス（丸編み）は全国の八割まで和歌山県である。長所をかぞえ始めるとキリがなかった。

いろいろな人から「東京〝支店〟なんですか？」と聞かれるが、正博はそのたびに「はい。東京本社ではなく和歌山本社です」と答えた。当然、税金を納めるのも和歌山である。和歌山で生まれ育ち郷土を愛しているから、やはり和歌山に税金を納めたかった。

東京支店は当初、赤坂だったが、現在は高島屋百貨店近くの日本橋《にほんばし》に移転している。

島精機は繊維ファッションなどの分野で世界トップである。関西国際空港に降りたら本社まですぐなので、各国の取引先も理解してくれている。東京は便利そうであるが、成田に到着してからが大変である。いっぽう和歌山は肉や魚も美味しいし、自然も豊かである。一度和歌山に来た人たちは「また行きたい」「しょっちゅう行こう」となる。レストランだけは選び放題という訳にはいかないが、島精機が用意している複数のレストランでの料理とおもてなしに、みんな満足してくれた。

こんなにもろうて、ええんかな？

島精機は、昭和四十三年（一九六八年）九月に和歌山市手平から坂田に本社移転以降、昭和六十二年（一九八七年）十月に島アイデア・センター、神谷電子工業を三社合併するまでの間、社員三百人体制が続いた。この人数体制だと社員同士で意思疎通がはかれ、誰がどんな仕事をしているのかが大体わかる。社員にとって非常に居心地の良い状態が長く続いた。

何より、正博の経営方針が明確で、社員のモチベーションを上げた。

「社員一人ひとりが経営者や。一人ひとりが利益をあげて、それを分配し、みんなで豊かになろう」

藤田が若い頃は、利益をあげると税引前利益の一〇％が社員に還元された。この制度は社員にとって大きかった。夏のボーナスの支払いは七月十五日だが、その二週間前の六月末に業績配当が支給される。業績配当金が大きいので、ボーナスの影が薄くなるほどだった。しかも当時は現金支給だったので、成績が良い社員は茶封筒に入った札束が立つほどだった。

時はバブル真っ只中であった。

「こんなにもろうて、ほんまにええんかな？」

そんなふうに言い出す社員までいた。入社一年目二年目の社員の業績配当はさほど多くなかったものの、正博が考えた業績配当制度は社員のやる気に直結した。やればやるだけ報酬が増えるのだから、明らかな人手不足になっても社員が「人手が足りんから人数増やして」と言い出すことはなかった。

なお、私生活では、この年十二月、二十一歳で結婚した次女の恭子が男の子を出産した。正博と和代は五十歳でおじいちゃん、おばあちゃんとなった。

「タダでもいりません」——多品種少量生産時代を予測

昭和六十二年（一九八七年）十月十三日から二十二日までの十日間、国際繊維機械見本市（ＩＴＭＡ）がフランスのパリで開催された。

島精機はその四年前のミラノＩＴＭＡで世界ナンバーワンの評価を受けていたため、競合各社はこぞって島精機に標準を合わせてきた。生産性重視の3カム、4カムなどのマルチカム化機や編み幅の広い機種を出品していたが、島精機は5カム機を発表しトップの座をキープした。

ところが十月十九日、ニューヨーク株式市場でダウ三十種平均の終値が、前週末より二二・六%も暴落するブラックマンデーが発生した。会議中にそのニュースを聞いた正博は思った。

〈これからますます多品種少量化になる。量産する時代は、完全に終わった〉

展示会を無事終えて帰国するまでの間に、世界各国で起きた株価暴落のニュースが飛び交っていた。

〈大型機械はダメや。今の半分の長さの、小さな機械につくりかえよう〉

正博は、一年半ほど前にインテリジェントビル建築を中止したことを思い出し、胸をなで下ろした。

〈あのまま五十億のビルを建てておったら、大変なことになっていた……〉

ブラックマンデーを機に輸出は激減し、新工場は在庫を保管する倉庫に変身した。正博は、アドバイスをくれた友人に感謝した。

ＩＴＭＡ終了後間もない昭和六十二年（一九八七年）十二月、スイスの名門機器メーカーであるエドワール・デュビエ社から正博のもとへ連絡があった。

「うちの会社を、買い取ってくれませんか」

一八六七年創業、百二十年の歴史を誇る巨大企業で、社員二千人を抱えているデュビエ社は経営危機に陥っていた。

が、正博は断った。

「タダでもいりません」

スイス人とドイツ人は非常に頑固であり、これからの時代に合わないと思っていた。正博が断りを入れた翌週に、デュビエ社は倒産した。

デュビエ社の倒産により、世界のマーケットは島精機製作所、ドイツのストール社、ユニバーサル社の三者競合時代に突入していく。

正博の先を見る目、素早い判断力、転換の早さはまさに慧眼複眼だった。

正博は朝礼で言った。

「これまでの延長線上の編機では通用しない。時代のニーズに対応した編機を納得いくまで追求しよう」

ＩＴＭＡに出展していた編機の生産を中止し、多品種少量生産の時代に合ったものをつくるため、ニードルベッド幅の狭い四十インチのセパレート成形横編機の開発に着手した。

社運をかけ、試行錯誤を重ね、ついに昭和六十三年（一九八八年）暮れ、第二世代のコンピュータ横編機「ＳＥＳ」を開発した。設置面積が小さく、前身頃、後ろ身頃、左右の袖を効率よく編むことができる、「究極の多品種少量生産、省資源」を想定したものだった。

「和島興産」設立

金融緩和を続けた日本は、ブラックマンデー発生から半年後の昭和六十三年（一九八八年）四月には日経平均株価の下落分を回復。すでに二年ほど前から始まっていたバブル景気で飛ぶ鳥を落とす勢いとなっていた。

正博は地元の人々のため、県道沿いの本社敷地を幅一・五メートルにわたって和歌山県に寄付し、側溝は暗渠《あんきょ》にして電線を地中に通し、歩道を整備して自然豊かなオープンスペースも確保した。これが評価され、「和歌山県ふるさと建築景観賞」に選ばれた。

その後、島精機が計画するインテリジェントビルは、特別に十四階建てに相当する高さ四十五メートルまでの建築許可がおりた。正博は、天井を高くして創造性を育むようなビルにしたいと考え、十階建ての設計図をつくらせた。

昭和期の終わりになると、島精機製作所の株式上場が視野に入ってきた。メインバンクである三和銀行の山本副頭取から、税務対策についてアドバイスがあった。

「上場する前に持ち株会社をつくっておいたほうがいい。先に奥さんの名前で法人登記だけでもしておくべきです」

保有株式資産は、税金対策を講じておかないと、後に莫大な相続税や贈与税を支払う羽目になる。そこで島精機製作所の持ち株管理、不動産賃貸、ファクトリー・ブティックを経営する「和島興産」を設立した。

社長は妻の和代である。和島興産の名は、和代の「和」と名字の「島」から取った。和代の会社だから、代表の名前が一番に来る。だから「和」「島」の順になった。場所は三和銀行南和歌山支店が撤退する際に譲り受けた土地建物を使うことにした。

一階にファクトリー・ブティックを開き、横編機の新作第一号機を展示する。客に自由に試してもらい、「ここが使いづらい」「改良したほうがいい」などという意見をくみ上げ、改良後に販売するようにした。

三和銀行の山本副頭取が言った。

「島さん、わたしたちは会社創立時からのお付き合いです。上場の際にはよろしくお願いしますよ」

なお、昭和六十三年（一九八八年）、正博は紫綬《しじゅ》褒章を受章した。史上最年少の五十一歳での受賞だった。和代も着物を新調し、正博とともに皇居に向かった。

多忙な東京支店メンテナンス業務と和歌山本社異動辞令

昭和六十二年（一九八七年）五月、首都圏の販売拠点として港区赤坂見附に島精機東京支店が開設した。これを機に、三博は島精機に入社して東京支店に勤め始めた。

当初、東京支店には三博のほかに支店長と女性社員しかおらず、三人で営業も機械のメンテナンスも何でもこなさなければならない。三博はもちろんメンテ中心の業務担当であった。

島精機はコンピュータグラフィックスが盛り上がってきた時期だった。三博は、得意先であるテレビ局、鹿島建設などの建設会社をはじめ、さまざまな業界に出入りした。特にテレビ局は報道系番組で島精機のCGが使われており、頻繁に通った。三博は局のスタッフと一緒に、ニュース番組のテロップや天気予報の晴れマークなどをつくることもあったという。

テレビ局は二十四時間三百六十五日稼働している。そのため、修理が必要になると曜日や時間に関係なく呼び出された。繰り返しメンテナンス依頼が入るので、休む暇もないほどだった。特に大変だったのは、TBSの報道番組で使用されている四台のCGシステムの修理である。

「文字は出るんだが表示がちらつく。このままだと放送事故になってしまう。何とかしろ」

表示系のボードは、ＲＧＢＺと呼ばれる三原色の赤、緑、青にマスク画面と呼ばれる透明なプレートの四枚を使用していた。四枚が表示されるタイミングが合っていないと、画面がちらついて見えるのである。

メンテナンスのためには、電源を落として基板を外し、半田付けをし直して具合を見なければならない。一枚のボードの組み合わせが十六通り、ボードが四枚あるので組み合わせは六万五千通りある。その中から、ちらつきの原因を探し当てなければならない。計算してみると、最悪の場合原因がわかるまで一年以上かかってしまう。

〈そんな馬鹿なことはできへん〉

三博は、ちらついている画面をじっくり観察し、ベースに使っている色が何色で、どの色に切り替わる時にちらつくのかを観察し、あたりをつけて作業をした。

幸い、何回かやるうちにちらつきがなくなり、無事修理は完了した。馬鹿正直に作業をしていたら、本当に一年かかってしまうところだった。

二年間の東京勤務を経た平成元年（一九八九年）、本社勤務の辞令が出た。三博は故郷の和歌山に戻ることになった。

和歌山に戻る際、三博は妻の猛反対にあった。

「絶対に和歌山へは行きたくない」

長男が生まれ可愛い盛りであったが、これを機に夫婦関係はぎくしゃくし始めた。

三博が一人で和歌山へ戻り、島精機本社の営業部に勤務することになった。
結局、別居して二年後に離婚することになり、子どもは妻側が引き取り育てることになった。
なお、平成四年（一九九二年）十一月、母・和代の後押しもあり、三博は章江《ゆきえ》と再婚する。

アプリケーションに専門性を

三博が和歌山本社に戻って営業部で働き始めた頃、「CG」は世間で流行語になっていた。人々は訳もわからず何でも「CG、CG」と連呼している。これをビジネスチャンスと思う企業は多数あったが、三博はその状況を危ぶんだ。

〈もっと使用目的を明確にして、アプリケーションに専門性を持たせるところまで話を詰めないと、もたんやろな〉

寿司職人が寿司を握り、フランス料理のシェフがフランス料理をつくるのと同じで、コンピュータのプログラムも業務に応じた専門性を持たせる必要があった。そうでなければ、同じ料理人だからと寿司職人にフランス料理をつくらせたらどうなるか。顧客は大金をドブに捨てる結果となるだろう。

この頃、アパレル業界で使われていたアプリケーションは、ファッションデザイナーのスケッチの色づけだった。これまですべて手描きで行っていたものを、CGで色がつけられる。たったそれだけの機能でデザイナーの作業量が十分の一に減ったという。

だが、当時はカラープリンタの性能が悪い時代で、画面上で赤に見えるものもプリントすると紫になったりする。するとアパレル業界ではとても使えない。こうした周辺機器の課題も多く、またアプリ自体もこの先どんどん複雑な機能が求められると考えられ、可能性だけが大きく広がる段階にあった。

NHK大河ドラマ「タイトル映像　島正博」

各テレビ局の中で、とりわけCG活用に熱心だったのはNHKである。平成元年（一九八九年）六月十日に放送されたNHKスペシャル「驚異の小宇宙・人体」という番組で、島精機のCGシステムがフルに活用された。

これをきっかけに関係が深まり、平成二年（一九九〇年）には島精機とNHKエンタープライズが、現地のアーティストの感性を取り入れようとニューヨークに本社を置くハイビジョン番組制作会社「HDTVプラネッツ・パートナーシップ社」を共同出資で設立。当時のNHK会長の島桂次《しまけいじ》とは同じ名字ということもあり、懇意になった。

極めつけは平成七年（一九九五年）一月、NHK大河ドラマ「八代将軍吉宗」が放送を開始された時である。毎週冒頭に流れるオープニングのキャスティングに「題字　仲代達矢」に並んで「タイトル映像　島正博」と紹介されたのである。島精機が技術者とCDシステムを無償提供したことに対する、NHK側の気遣いだった。

番組を見た知人が、わざわざ電話をくれた。

「島さんと同姓同名の役者が『吉宗』に出ているぞ」

「あれは役者やない。ぼくのことや」

そう言っても、なかなか信じてもらえなかったという。

コンピュータグラフィックスの時代に入ると、機械の勉強をするのも大変である。が、正博は諦めずにテレビ会社の担当者などに来てもらい、基本的な構造や修理法を指導した。

フェラーリが二台鎮座する本社ロビー

平成二年（一九九〇年）十二月、和歌山県和歌山市坂田に本社ビルが完成した。

エントランスから中に入ると、一階入口のギャラリーのような吹き抜けホールには、ドレープたっぷりのワンピースやセーターなどおしゃれなニットを纏《まと》ったマネキンが出迎えてくれる。

右側の壁に島正博会長の座右の銘『愛・氣・創造』が大きな額に掲げられている。

出迎えた島会長がその意味について説明する。

「お金を愛するでなく、なにより仕事を愛する。そうすると、どんどん創造性が湧いてきて、向上心も上がってくる。気を充実させてチャレンジし続けると、いっそうの創造性につながる。新しい物、新しい方法が生み出されてくる、というわたしの仕事を通しての体験から生まれた言葉です」

そして驚くのは、ロビーフロアの真ん中に陣取るイタリアの名車、シルバーと真っ赤なフェラーリである。

かつて正博が初めて開発したコンピュータコントロールの横編機を見せたところ、イタリアの大手アパレル業者の社長が「そんなもん、とても売れませんよ」と断言した。

正博は啖呵《たんか》を切った。

「初年度は百台売ります。二年度は三百台。その次はもっと売ります」

その社長は「そんなことは絶対に無理だ」と譲らない。

結果は、正博の勝ちだった。初年度から百台以上が売れたのだ。するとその社長は、「車は正博の道楽」だと思い込み、フェラーリをプレゼントしてくれると言い出した。

「フェラーリの店に行きましょう。色や仕様は、ご自分で決めて」

正博が選んだのはグレーがかったシルバー。現在はプレミアム価格で約三億円するものである。

数多くの顧客対応のため、イタリアにはこの年、「シマセイキイタリア」をミラノに設立した。

正博がフェラーリをホールに飾ったのは、世界の一流品、本物を間近に見せ触れさせることで、社員の想像力、感性を磨かせて、色彩感覚、デザイン力、造形美へのこだわりを養わせるためだった。

いきなりスポーツカーが出迎える入口で、来客の中から「ええと、島精機さんは何をつくっている会社でしたっけ？」との質問が、今も数多くある。

正博は、待ってましたとばかりに質問に答える。質問されれば説明できる。イタリアとの関係やデザイン、色の話など。見本があれば、理屈抜きで島精機の仕事が理解してもらえる。

プレゼントされたフェラーリはただ飾っておくだけでなく、プロのドライバーに頼んで二百五十キロのスピードを体感したりもした。フェラーリの高級感は無論、速さも魅力である。

ロビーの奥に目を転じると、なんと、オーギュスト・ロダンの有名な「考える人」のミニタイプと、イタリアの彫刻家のボッティーロの「ラージハンド」が飾られている。考える頭を養うのと同時に、手を動かす行動力も身につけよ、というメッセージが込められているという。

正博の仕事のスケールはどんどん大きくなっていった。世界の先進国を相手にしていると、日本のせせこましい考え方など吹き飛んでしまう。

エレベーターは和歌山市街地が一望できるガラス張りになっている。目の前には、紀州五十五万石の和歌山城も見える。

最上階のフロアには顧客をもてなすイタリア風フランス料理レストラン「ベルヴェデーレ」を置いた。ワインのさまざまな銘柄が取りそろえられており、正博自身も食道楽で世界中のワインを楽しんでいる。

食材もこだわっている。

例えば、友ヶ島《ともがしま》周辺で獲れる加太《かだ》のマダイは、紀淡《きたん》海峡の速い潮流にもまれて育つことで身はよく引き締まり、歯ごたえは天然マダイの中でも最高評価となっている。また古来伝わる疑似餌《ぎじえ》による一本釣りにこだわり、釣り上げられた直後の素早い処理をして活魚で出荷される。

食材から店の内装までありとあらゆることにこだわったレストランは、ホールと同様に社員の感性を磨く役にも立つ。ビルの外壁はカナダ産の堅くて変色しないディアブラウンを使用した。

社員は島精機本社十階にある「ベルヴェデーレ」では食べない。が、誕生日など特別な日に家族で食事したい、何かの賞を取ったのでお祝いしたいなどという時は、総務に申請すれば利用できる。

屋上には、非常時など必要な時のために特設ヘリポートも設けられている。

世界のどこにもない機械──島正博の頭脳

藤田紀の後任となる今井博文は昭和三十四年（一九五九年）三月十二日、和歌山市に生まれた。関西大学管理工学部で学び、地元和歌山で就職を考えていたため、島精機製作所に就職を希望していた。島精機が創立二十周年を迎えた昭和五十七年（一九八二年）、今井は入社して生産技術課を希望、配属された。入社後すぐに二十周年記念の南九州への社員旅行に連れていってもらった。

島精機が成長期を迎え、コンピュータ横編機が当たりどんどん販路が拡大されていった時代である。技術系だった今井は、図面を引くのではなく、開発された部品を手配するための構成を担っていた。そのため、機械の内部構造をよく理解していた。

平成二年（一九九〇年）に本社ビルが完成した際、設計室は四階に置かれた。その時、正博の席の隣に座っていたのが今井である。

正博はじっくりと考えるタイプだった。ドラフターの前に座って考え続け、スケッチしたものを開発部の担当が精確な図面に起こしていく。

その図面を正博が見て、毎日違う形のスケッチを描く、という繰り返しで試行錯誤していく。非常に高精度な機械であるから、さまざまな考えを取り入れていかねばならなかった。今井はその逐一を隣で見続け、感動の連続の日々を送った。

図面での結論が出ると、今度は試作品づくりに移行する。実際に機械を動かし、編みながらまた改良を加えていく。世界のどこにもない機械を開発するので、まったくのゼロからのスタート。だから形がどんどん変わり、改良を重ねてようやくゴールにたどり着く。

デジタルステッチコントロールシステムや四枚ベッドを開発した際にも、もちろん数多くの工程があった。

どのように実現していくのかは開発担当にも見えているが、正博がさらに上をいく、三次元志向を展開する正博の頭の中の構想までは到底予測できなかった。

やはり普通の人間は二次元でしか考えられない。頭の働かせ方がまったく違った。

第八章

東証一部に上場——円熟の時

最高値で大証に上場

島精機製作所は、平成二年（一九九〇年）三月期の決算で三期ぶりに増収増益となり、売上高も三百億円台を回復する。同年十二月二十五日、ついに島精機は大阪証券取引所市場第二部に上場を果たす。すでに昭和五十四年（一九七九年）正博が上場を意識し始めたのは、昭和六十二年ごろからだった。

に上場していた森精機の森林平社長が、正博にアドバイスした。

「株式会社は個人商店とは違う。ガラス張り経営でいずれは上場せんといかん。会社は大きくなったら社会の公器や」

創業者は会社を「自分のもの」と思いがちだが、松下幸之助や稲盛和夫など優れた経営者は会社を「公器」とする重要さを知っていた。

林平は、森精機が上場した時に主幹事を務めてくれた、大阪・北浜の中堅証券である和光証券（現・みずほ証券）の児玉冨士男を紹介した。児玉は同じ和歌山県出身者で、業界では〝相場師〟として名をとどろかせたやり手だった。

そのため正博は、野村、大和、山一、日興の四大証券会社をあえて外し、和光証券に主幹事証券を依頼することにした。

上場には審査が必要である。その期間中、正博は児玉から厳しく言われた。

「審査の間は絶対に飲みに行ったらいけません。自宅と会社の往復は決められたルートで帰りなさい。繁華街には近寄らないでください。自分で車の運転をしたらいけません」

研修センター南風荘が開設して以来、ずっと原付オートバイで通いお運びさんのパートをしていた和代は、周囲に諭された。

「上場企業の社長夫人になるんやから、パートは辞めてください」

周囲に諭されて、和代は仕事を辞めざるを得なかった。望んで上場企業の社長夫人になるのでも、女性社長になったのでもなかった。正博と結婚して、ただいっしょに歩んでいるにすぎない。

厳しい審査期間を経て、島精機製作所はようやく上場に至った。

初値は、当時最高値の一万二千円。五十円額面の新規上場では最高値といわれた。

正博は〝発明貧乏〟からようやく抜けだし、上場に伴う株式の市場放出で五十億円近い利益を得た。

正博は税金を払った残りの約三十億円をかけて、三百八十坪の敷地に二百六十坪の邸宅を設計し、建築に取りかかった。ただし、不測の事態に備えて五億円ほどは残しておいた。

島精機製作所の株価は順調に上がり、当時「ゲームボーイ」や「スーパーファミコン」の人気で最高値となっていた任天堂を抜き、一時期は三万九千円と日本一の株価に輝いた。

正博は思った。

〈もし、ブラックマンデーの時期がほんの少しでも遅かったら、時代にそぐわない大型機械を生産して、ここまでの成功には至らなかっただろう。思い切ってやめて良かった。怪我の功名や〉

ホールガーメント構想

正博は上場を機に、社会的責任をより強く意識するようになった。バブル崩壊後のアパレル業界は、人件費の安い中国へ製造拠点を移す動きを加速させていた。編み物から織物、染色まで何でも中国製である。上場した平成二年（一九九〇年）には、国内で流通するニット製品の九割が輸入品となり「島精機の編機を海外で売らないで」と業界の嘆願書が届いたこともあった。

〈国内で売るニット製品を国内でつくる「ニットの地産地消」の道は、ないんやろか……〉

時代の流れを意識しながら自問自答を繰り返した正博が、行き着いた結論は「完全無縫製のホールガーメント横編機」の開発だった。

ニットの生産が中国をはじめ海外に流出したのは、最終工程で縫製などの後処理が必要な労働集約型産業であり、それに伴う人件費が収益を左右するからだった。それなら縫《ぬ》い子さんたちがミシンで縫製する工程をなくし、原料の糸から完成品まで一貫製造できる編機を開発すればいい。ガーメント（ＧＡＲＭＥＮＴ）は英語で衣服、ホール（ＷＨＯＬＥ）は丸ごとを意味する。

人件費の制約が無くなり、労働集約型産業の枠から脱すれば、ニット生産が海外に流出する理由はなくなる。店頭の売れ筋情報をいち早く生産に反映させるならば、工場は消費地の近くに置くに越したことはないからだ。

この時から、正博はホールガーメント構想を頭の中で育てていく。が、正博とて人件費の安いアジアで労働集約型産業が急成長する時代の流れを無視するわけにもいかなかった。

設備投資をケチるな

平成二年（一九九〇年）、ワンと名乗る香港人男性が正博を訪ねてきた。

ワンは、ローズファッション社に見習いとして入り、コツコツと修業をして資金を貯めた。

ワンは、銀行員を伴ってやって来た。聞くと、島精機の横編機を購入し、香港で既製服メーカーとして独立したいという。

「設備投資はどうしたらいいですか。教えてください」

正博は言った。

「まず、そこらにあるのと同じような工場をつくったら絶対にだめや。工場の床をきちんと水平にして、床をガラスのようにピカピカになるまで掃除しなさい」

ワンは素直にうなずいた。正博はさらにアドバイスした。

「ニットは毛羽《けば》が出るから、掃除が大変や。毛羽は機械にも落ちるし、水回りでも故障を起こす。それが不良品につながる。だから風を送って気流をつくり、フィルターを通して新しい空気と入れ替えられるようにしなさい。そしたらゴミが勝手に浮き上がって気流に乗り、フィルターへ到達するから、掃除する手間がうんとはぶける。設備投資をケチったら絶対ダメですよ」

隣で聞いていた銀行員も、ワンに向かって頷いた。

「島さんの言うとおりにしたほうがいいですね」

正博は続けた。

「小型化したSESを三百台入れなさい。狭い場所でも効率よく使えます。そしてSESの機械すべてに、デジタルステッチコントロールシステム（DSCS）を取り付けなさい。そうすれば乱寸も一％以内になって、不良品は出ないし、ゴミ詰まりもなくなる。稼働率は九九％以上になります。うちの機械をそんなふうに可愛がってもらったら、儲かるのはワンさん、あなたですよ」

ワンは香港でナムスン社を立ち上げ、銀行から融資を受けて正博の言ったとおりの工場を建設した。

準備万端整った工場が稼働し始めると、すべてが正博の言ったとおりになった。ナムスンは稼働率が一〇〇％近くになり、新参で入ったにもかかわらず商売はあっという間に軌道に乗った。

ナムスン社、躍進の源

「ユニクロ（UNIQLO）」ブランドで知られるファーストリテイリングの柳井正社長が正博に依頼してきた。

「品質管理のしっかりしたアパレルメーカーを紹介してください」

正博は、香港のナムスン社を紹介した。

柳井は、サンプルの質の高さに驚いた。

「乱寸の発生率がこれほど低い工場は、世界中探してもワンさんのところしかない！」

柳井は言った。

「ぜひ、ナムスンの工場を見学したい」

工場内は清潔で塵《ちり》ひとつなく、几帳面な性格で知られる柳井も脱帽するほどだった。編機は限られたスペースを有効活用した配置になっており、ワンはローラースケートの靴を履いて機械の間を縫うようにして走り回りながら仕事をしていた。

柳井は、どんどんニットを編み上げていく工場内部を見て言った。

「ナムスン社がつくった製品は、一〇〇％ユニクロが買う」

こうしてナムスン社の製品はすべてユニクロへ卸すことになった。

柳井は、正博の誠実な対応と、そのアドバイスを忠実に守るナムスン社に絶大な信頼を寄せてくれた。

しばらくすると、客の間で「ユニクロのニットは高品質だ」と評判になり、売り上げが伸びた。すると、ワンが喜んだ。

「ユニクロは単価こそ安いが、大量に同じものを買ってくれるので儲かる」

ナムスン社はユニクロ一本で大儲けし、あちこちに工場をつくって量産を続けた。数万台のＳＥＳは日夜問わず稼働し続け、あっという間に世界一のアパレルメーカーとなった。

ワンの仕事ぶりを見た正博は、香港人の熱心な仕事ぶりに感心した。日本のアパレルメーカーの中には、ナムスン社と同様ＳＥＳを三百台導入しているところもあった。が、稼働率は八〇％止まりで、ナムスン社の九八％に比べてかなり非効率的だった。

正博は思った。

〈日本は平和ボケになってしまった。豊かやから、そこまで稼働率を上げんでも食っていける、という感覚なんやな〉

正博は他のメーカーにも「ワンさんの工場に行って勉強してこい」と言って回っているものの、それでも平和ボケした日本人は聞く耳を持たず、わざわざ香港まで勉強しに行く者は少なかった。

また香港も豊かになってきたせいで、ワンのように勉強熱心、仕事熱心な経営者が少しずつ減っていった。

アパレル業者も国や地域によって特色があった。香港は大量生産に特化し、イタリアは高級品の少量生産で勝負している。四千社以上あるイタリアのアパレルメーカーは、一着数万円から数十万円する服を丁寧につくる。もちろん使用されるのは島精機の編機がほとんど。中国産の編機を使って失敗した業者もいて「安い機械はだめだ」との認識が浸透していった。

大学創設に五億円寄付

平成三年（一九九一年）、正博はゴルフコンペ「島精機カップ」の宴会席で、島精機の監査役を務める公認会計士から相談を受けた。

「わたしが監査をしている『ソロバンの明徳』で有名な明徳学園が、今ピンチなんです」

学校法人明徳学園が経営する明徳商業高校（現・京都明徳高校）は、ソロバン大会で何度も「高校日本一」を獲得することで知られていた。もともと日蓮聖人の生誕七百年を記念して、京都市山科《やましな》区にある日蓮宗の大本山・本圀寺《ほんこくじ》が設立したもので、商業主義とは縁遠い信心深い教育で知られていた。

公認会計士は続けた。

「明徳学園が、こんど西京《にしきょう》区に京都経済短期大学を新設する予定なんですが、資金不足で計画倒れになりそうなんです」

数日以内に資金調達できないと、計画が白紙になるという。しかも免税措置が適用されないため、どの企業も寄付に応じてくれないという。

正博は、ソロバンには思い出があった。小学生の時に上級生と喧嘩してソロバンを武器に使い、真っ二つに割ってしまったこと。新しいソロバンが買えずに、かえって暗記と計算が得意になったこと。が、それだけにソロバンを学ぶ大切さも充分理解していた。

「わかった。ぼくが寄付しよう」

正博は、株式上場で得た利益のうち、万が一の事態に備えて残しておいた五億円全額を、免税措置なしでポンと寄付してしまった。普通であれば、五億どころか五百万でも寄付しようとは思わないだろう。

ただし、和代に一言の相談もなかったのだ。正博の頭に、和代の怒った顔が目に浮かんだ。

〈貯金は、またスッカラカンや。今度こそ、家から追い出されるかもわからんな……〉

もちろん和代には大目玉を食らった。事後承諾だから余計にまずい。

「あんた、わたしに細かいこと言うといて、そんな縁もゆかりもないところに五億円も寄付するなんて、いったいどういうこっちゃ！」

ふだんなら、正博が中途半端な金を出すと和代に「そんなことではいかん。ケチ、もっと出せ！」と怒られる。が、今回はそんな訳にはいかない。これまで苦労ばかりかけていて、ようやく上場して財産ができたと思った矢先のことである。和代が怒るのは当然だった。

が、正博は妙にスッキリした心地だった。金がなくスッカラカンの状態でいると、「また発明しなければ」とハングリー精神が芽生える。実は、金を銀行に眠らせておくぬるま湯状態が、正博にとっては何とも居心地が悪かったのである。金を持っていて、腹も満たされていては知恵が出てこない。

金がないのは辛いことも多いが、後からアイデアがポンと浮かぶ楽しみがある。だから正博は金に執着がなかった。持っていれば、ただ何となく遊んで使ってしまうだけだ。しかも株で得た金など不労所得のようなものである。困っているところへ寄付すれば、ギブアンドギブンでまた何か後で良いことが待っているかもしれない。

その後、頓挫しかけた京都経済短期大学は、平成五年（一九九三年）四月、三十一億円の創設費をかけて開校した。

正博は明徳学園の初代の名誉理事長に就任した。そして令和二年（二〇二〇年）六月、正博の名前を冠した新たな奨学金制度「島正博奨学金」が設けられた。経済的に困難にある成績優秀者四人に、年間二十万円を給付するというものである。正博の「貧しいが優秀な生徒のための学費として、奨学金に利用させてください」という気持ちから、寄付した五億円は償却され、財団の基本の資本となったのである。

〈奨学生たちが、いつか日本のために役立つ人材に育ってくれれば、それでええ。ぼくが一杯飲んで自分のために使うよりも、はるかにマシなことや〉

理数系能力低下の要因

計算機を常用するようになった現代人は、暗算をしなくなった。アジアの中でも日本人の暗算能力は低下の一途をたどっている。

正博はいくら年を重ねていっても、便利な計算機が登場してもすべて頭で覚え、主要な電話番号もすべて覚えている。かつて三十日で仕上げた「全自動手袋編機（角型）」の寸法は、半世紀以上経った今でも完全に頭の中に入っている。だからメモの習慣もない。

〈メモや機械に頼らず日々頭を使っていれば、年を取っても記憶力が劣化することはない。他の者は機械に頼りすぎや……〉

確かに計算機やコンピュータは便利だ。が、機械を使ってパッと答えを出すことはできても、頭の中は空っぽのままである。人間はまるで頭の悪いロボットのようで、本人たちはそのことを自覚すらできていない。それが問題だった。

かつての日本人は、ソロバンのおかげで理数系が一番強かった。それがわずか半世紀で「一番」から「ビリ」になってしまった。日本人は、パソコンや計算機を購入するお金だけは持っているからだ。「パソコンを使ったほうが便利で速い」と合理的に考えることがスマートだという理屈で、自分の頭を使うことを忘れてしまっている。

いっぽう、貧しい国の子どもたちは、何もないから暗算するしかない。そんなところから日本人の凋落が始まる。果たして、日本人はコンピュータに頼り切りで本当に良いのだろうか。そうしたことを考える大人たちは、もうほとんどいなくなってしまった。

〈暗算ができれば、風呂に入っていても、一杯ひっかけていても、頭の中で計算できる。頭の中でパッと計算できれば、仕事をする上で有利や。そんな社員がほしい〉

その後、島精機が採用した若者の中にはソロバン八段、九段の有段者がいた。

英国名門大から名誉博士号

平成三年（一九九一年）秋、正博はイギリスのクランフィールド工科大学に招かれ、学長の秘書を務めるシステム工学者の合田周平と会った。

昭和七年（一九三二年）、台北市に生まれた合田は、電気通信大学を経て、カリフォルニア州立大学大学院（バークレー校）で工学修士、東京大学にて工学博士となる。その後、ＴＤＫをはじめ、アメリカ、イタリアの研究所、大学などにも勤務経験のある人物だった。

合田は、学長に正博を紹介して言った。

「ミスター・シマの開発した機械のおかげで乱寸の問題が解決し、誤差一％以内で編めるようになった。これは非常に大きな発明です」

正博が発明した「デジタルステッチコントロールシステム（ＤＳＣＳ）」を高く評価してくれたのだ。クランフィールド工科大学は、世界最初の航空機用ジェットエンジンをはじめ、垂直離着陸機「ハリアー」を開発し、超音速旅客機「コンコルド」のエンジン制作にも携わった著名な大学院大学である。精密工学の領域でも権威ある存在で、優れた研究センターも併設している。

大学では、技術開発を進め近代産業にまで育成した人物に対し名誉学位を授与して表彰していた。その最有力候補者に挙がったのが、正博だったのだ。

これまで名誉工学博士号を授与された日本人は三人いた。最初はＨＯＮＤＡの本田宗一郎であり、正博は四人目であるという。

平成五年（一九九三年）六月、三本の滑走路の空港を有する広大なクランフィールド工科大学のキャンパスで、正博に名誉学位記が授与された。その夜、近くの古城を貸し切り、学長夫妻をはじめ大学や島精機ヨーロッパの関係者を招待したパーティが華やかに開催された。

母の死、妻の乳がん手術

平成三年（一九九一年）秋、正博の母親の二三四が亡くなった。

晩年には認知症となり、足を骨折したことをきっかけに入院し、そのまま帰らぬ人となった。長年、嫁姑の問題で苦しんできた和代だったが、姉の昌子や姪《めい》の啓子らの協力を得て、最期まで精一杯の介護、看取りをした。

島精機の借金もなくなり、姑も看取り、これからはのんびりできる。そう思った矢先、和代は乳がんを宣告された。

以前から卵巣嚢腫《らんそうのうしゅ》が見つかり手術を勧められてきたが、和代は怖くてどうしても受けられなかった。が、今回ばかりは手術しないわけにはいかない。

覚悟を決めた和代は、平成四年（一九九二年）七月から十月まで入院し、乳がんと卵巣嚢腫の手術を受け、無事退院することができた。

三次元の頭脳

社内報を担当する総務部の藤田紀は、毎年必ず正博に新年のインタビューを担当した。

上場して島精機は公のものとなり、社長といえども記者発表後でないと簡単に夢を語れなくなってからは、さらに感動もひとしおとなった。何しろ、まだ誰にも知られていない正博の目標を真っ先に聞けるのである。役得としかいいようがなく、いい思いをさせてもらった。

ただし、正博の言うことを文章にするのは非常に大変だった。目標一つ取り上げても、その中に正博の思いがたくさん込められているからだ。そして誰もが「そんなことできる訳がない」と思うようなことを語るわけだから、下手をすると単なる空想、妄想と読めてしまう。

藤田はある時、工学博士の合田周平にそのことを話した。すると合田が言った。

「そりゃ島さんは頭の構造が違うんだよ。島さんの頭は三次元なんだよ」

合田の話によると、人間は生まれた時はみんな三次元の頭を持っている。いっぽう、文章や音楽といったさまざまな表現はすべて二次元である。二次元の世界で三次元の話をしようとしても、伝えるのは難しいのだという。

この話を聞いて、藤田は感心した。

〈ああ、もっともなことをおっしゃるな〉

やがて社内報は社員からの協力を得て、年月とともに充実した内容になっていった。二十年ほど経った平成四年（一九九二年）からは、名前を社内募集して「あいらんど」に変更した。

部署統合

平成四年（一九九二年）三月、和田隆は、製造技術部長に就任した。この時の和田のおもな仕事は、製造技術部と営業技術部の統合だった。

製造技術部はすべての編機の製造から出荷までを担い、営業技術部はサービス部門をそれぞれ担当していた。が、これらを分業にしてしまうと、新製品の現場へのフィードバックがどうしても遅れてしまう。例えば和田は自分で機械を組み立てて調整し、顧客の工場に据え付け、その後のアフターサービスまで一人でこなした。

この一連の流れが「ここまでは製造技術部の仕事」「これとこれは営業技術部の仕事」と分業されるのは問題だった。和田はこれまでの経験から、統合が必要だと常々感じていた。

統合してスピードアップすればライバル企業に勝つこともできるし、市場の占有率も上がる。社員も他の部署に気兼ねすることなく、自分の責任と裁量で動けるので仕事に対する充実感も生まれる。

平成十二年（二〇〇〇年）六月、和田隆は、取締役製造技術部長に就任。無事に製造技術部と営業技術部を統合し、業務の効率化を図ることに成功した。

「ファクトリー・ブティック・シマ」

いっぽう乳がん手術の後、自分に合う服がなかなか見つからないことに悩んでいた島正博の妻の和代は、ある日ふと閃いた。

〈きっと同じように悩んでいる女性は多いんとちゃうか。お父ちゃんところの機械でオーダーメイドのニットを編んであげたら、どうやろう？〉

正博に相談すると、諸手を挙げて賛成してくれた。

平成七年（一九九五年）十月十二日、自宅に近い小松原に五階建てのビルを建設し、和島興産の本社を移して一階に「ファクトリー・ブティック・シマ」をオープン。店の向かい側の、かつて三和銀行南和歌山支店があった場所に専用の工場も建設したので、工場付きのブティックと命名した。

ビジネスパートナーには、次女恭子の夫である龍見宗永を選んだ。

建設機械の仕事を続けていた宗永は、島精機で二年間研修を受けて編機やニット製造についてみっちり学び、和代とともに働くことになった。

工場に二十台ほどの編機を置いてオーダーメイドの受注をすることになった。

オープニングには、和代とかねてから親しくしていたファッションデザイナーの小篠綾子がお祝いに駆けつけてくれ、三人の娘でデザイナーのコシノヒロコ、コシノジュンコ、コシノミチコの三姉妹のファッションショーや販売などで盛り上げてくれた。もちろん、三姉妹のブランドのニット商品にはホールガーメントが採用されている。

ファクトリー・ブティック・シマではニット既製品の販売のほか、新たにオーダーメイドを開始することになった。

当初は扱っていなかったホールガーメント横編機も導入すると、一般のお客さんだけでなくアパレル業界からの見学者も増えた。ファクトリー・ブティック・シマは島精機のパイロットショップのようになり、海外からの見学者もひっきりなしになってくるようになった。

東証一部上場――還暦記念ゴルフコンペ

平成八年（一九九六年）一月二十五日、島精機製作所は、念願の東京証券取引所市場第一部へ上場を果たす。

島正博は、父を戦争で失い、空襲の爆撃のなか九死に一生を得て、焼野原から立ち上がり、貧しい暮らしのなかで、少年時代から必死に働き続けてきた。

起業後も倒産の危機をはじめ、数々の苦難を乗り越えてきた。まさに漢《おとこ》——男の中の男——であり、長く険しい経営者として道を歩んできた。無一文からの創業、会社設立から三十四年後にして、財界において大手一流企業の証《あかし》である「東証一部上場」をついに果たした。

正博、還暦前の宿願成就であった。

平成九年（一九九七年）、正博は大阪にある大阪ゴルフクラブの創立六十周年記念コンペに参加した。大阪府泉南郡岬町にある大阪ゴルフクラブの創立は、正博の誕生年と同じ昭和十二年（一九三七年）である。正博は張り切った。

「ゴルフ場もおれも、六十歳。記念コンペやから何が何でも入賞しなきゃいかん」

するといっしょに回った誰かが笑って言った。

「島さんと同じ生まれやから、同じようにそんなに急がないで」

和歌山城のお堀周辺をぐるりと歩いて回った。すると菱川病院の院長に注意された。

「そんな固いところを歩いたら、骨と骨の間にある軟骨と呼ばれるクッション部分がすり減ってしまいます。歩くなら、ゴルフ場の芝の上を歩きなさい」

それからは、コースを回る際はカートを一切使わずに歩くと決め、現在も継続中である。

セクショナリズム打破

平成十年（一九九八年）三月、三博は突然上司から言われた。

「昔コンピュータやったことあるやろ。開発部へ行ってくれ」

それまで、CGの開発をしていた担当部長が、突然退職した。彼がCGについてもっとも理解が深かったのだが、その穴埋め要員になれという。肩書きは退職者と同じシステム開発部長である。

開発部に異動となった第一日目。三博は部下からいきなり問われた。

「部長は、営業の味方でしょうか。開発の味方でしょうか。どっちですか？」

三博はそんな質問をされるとは夢にも思わず、ビックリしてしまった。つまり開発部は営業部を敵視している、ということである。三博は言った。

「誰の味方じゃなくて、全社員の味方だ」

技術屋集団というのは、どこか凝り固まった性質があった。「われわれが一生懸命良いものつくっているのに、営業の売り方が下手だ」という目線でしか、他部署の社員を見ることができない。プライドが高すぎるのだ。

〈ちょっと肩を揉んでやりながら、いろいろほぐしていかないといけないな……〉

社内の人間関係のゴタゴタは、これまで三博が経験してきたこととまったく次元の違う世界だった。が、とにかく突然退職した部長の空白を何とか埋めねばならなかった。

が、開発部にいる五十人の研究者たちはみな優秀で、彼らに任せても問題ないことがわかった。三博は、従来業務のほかに他の部署との橋渡し役、クッション役を引き受けることにした。

営業は、社内でも社外でも〝怒られ役〟である。気の毒な一面は確かにある。会社からは完成した製品をポンと渡されて「売ってこい」と言われる。それでも一生懸命に営業をかけてくるのだが、売上目標に達しなければ「製品は良いものなのに、売り方が悪い」と社内でバッシングを受ける。開発部ももちろん頑張っている。が、開発のことは開発部の中だけで考えなければならないという思い込みがある。こうした組織全体の利益や効率を無視し、自分の所属する部の権利や利益のみを守り他を排除しようとするセクショナリズムは、どの組織でも悩ましい問題となっている。

三博は、一つの製品をつくり上げるプロセスの中で、各部署の責任者などを集めて意見交換をする場を設けるべきだと思った。

開発部が「こういうプロセスとスケジュールでつくる」と言えば、現場の声を聞いているサービス部が「いや、そういう方向でなく、こんな機能を付けてあげるとお客さんは喜ぶ」と意見を出す。そうしてワイワイガヤガヤと話し合いながら物づくりをしていく。みんなが納得できる良い製品ができあがれば、営業部も自信をもって製品を売りに行ける。

〈開発の過程に、営業をどうやったら巻き込んでいけるやろか……〉

営業が開発過程にある程度参加できれば、表面的な性能やスペックにとどまらず、なぜ製品がこのような形になったのか、なぜこの素材が使われているのかといったところまで理解でき、顧客にも細かな説明ができるようになる。会社全体の一体感も増す。

セクショナリズムの問題は、アパレル業界にも当てはまった。マーチャンダイザー（ＭＤ）と呼ばれるポジションの人は、マーケットやトレンドを分析し、商品企画から販売計画、予算・売り上げを管理する重要な仕事を担当している。が、MDが仕入れた商品をショップスタッフに渡す際は「この服を綺麗に店に並べて売りなさい」と命じるだけである。すると直接お客さんと接するスタッフは「今年の流行は、この色でこのスタイル」「お似合いですね」と言うくらいで説得力に欠ける。

ショップスタッフも、服がつくられる過程を知り、「糸はこうしてつくられる」「こんな機械で編んでいる」という段階から知ることができれば、お客さんとの会話は必ず変わってくる。ショップスタッフの「年齢層の高いお客さんのために丈を長くしてほしい」「うちの地域ではこういうスタイルが好まれる」といった意見を取り入れる。すると単にあてがわれた服を売るだけでなく、自分も服づくりの一員として商品に愛情と誇りを持てるようになる。

現在、世界中のあらゆるところで、あらゆる業界で同じような混乱が起きている。ファッション業界で言えば、みんなが協力してつくり上げる服は付加価値が上がり、売り手も買い手も納得できるようになる。「島精機の編機を使えば品質の良いニットができる」という問題解決のツールであり、顧客満足度を高めることにつながる。負のスパイラルを断ち切り、上昇気流に乗る流れをつくっていくことが、三博の目指すところとなった。

エッフェル塔で大パーティ

パリで開催された国際繊維機械見本市（ITMA）に合わせ、現地で二千人を招待する大パーティを開いた。どうせなら、お世話になったすべての方に来てもらいたいとの思いだった。が、当初計画していたエッフェル塔展望台を借り切った会場には入り切らず、やむなく欧州各地からの約一千人の客はブローニュの森にある有名レストランでのもてなしとなった。

日本から招いた残り約一千人は、念願のエッフェル塔でのパーティに参加してもらった。

ただ、当時すでに塔は築百十年。展望台に同時に滞在できるのは二百五十人に限られ、それを超えると床が抜けるという。定員を厳守する誓約書を書き、ようやく開催にこぎ着けた。

この日のためにあつらえたタキシードは着心地が良く、正博はすっかり気に入った。

〈日本でもタキシードを広めたいな……〉

この思いが、後に有志と結成した「タキシードを楽しむ会」へつながっていく。

「黒あわび茸」栽培に毎年一千万円出資

平成十四年、正博が委員になっている第1回和歌山ソムリエ委員会に、上山直喜が黒あわび茸《きのこ》生産の認定企業として応募があり、残念ながら審査には通らなかったが、このキノコに正博は関心があった。黒あわび茸をさっそく十階にあるレストラン「ベルヴェデーレ」で調理してもらい、試食してみた。

「うん、これは美味い！」

黒あわび茸は、美食家である正博を唸らせるほどの味と食感だった。

黒あわび茸は、かさが黒いことと、コリコリした食感がアワビに似ていることから名付けられたヒラタケ科・ヒラタケ属の食用キノコである。ヒラタケやエリンギの仲間である。コリコリとした食感の中に旨みが溢れる、まるで鮑《あわび》を食べているようだった。原産国・台湾では宮廷料理にも用いられたといわれる高級食材である。

国内では長野県、山梨県、滋賀県、沖縄県のごく限られた地域で、菌床《きんしょう》に種菌《たねきん》を繁殖させる「菌床栽培」でつくられている。和歌山県にも、長年育てていた生産農家が有田川町《ありたがわちょう》にあった。が、非常に繊細なキノコのため栽培が難しく、他の菌が混入すると全滅してしまうケースもあり、結局廃業となった。

そこで上山は黒あわび茸の栽培に挑戦してみたものの、採算が取れず困っているという。

「年間一千万円の赤字になって、これを補填しないと潰れてしまう。島さん、この栽培事業に一口乗ってもらえませんか」

正博は、日本料理にも使えないかと考え、なじみの料亭にも声をかけて、板長に頼んで黒あわび茸を佃煮のようにしてもらった。

食べてみるとさすがに美味い。お酒の肴にもなるし、お茶漬けにもピッタリである。さすがに食材の魅力を最大限に表現するセンスに長けており、あえて黒あわび茸の小さいサイズを選んで少量提供する。小さい方が高級感とありがたみが増し、食欲もそそる。正博は売り方一つで商品の魅力がまったく変わってくることに大いに感心した。

正博は、個人のお金で一千万円を毎年出資することになった。が、この出資は長期間に及ぶことになる。

第九章　「肝っ玉母ちゃん」島和代

老舗百貨店倒産、空洞化を止められるか？

平成十三年（二〇〇一年）、正博は和歌山商工会議所の会頭に就任し、地元経済の活性化に尽力することになった。

が、それは簡単なことではなかった。バブル崩壊後に訪れた平成不況は一向に終わる気配を見せなかった。いわゆる「失われた十年」の到来である。

和歌山も例外ではなかった。その象徴的存在となっていたのが、和歌山市の中心的な商店街「ぶらくり丁」のシンボルとして栄華を誇ってきた丸正百貨店の閉店だった。

ぶらくり丁は「商品をぶら下げている」という意味を込めて名付けられた。和歌山市民は、すっかり寂れてしまった「ぶらくり丁」の復活を待ち望んでいるという。

明治二十四年（一八九一年）に松尾呉服店として創業した丸正百貨店は、和歌山大空襲で全焼したところから再スタートし、昭和二十八年（一九五三年）に第一期の再建工事が完了した。

大丸やビブレなどと共に「ぶらくり丁商店街」に位置する三つの大型店の一つであった。和歌山県ではトップの集客力と知名度を誇る老舗百貨店として昭和五十九年（一九八四年）八月期には売上高約百六十三億円を上げていた。

が、急伸したライバルの和歌山近鉄百貨店（現・近鉄百貨店和歌山店）に負けじと、規模だけでも挽回しようと、バブル絶頂期に三百億円も使って大改装したことが凋落の第一歩だった。さらに郊外店舗の増加による集客力の低下、駐車場不足などで売り上げはどんどん落ち込んでいった。

テナントが次々と撤退していく中、ついに平成十二年（二〇〇〇年）二月二十六日、丸正百貨店は約二百三十一億円もの負債を抱えて和歌山地方裁判所に破産申し立てをおこない、自己破産した。

その後、さまざまな計画が立てられた。

「跡地に大学をつくろう」

「百貨店を再建しよう」

が、いずれも頓挫。昔は大勢の人々で賑わっていたぶらくり丁はシャッター通りと化した。

「このままでは、地価がどんどん下がってしまう」

和歌山県や和歌山市は八方手を尽くしたがうまくいかず、最終的に正博に泣きつくことになった。

「もう島さんしかいない。このまま置いといたら腐ってくるよってに、どうか買うて、何かやってください」

正博は、かつて人で溢れていた丸正百貨店や、ぶらくり丁界隈《かいわい》の姿を思った。どこよりも賑《にぎ》やかだった昭和時代と違って、今は夕方になると灯《あか》りが落ち、人の気配もまったく消えてしまう。

建築好きな正博は、百貨店の建物をちょっと見ただけで、傷みがひどく進んでいることに気づいた。〈鉄筋が錆びている。早く直してもらわんと、建物すべてを潰さんといけなくなってしまう〉

旧丸正百貨店は、倒産後七年間も誰も手を付けず、ほったらかしの空き家状態となっていた。今すぐ内装工事をして建て直せば何とかなる、その瀬戸際の時期にあった。

このままではいけない。正博は、県や市の役人、関係者と話をしたり、丸正百貨店の現状を見学してもらったりして訴えた。

「なんとかテナントを勧誘してください」

が、それもうまくいかなかった。

ぶらくり丁周辺の会社や店舗に融資している紀陽銀行の担保力は年々落ち込み、銀行もピンチに陥っていた。そのあたりの事情もすべて承知している正博は、商工会議所の会頭として覚悟した。

〈ぼくはもう、この件から逃げられへんな……〉

「濱口梧陵になって、再建してくれ」

旧丸正百貨店とぶらくり丁の再開発は、いくら地元のためとはいえ、正博もそう易々《やすやす》と承諾できるものではなかった。上場企業である島精機が直接購入することはできず、和代が代表を務める和島興産が買うしかない。

しかも、こうした話は今回が初めてではなかった。平成十七年（二〇〇五年）、高野山麓の紀伊高原カントリークラブ（現・紀伊高原ゴルフクラブ）を金融機関の要請で買い取った。「外国資本にでも買われたら、従業員はどうなってしまうか……」と懇願されては無視することもできない。この時も、和代を巻き込んで和島興産が買い取る形にした。

正博が和代に丸正百貨店の話をすると、案の定反対された。

「わたしのこと力持ちだと思っているかも知れないけど、あんな大きなものを持ち上げられません！無茶苦茶しないで！　いくら和歌山のためといっても、無理なもんは無理や」

七十歳を目前とし、健康不安もあった和代にとって、あまりにも負担の大きな話だった。

正博は何とか説得しようと和代に迫った。

「島精機は上場してるよって、丸正百貨店の再建をするわけにはいかん。和島興産で引き受けてくれんか。濱口《はまぐち》梧陵《ごりょう》になって」

「稲むらの火」で知られる濱口梧陵は、紀伊国有田郡広村（現・和歌山県有田郡広川町）の醤油醸造業ヤマサ醤油の当主だった。安政の大地震の際に起きた津波を広村（現・広川町）の村人たちに知らせるため、高台にある刈り取った稲すべてに火をつけて広八幡神社に誘導したという逸話がある。

津波被害が出た後も、濱口は防災と村民救済のため、堤防造築という大事業に乗り出す。

正博は濱口梧陵の名前を出して説得しようとしたが、和代は応じなかった。

「そんな偉人さんと同じ立派なことが、わたしにできるわけないやんか！」

が、市も必死だった。結局、和代は周囲の説得に根負けする形で引き受けることになった。

平成十八年（二〇〇六年）六月二十二日、和島興産は旧丸正百貨店の再生計画を発表した。

正博と和代は、夫婦げんかをしながら旧丸正百貨店再建に取りかかった。早くどうにかしないと、中心市街地は壊滅状態に陥ってしまう。正博が頭をひねった結果、温泉を掘ることを思いついた。

〈温泉に入って、美味しいものを食べる。そんな場所にしよう〉

試しに専門家に調査してもらうと、「絶対に温泉が出る」と太鼓判を押された。資金一億円は和島興産の持ち出しであったが、出ると分かった以上はリスクもなく、ただ掘るだけでいい。

今まで「工事の音がうるさい」と文句を言っていた近所の住人も、温泉を掘ると聞くと態度が変わった。文句は出なくなった。

正博の目論みは当たり、地下一千五百メートルまでボーリングをおこなった結果、医療用にも使える関西で一、二を争うほど良質の温泉を掘りあげた。ここまでに一年かかった。

丸正ビルの内部は全面的に改装され、温泉施設のほかに食品スーパー、レストラン、博物館、などを備えた商業施設「フォルテワジマ」となることが決まった。

平成十九年（二〇〇七年）十月二十五日、複合施設「フォルテワジマ」がオープンした。

丸正百貨店の経営破綻の原因の一つとなった駐車場は大幅に拡張され、三百十五台分を確保。七階建てのフロアのうち、とりあえず一階の食品スーパー「フォルテ食品館」と、地下一階の「天然温泉ふくろうの湯」が開店となった。

食品スーパーは和代が必死になって誘致したが、倒産した丸正百貨店のイメージが強く誘致に失敗。和代はやむなく慣れない食品小売業にも進出して和島興産直営の店を出した。

その後、大学キャンパスの中心市街地へ招致するため、和歌山大学やプール学院大学を入居させてカレッジ・オフィスフロアを開設。残念ながら予算の関係でキャンパス設置は断念せざるを得なくなった。

その代わりに平成二十年（二〇〇八年）八月二十一日から、昼間は学生が利用し、夕方以降は市民の講座や勉強会などをおこなう和歌山大学サテライト本部を六階に設置することになった。

創業四十周年記念イベントにイタリアからモデルを呼ぶ

平成十四年（二〇〇二年）年四月、和歌山で開催された島精機製作所創業四十周年記念イベントも、大掛かりなものになった。地元和歌山から世界へ発信するという思いで、本格的なファッションショーとパーティを同時開催したのだ。招待客と社員合わせてパリの時と同じ二千人規模になった。

当初は世界のスーパーモデルを招くつもりだったが、前年の米同時多発テロによるリスク懸念で出演料が急騰。そこで急きょイタリアのミラノでファッションモデルを公募し、応募者二百五十人の中から二十五人を選んで来日させた。

トップモデルはショーでのカメラ撮影禁止が一般的だが、モデルの卵たちは撮影自由だった。パーティでは南紀勝浦《なんきかつうら》で獲れたマグロの解体ショーなどで大いに盛り上がった。

平成十五年（二〇〇三年）七月には、ヨットレースの最高峰、アメリカズ・カップを獲得したヨット選手ラッセル・クーツの来日を記念し、第一回の「島精機カップ」が和歌山県の景勝地である和歌浦《わかのうら》で開催された。島精機製作所は、特別協賛という立場である。

以来、島精機カップは毎年開催され、和歌山の秋の名物クルーザーレースとして定着し、平成二十四年（二〇一二年）は島精機創立五十周年、島精機カップ開催十周年の記念すべき年になった。

太陽光発電を初期に導入

平成十四年（二〇〇二年）から島精機製作所は、各工場に大規模な太陽光発電システムを導入し、エネルギー使用量の削減を推進し始めた。

工場の屋根にはびっしり太陽光パネルが敷き詰められた。グループ総出力で約一千九百七十キロワットの太陽光発電システムが稼働し、工場内で使用する電力の一〇％の削減を目指し、自然エネルギーを創出している。年間約五万本の杉の木の二酸化炭素の吸収量に相当する発電量を太陽光で確保した。

経営の師、死す

平成十七年（二〇〇五年）三月四日、正博が経営の師と仰ぎ続けた、元森精機製作所社長の森林平が呼吸不全のため奈良市の病院で死去した。八十三歳だった。

葬儀委員長は正博が務めることになった。すると出席した金融機関などが不思議がった。

「どうして、島さんが葬儀委員長なんです？」

正博は、森林平との出会いから、ずっと語って聞かせた。本当に長年お世話になった、温かく頼りになる人だった。

本物のオペラを和歌山に

平成十七年（二〇〇五年）七月、イタリアからオペラの歌劇団が来日した。愛知万博「愛・地球博」のイタリア館主催イベントで、イタリアを代表するオペラ作曲家・プッチーニの「蝶々夫人」が披露されることになった。

万博会場の照明デザインを担当した石井幹子が、「せっかくの機会だから、日本の子どもたちに本物を見るチャンスをあげたい」と、和歌山市民会館でもオペラを上演してもらう手はずを整えてくれた。

まずは正博がオープンしたフレンチレストラン「ラ・ヴェランダ」で、ゆっくり食事をして旅の疲れを癒やしてもらうことになった。この時、歌劇団のピアニストがレストランに設置したピアノに触れたことをきっかけに、オペラが始まった。

ちょうど花火大会の日で、話を聞きつけた和歌山県知事や和歌山市長もレストランに駆けつけた。和歌山市民会館には、高校生を含めた一千二百人ほどが集まり、本物のオペラに触れる機会を得た。

稀有な教え子

正博が中学一年生の時に担任を務めた若林司郎はその後も桐蔭高校などで教鞭をとり、近畿大学付属高校で定年を迎えた。

「ワカバン先生」の呼び名で親しまれた名物数学教師となり、生徒が質問をすると「わからん〜？わかれ！」と一喝するのが決まり文句になっていたという。

島精機の社員に桐蔭高校出身者がおり、若林がその社員に案内されて工場見学をした際に、「あれ、先生！」と正博から声がかかった。もう何十年も前に教えたのに、よく覚えていてくれたものである。

若林は思う。

〈島くんは、本当に人間的に成長した。顔に険《けん》がまったくない。それは凄いことや〉

話のしかた一つとっても、広く深い人間性がうかがえる。秀才に多い、相手をやり込めて快感を得るような部分は一切なかった。

正博ほど社会的に成功した生徒も、なかなかいなかった。若林は近畿大学付属高校を定年で辞めた後も、非常勤講師となり、七十歳まで務めた。五十年近く接してきた何千人という生徒の中でも、正博は稀有《けう》な存在だった。

「絶対に、和歌山から出て行きません」

和歌山県知事の仁坂吉伸は、昭和二十五年（一九五〇年）十月二日、和歌山県和歌山市に生まれた。和歌山大学教育学部附属小学校、中学校、和歌山県立桐蔭高等学校を卒業後、東京大学経済学部に入学した。

東京大学卒業後の昭和四十九年（一九七四年）に通商産業省（現・経済産業省）に入省。経済企画庁長官官房企画課長、大臣官房審議官（通商政策局担当）、製造産業局次長などを歴任し、平成十五年（二〇〇三年）七月から外務省に転じて駐ブルネイ大使を務めた。

平成十八年（二〇〇六年）十二月十七日、仁坂吉伸は和歌山県知事選に出馬して初当選した。

着任したての仁坂は、和歌山県商工会議所会頭である島正博に初めて会い、挨拶した。

「島会頭、これからお世話になります」

仁坂はむろん、正博の名前とこれまでの実績を知っていた。和歌山県人であれば、島正博の名前を知らない者はいない。仁坂は島のえびす顔にたちまち心を開き、初対面の垣根を越えて、本音で語りかけた。

「島さん。これからどれだけ会社が大きくなっても、和歌山から出ていかないでくださいね」

経済産業省の官僚だった仁坂は、大きく成長した地方の企業の多くが東京へ移転してしまうことを知っていた。大阪のような大都市に本社をもつ企業でさえ、なぜか東京へ行ってしまう。これは日本ならではの、特異な現象のひとつだった。だから、島精機も東京へ本社を移してしまうのではないか、とまず心配したのだ。

が、その心配は杞憂だった。正博は力強く答えた。

「絶対に出て行きません」

仁坂はホッとした。

〈ああ、やっぱり「世界のシマセイキ」や……〉

海外では、日本のような特異な現象はほとんど見当たらなかった。例えばアメリカの大企業の本社は各州に散らばっており、ワシントンを目指すようなことはない。地元に本社を置いたまま各所に支店を置き社員を配置して、世界へと羽ばたいていく。まさに、正博のこれまでの経営のあり方がグローバル・スタンダードであり、一般的な経営のあり方だった。

仁坂の心配も無理からぬことであった。東京本社を構える動きは実際に起こっていた。

和歌山県には島精機製作所のほかに、写真一時間仕上げを実現した「ミニラボ」で世界シェアを獲得したノーリツ鋼機も本社を置いていた。一九八〇年代に、島精機と共同でヘリコプターを購入した会社である。

が、二〇〇〇年代以降、デジタルカメラの普及によりフィルム事業を主とするノーリツ鋼機の業績が悪化。

平成二十七年（二〇一五年）についに創業の地である和歌山市から東京都港区に本社を移転した。

現在は写真関連機器などを生産するノーリツプレシジョン本社などの元関連会社がいくつか残っているだけとなる。

仁坂の父親の仁坂幸夫は、実はニット製造会社「広南メリヤス」を営んでおり、島正博と同じ業界人だった。

広南メリヤスは正博が製造していた横編機ではなく、丸編機のアンダーウェアなど生地を大量生産方式で作るメーカーであった。

幸夫は商売だけでなく、和歌山メリヤス工業組合副理事長も務めたほか、青葉テニスクラブを設立するなど、スポーツや文化を中心に地域への貢献活動も積極的だった。

その息子である仁坂自身は違う道へ進んだが、業界に理解が深い。正博にとっても、仁坂が知事に就任したことはありがたかった。

地域経済の柱

和歌山県のおもな産業は製造業では鉄鋼業と石油製品、化学品で、出荷額の七〇％近くを占めている。残りの三〇％が機械や繊維、木材などで、その主要企業が島精機製作所である。

もちろん製造業以外にも企業はある。例えば、スーパーなどを展開する「オークワ」は、令和二年（二〇二〇年）二月現在、二千六百五十一億円で売上高第一位、二位が紀陽銀行の七百四十一億円、第三位が島精機製作所の五百十四億円となっている。

世界のシェアのほとんどを島精機の機械が占めているものの、市場規模が小さいため売り上げはさほど大きくはない。もし、正博が少年時代に自動車など巨大市場を選択していたら、売り上げは十倍、百倍になっていたとしても不思議ではない。

和歌山県には、正博に続くグローバルニッチトップ企業が多数存在する。これは島精機のように規模が小さく、大企業がターゲットとしていないニッチ（隙間）分野に特化することで、国際市場において競争優位を確保する超優良企業を指している。

和歌山県知事の仁坂吉伸は、和歌山の風土の中に物作りに適したものがある、と見ていた。もともと和歌山県は、重化学工業が伸びたおかげで戦後の焼け野原からの復興をいち早く成し遂げた。また戦前からの繊維や木材産業も復興を後押しした。さらに機械電子部品などがこれに続くという構造だ。近年、繊維や木材は伸び悩んでいるものの、精密機械や電子部品などが製造業の主流となり、今も地元経済を支えている。

「困った時の島頼み」

和歌山県知事の仁坂吉伸は思った。

〈島さんの人柄は最高だ。あんな素晴らしい人物はいない〉

正博は、手袋の製造から始めて業界世界トップまで一代で上り詰めた天才起業家であり、勤勉家だ。仕事の内容も濃くまさしく「天才」そのものである。その勇気と覚悟、気力、忍耐力、集中力、記憶力、将来を見通す先見性を備え、そして何より経営者としての判断、決断力が優れている。

体力も超人的だった。昭和三十九年（一九六四年）の倒産危機の際、一週間寝ずに開発に取り組んだ話を聞いて、心底驚いた。

〈そんなの人間業《わざ》じゃない！〉

仁坂は経産省の官僚時代に、三日間徹夜して働いた経験があった。

昭和五十七年（一九八二年）、日本、アメリカ、カナダ、ヨーロッパの貿易担当大臣が通商問題について幅広く意見交換を行う「第一回四極貿易大臣会合」がアメリカのフロリダ州で行われることになった。当時の通商産業大臣は安倍晋太郎《あべしんたろう》（安倍晋三《しんぞう》元総理の実父）である。

外務省ではなく、経産省だけで仕切る初めての国際会議だった。この時、通商政策局総務課の次席課長補佐だった仁坂がこの会議の段取りの責任者となったのだが、課長以下は二人しかいない。人員不足をカバーするため、会議の直前の三日間は寝る間もなく駆け回って準備を進めていった。

〈あれ!?　口が思うように動かない……〉

仁坂は、自分でも呂律が回っていないことに気づいた。周囲からは「仁坂発病説」が流れたほどで、人間は三日寝ないとこうなるのだという実体験があった。

自分は三日で身体も頭も機能停止状態になったというのに、正博は一週間徹夜したという。天才というだけでなく、驚異的な体力と精神力を持ち合わせているとしか言いようがなかった。

それなのに偉そうな態度を取らず、顧客のため、地元のため、人のために懸命に尽くすことも忘れない。

だからみんなが正博を頼りにする。典型的だったのが、和歌山の中心市街地の衰退に歯止めをかけようと、閉店した旧丸正百貨店ビルを取得して、複合商業施設「フォルテワジマ」として再生させた件である。仁坂が知事に就任する半年ほど前に、和島興産が丸正百貨店を買収していた。旧丸正百貨店ビルの復興は、誰もが敬遠していた。むろん正博も自ら進んでやりたいと思ったわけではなかった。が、大橋建一《おおはしけんいち》和歌山市長から懇願され、生来の親切心と責任感から引き受けてしまったのである。そして正博は、和代に「おまえがやれ」と頼む。和代もまた断り切れず、一生懸命再生に努めていた。正博は、妻に対する気安さから、周囲の整備や説得などをすべて和代任せにしてしまっていた。

仁坂知事は、和代が走り回る姿を見て心底気の毒だと思った。

〈これはわれわれが甘え過ぎだ。本当にいけないことだ。「困った時の島頼み」は、もう止めよう〉

上場企業社長の裏話をラジオで暴露

平成十八年（二〇〇六年）十月、毎日新聞系列の和歌山放送で、毎週日曜日午後二時からのラジオ番組「ホエール和代のワンダフルわ〜るど」が始まった。

ホエールは和代の「鯨のように大きい身体」と「吠える」をかけたもの。和代の相方を務める小林睦郎アナウンサーとともに、毎回ゲストを招いたトーク番組であった。陶芸家の坂田甚内が和代のおしゃべりを気に入り、和歌山放送の中島耕治社長に推薦し声がかかったのだ。

ラジオのパーソナリティの仕事だけでなく、番組スポンサーになることも条件だった。ラジオ番組では、週に一度必ず聴取者を引きつける面白い話をしなければならない。お金をもらうのではなく払って、話のネタ探しからするとなると、どうにも割に合わない。が、フォルテワジマのＰＲには確かにもってこいだった。人のいい和代は、断り切れずに引き受けることになったのだ。

フォルテワジマについて、和代は〈さぞみんなに喜んでもらえるだろう〉と思っていた。ところが、人々が「金持ちの道楽」程度にしか見てくれないことを知ってショックを受けてしまった。

平成十九年（二〇〇七年）に和歌山市の中心市街地活性化計画の一環として、国土交通省の「暮らし・にぎわい再生事業」補助金が国、市、県から計六億円出たことで「金持ち優遇」との批判が出たのである。

金持ち優遇どころか、苦労ばかりで大赤字覚悟の事業である。右から左に仕事を丸投げし、中抜きする業者とはまったく違う。

もちろん理解者も数多くいた。和代は県知事や市長、地元議員などに可愛がってもらい、励ましてもらった。

「和歌山がより良くなるよう、がんばってください」

和代はぶらくり丁までの移動手段に原付バイクを利用しようとしたが、島精機の総務が真っ青になって止めた。

「絶対、やめてください。それやったらタクシーを使ってください」

いくら気さくな性格とはいえ、東証一部上場企業の社長夫人である。和代はやむなく総務の言うことに従った。

そうした苦労を抱えながらも、ラジオ番組では楽しい話題で楽しんでもらわねばならない。が、和代がいくら話し上手で人脈が広くても、芸人でも噺家《はなしか》でもなくネタは尽きる。その埋め草として、正博の失敗談を披露した。

和代は日ごろのストレス解消のため、「うちのお父ちゃんはね」とどんどん正博の裏話を暴露した。自分が体験したことに加え、噂話までしゃべってしまうので、全部バレてしまう。

上場企業の社長である亭主の悪口は、リスナーに大いに受けた。正博も島精機の役員たちも、ハラハラさせられることがたびたびあった。さすがに和代も気兼ねして「お父ちゃん、あれで怒らへんか？」と正博に訊《き》いてきたこともあった。

これまで和代は心から楽しんで、さまざまな事業をこなしてきた訳ではなかった。が、「楽しまなければやっていられない」という心意気だった。それでラジオで言いたい放題となる。

ゲストには、福岡ソフトバンクホークス会長の王貞治《おうさだはる》、西武ライオンズ元監督で和歌山出身の東尾《ひがしお》修《おさむ》、レーシングドライバーの片山《かたやま》右京《うきょう》といった有名人に加え、和歌山大学の教授、地元企業の社長、島精機の社員、地元小学校の校長、自社で運営するレストランの店長やソムリエらを迎えた。

さらに、和歌山商工会議所女性会の会員で和代と仲良しの川野富貴子と宮田栄子の二人が加わった「ホエール三姉妹」が準レギュラーとなった。

次のゲストは誰にしようか、と困った時には、正博に声がかかった。正博は番組出演中、差し障りのない話題として、毎月通っていたイタリアやワインの話をよくした。

すると和代が、すかさず割り込んでくる。

「あんた、わたしが苦しんでいる時に、ええ格好ばっかり言ってる」

せっかくの話を混ぜっ返されるが、リスナーはそうした夫婦の会話を聞くのが、また面白くて評判となる。地元の人は毎週楽しみにして、よく聴いてくれていた。

和代が忙しいと、正博の怒られる回数は減る。悪いことばかりではなかった。

ラジオ番組は、平成二十四年（二〇一二年）まで六年間、三百回ほど続いた。

竹中平蔵が語る「和歌山の地の利」

慶應大学名誉教授で、人材サービス「パソナグループ」取締役会長をはじめ、多数の肩書きを持つ竹中平蔵《たけなかへいぞう》は、昭和二十六年（一九五一年）三月三日、和歌山市に生まれた。

昭和三十九年（一九六四年）四月、竹中は、正博の母校である和歌山市立西和中学校に進んだ。当時は島精機製作所が設立されてまだ三年目。竹中は中学の先輩に島正博がいたことも、島精機製作所という会社が和歌山市内にあることも知らなかった。

その後、竹中は進学校の和歌山県立桐蔭高等学校に進んだ。隣のクラスには、のちに和歌山県知事となる仁坂吉伸がいた。

仁坂は育ちの良さを感じさせる穏やかな性格で、蝶の収集家として知られていた。

竹中は、仁坂が「蝶を探しに台湾まで行ってきた」という話を聞いて驚いた。当時、地方都市に住む若者が、趣味で海外まで行くといった話はかなり珍しかった。仁坂は嫌味な雰囲気のない、まっすぐな性格の〝いい奴〟であった。

和歌山は大阪に近い。距離にして六十キロ、自動車や電車に乗れば一時間で着いてしまう。子ども時代の竹中がそれを実感していたのは、テレビのチャンネル数の多さだった。他の地方都市の場合、

NHKと民放二局の視聴が平均である。ところが和歌山の場合、大阪の電波が飛んでくるので、民放各局すべてを視聴でき、それが当たり前だった。大阪という大都市圏内に住んでいて流行や情報に敏感でいられるし、江戸時代の城下町である和歌山には和菓子の老舗なども存在し、伝統文化も残されている。

自然にも恵まれており、海に面していて地の魚が美味しく、紀ノ川があるので水に困ることもない。さらに松下電器産業、三洋電機、シャープを御三家とする関西電器メーカーのおかげで行政も潤っており、就職先に困ることもない。和歌山出身の松下幸之助のように「大阪に出て一旗揚げる」といった志を抱いた若者も、すぐに行動に移せる立地条件にある。

ところが恵まれているがゆえに、全国の地方にある「頑張らないと取り残される」という危機感が、和歌山市では希薄だった。同じ和歌山県でも南部の田舎のほうへ行くと、健全な危機感があった。竹中は成長するにつれ、故郷のそうした特徴を少しずつ肌で感じるようになっていった。

竹中が中学生の頃、和歌山市には竹中が通う西和中学校のほかに、伏虎《ふっこ》中学校というマンモス校があった。両中学校は、生徒数や進学率などでよく比較されるライバル校同士だった。が、和歌山市内の人の流れと同様、学生の数は時代とともに減少していった。

和歌山市中心地の人通りに陰りが出始めたのは、昭和五十五年（一九八〇年）ごろからである。中心地の賑わいは少しずつ郊外に拡大していき、南は新宮《しんぐう》、北は大阪・堺《さかい》あたりまでを商圏とする近代的な広域型のショッピングセンターが形成されていった。さらに地価の高騰などによる中心市街地の人口減少、郊外のニュータウン新設、相次ぐ郊外型大規模集客施設の出店により、中心商業地は徐々に衰退。都心部から郊外へ無秩序、無計画に開発が拡散していくスプロール現象が和歌山市でも起きたのだ。

その影響で子どもの数も減り、中学のクラス数も減少した。そして伏虎中学校は、伏虎義務教育学校開校に伴い、平成二十九年（二〇一七年）三月三十一日で閉校となった。代わりに開校されたのが、本町小学校、雄湊小学校、城北小学校、伏虎中学校の四校を統合した和歌山県下初の小中一貫校である伏虎義務教育学校である。

和歌山の危機感の薄さ

昭和四十四年（一九六九年）四月、桐蔭高校を卒業した竹中平蔵は上京し、東京・国立《くにたち》市にある一橋大学経済学部に入学。

当時は大学の学園紛争の真っ只中にあり、東大入試が中止になるという状況だった。

しかし、東京に出たい竹中は迷わず一橋大学を受験し、生まれ育った和歌山を離れることになった。

島精機が有名になった頃、竹中平蔵は初めて故郷の和歌山に島精機製作所という会社があることを知った。そして代表者である正博の経歴を見て、初めて思った。

〈ああ、中学校の先輩なんだ〉

和歌山県内に本社を置く上場企業は少ない。そのため、島精機はあちこちから「頼りにされる」存在となった。旧丸正百貨店の再建をはじめ、さまざまな文化財の維持など、経済的に立ちゆかなくなると頼る先はただ一つ。結局、上場企業である島精機は手を出せないため、島正博社長の妻の和代が代表を務める和島興産がすべて引き受ける結果となる。そんなことが何年も続いた。

十八歳まで和歌山で過ごした竹中平蔵は、日本経済が上向きだった自分の少年時代よりも、経済が低迷している現在のほうがむしろ県民、市民の危機感が薄くなったように思えた。それがさらなる経済の低迷を招き、正博を頼る原因になっている。

竹中平蔵が感じた「島夫妻」の実像

竹中平蔵が、パーティや会合などで正博と何度か会った際、受けた印象は「無口な人」だった。

平成十七年（二〇〇五年）十月末、小泉純一郎《こいずみじゅんいちろう》政権で竹中が総務大臣に就任した後、島精機製作所の工場見学に訪れた際も、正博はひどく無口であったという。

その後、竹中総務大臣は、島和代がラジオパーソナリティを務める「ホエール和代のワンダフルわーるど」にゲスト出演した。

竹中は思った。

〈和歌山放送はローカル局だからスポンサーがつかない。きっと島さんに頼みに行ったのだろうな〉

竹中は、この番組も「何かあった時の島頼み」のひとつだと見抜いていた。実際、和代は慣れないラジオパーソナリティという仕事をしながら、番組スポンサーとしてお金も払わなければならない。和代が楽しんで仕事をし、人気番組となったので結果オーライといったところだった。

この日の番組には、ホエール三姉妹のほか、「わたしも出る」と名乗り出た正博もゲスト出演することになった。

和代を中心に、地元のおばさまたちが関西弁丸出しでトークする楽しい雰囲気だったが、正博はほとんどしゃべらずにただニコニコして頷いている。

すると、和代が言った。

「あんた、これラジオやから、何か喋らなあかんで」

正博はニコニコした表情のまま「はいはい」と受け答えしていた。

竹中は思った。

〈なんともいいご夫婦だなぁ……〉

和代は若い頃、モデルのようにすらりとした美人だと聞いていた。が、目の前にいる和代はふくよかで、まさに肝っ玉母ちゃん。竹中は微笑ましく島夫婦を見た。

〈ああ、島さんにも、近所で評判の美人に夢中になるような青春時代があったのだなあ〉

海外に百拠点展開

島精機は一九六〇年代から海外販売を始め、昭和四十六年（一九七一年）のパリ開催の国際繊維機械見本市（ＩＴＭＡ）で本格的な海外展開を始めた。その後、技術力の確かな代理店に、ユーザーへの技術サポートを任せてきた。

平成十八年（二〇〇六年）、島精機製作所の売上高に占める海外比率の割合が九〇％を超えた。以降、世界の主要産地で代理店販売政策を見直し、直販方式を構築し始めた。

この年の九月、中国の香港市場では、長年代理店を務めてくれたウィン・ウィン社とともに「島精榮榮有限公司」を設立。イタリアでは代理店オルシー社の全株式を取得して「シマ・オルシー社」を設立した。

またアメリカではデザイン・サンプルなどの最新情報を提案し、意見交換と意思疎通を図る場「デザインセンター・オブ・ニューヨーク」を開設。ニット製品の製造販売窓口の機能も果たしている。平成二十年（二〇〇八年）には韓国、スペイン、ポルトガルでも現地法人化を進めた。

現在、島精機製作所の海外拠点は、アジア・オセアニア、ヨーロッパ、北中南米、中近東・アフリカと全世界に約百拠点を設けている。そのため、正博はコロナ禍に見舞われる直前までよく海外出張していた。

大河内記念生産特賞

平成十九年（二〇〇七年）三月十三日、正博はホールガーメント横編機およびデザインシステムを活用したニット製品の高度生産方式の開発を評価され、東京丸の内の日本工業倶楽部会館で、第五十三回大河内記念生産特賞を受賞した。

従来のニット製品は、ニット編地を裁断または成形編みの後、各部を縫い合わせて仕上げをしていたが、このニット製品は縫い目がごわつき、ニットがもつ伸縮性も損なわれてしまうという欠点があった。さらに、縫製工程は、非常に人手がかかるためリードタイムを遅らせ、加えて裁断する際に発生するカットロスなどにより、製品は高コストになっていた。これらの欠点・課題を解決するために、島精機は一九九五年に世界初の無縫製コンピュータ横編機を開発し、縫製作業を不要としたホールガーメント製品を業界に提案することに成功した。
受賞に関するコア技術の特徴は次のとおりである。
一、四枚ベッド横編機
従来の二枚ベッド横編機から世界唯一の四枚ベッドタイプにより、二枚ベッドでは不可能であった繊細な製品が可能になった。
二、スライドニードル
約百五十年続いたベラ針と呼ばれる編み針を変革したスライドニードルの開発により、編み方のテクニックは六種類から十二種類に増え、それらを組み合わせると百四十四通りの編み方に対応でき、デザインバリエーションが大幅に拡大し、体の線にフィットする立体表現が可能になった。
三、デジタルステッチコントロールシステム（DSCS）
この制御システムは糸の消費量を制御し、所要のサイズ、形状になるように編む装置であり、従来の縫製品では編地の約三〇％以上あったカットロスがホールガーメントでは皆無となった。
四、コンピュータによるデザインシステム
アパレルメーカーにホールガーメントを普及するために開発されたデザインシステムにより、バーチャルサンプルが可能となり、デザインに要する時間を大幅に短縮するとともに洋服と同等な三次元の洗練されたシルエットのサンプルが提供でき、世界のトップブランド企業をサポートし、顧客として獲得できた。

ホールガーメントの万能さ

平成十九年（二〇〇七年）、島精機製作所は、ホールガーメントの立体表現を可能にした三次元デザインシステム「SDS-ONE　APEX（エーペックス）」を開発した。高精細なバーチャルサンプルにより、商品開発プロセスのデジタル化・最速化を実現したものである。

現物サンプルの場合、糸の手配、編成データ作成、編み立て、仕上げ、梱包・発送を行わねばならず、完成までに同じ作業を何度も繰り返す場合がある。実際のサンプルがなくても製品の比較検討が行えるし、全サイズ、全色揃えて比較検討してもらうことも容易で、遠隔地へデータを転送することもできる。APEXのバーチャルサンプルによって、サンプリングにかかる時間や素材、コストを大幅に削減できるようになった。

ホールガーメントの凄さは、帽子、靴、ネクタイ、スカーフ、手袋、エレガントなイブニングドレスといった多岐にわたるファッション分野にとどまらず、産業や医療・介護関連、スポーツウエアやシューズなど、さまざまな物を継ぎ目のない製品として仕上げることが可能なことである。

サージカル（医療用）ストッキングでは着圧度を変えることで、リンパ浮腫（むくみ）の改善や血流を良くするなど、病気や体調不良で困っている人を助けることができる。また工業用樹脂製品の母材（インナー）をホールガーメントで作れば、自動車などの軽量化も実現する。飛行機の座席作りの研究も進んでいる。カバーではなく、座席そのものを三次元でニット形成すると軽量化が可能となる。

「宇宙服」開発

平成十九年（二〇〇七年）、島精機に依頼が入った。

「宇宙船内で使う普段着をつくってほしい」

宇宙航空研究開発機構（ＪＡＸＡ）では〝宇宙への参加を容易にする仕組み〟を実現する施策として「宇宙オープンラボ制度」を実施していた。その共同研究テーマのひとつに、より快適な宇宙船内用日常服に関する研究があり、ホールガーメント横編機の革新的技術を持つ島精機が参加することになった。

宇宙空間では微小重力の影響によって体内水分の移動に伴う体型変化や、背中が少し丸くなる姿勢の変化が起こる。こうした環境変化に対応可能なシルエットと運動性、低負荷性を兼ね備えた衣服の開発が求められてきた。

また、宇宙空間ではシャワーなどで水を使うことは制限されているが、筋力維持のため器具を使った運動などは必要とされ、汗をかく行為は避けられない。そのため、日常を健康で快適に過ごすには着用する衣服にも対応が求められていた。

今回の軌道上試着によって得られるデータとノウハウは、厳しい宇宙環境に対応するだけでなく、ホールガーメントの特性である人にやさしいニットウエアのさらなる質的向上にも役立つことは間違いなかった。

ホールガーメントは縫い代が不要な分、全重量の五％程度を軽減できる。そのため、従来なら三着しか宇宙船に持ち込めなかったものが五着許されることになった。

ホールガーメントには宇宙服にふさわしいさまざまな特長と長所があった。縫い代による突っ張り感や肌への刺激がなく、着心地が良く動きやすい。縫い代がないので編地本来の伸縮性を保持しており、宇宙での体液の移動による体型変化によく追従する。宇宙空間で起こりやすい縫い代の糸切れ、ほつれが起こらない。縫い代がないので糸くずが発生しない。

運動着には、背中、脇下に、編み組織によるメッシュ構造を設け、発汗時の蒸発を促す。靴下は、保温性能を持たせるように足裏部分を厚くする。抗菌・防臭・吸水など、アイテムの使用目的に応じて加工することもできる。

平成二十年（二〇〇八年）三月十一日（日本時間十五時二十八分）、アメリカ・フロリダ州NASA（米国航空宇宙局）ケネディ宇宙センターから、スペースシャトル・エンデバー号が打ち上げられた。

このミッションでは、土井隆雄《どいたかお》宇宙飛行士は、搭乗運用技術者として搭乗し、国際宇宙ステーションに「きぼう」船内保護室やカナダ宇宙庁が開発した「デクスター」（特殊目的ロボットアーム）を取り付ける作業を行った。

国際宇宙ステーションから帰還した土井は、ホールガーメント横編機でつくった無縫製の船内着について「最高の着心地だった」と感想を述べた。環境負荷が小さいことが、NASAはじめ関係者の注目を集めたのである。

平成二十二年（二〇一〇年）四月二十日にフロリダ州NASAケネディ宇宙センターから日本時間二十二時八分に山崎直子《やまざきなおこ》宇宙飛行士が搭乗したスペースシャトル「ディスカバリー号」が打ち上げら

れた。山崎もホールガーメントの普段着を宇宙へ持って行き、十五日と二時間四十七分にわたるミッションを行った。

山崎は親交のあるデザイナー芦田多恵《あしだたえ》にデザインを依頼した。

その後、「宇宙服は島精機のホールガーメントに限る」ということになり、良い宣伝になった。

スポーツシューズも編むホールガーメント

また、スポーツシューズにもニットが採用されるようになった。平成二十四年（二〇一二年）のロンドンオリンピックで、ナイキのニット製シューズ「フライニット」が採用されて以降、大手スポーツブランドは相次いでニットによるシューズの開発を始めた。

島精機製作所は、イタリアのサイクリングシューズブランド「ディアマント」と協力体制を確立。平成三十年（二〇一八年）にイタリアの自転車競技選手チャンピオンのエリア・ヴィヴィアーニの協力のもと、ロードバイク用サイクリングシューズ「KR1」を開発した。

このシューズは、島精機のホールガーメント横編機「SWG091N2 15G」で編まれたものである。アッパー全体に3Dニットを採用し、シューズ内部に補強を施すことで、柔らかく足を包み込むソックスの様なフィット感を実現した。

「ギブアンドギブン」の精神

正博の中学時代の恩師で明光電機社長の谷崎博志は、島正博の妻の和代とも親しくしていた。

島家へお邪魔すると、和代はいつも三人、五人と人を集めては何かをしていた。和島興産の社長であるし、長年にわたり商工会議所女性部会の会長も務めている。

〈組織のリーダーとしての役割をいつも負っていて、和代さんも大変やな〉

谷崎はそう思ったが、和代は立派な体格も手伝って、いつ見てもそれは元気そうだったという。

谷崎の経営する明光電気は全盛期で社員三十人。あちこちの工場へ出張っていく仕事なので、三十人で回せるだけ回し、それ以上忙しくなれば下請けに頼んだ。雇用は最低限に抑えて固定費を減らさなければ、とてもやっていけなかった。

谷崎は、男の人生は「運、能力、人様からの支援」の三つで決まると常々思っていた。独立して汗をかくうちに、いろいろな人から多くの支援をもらうようになり、会社が安定してからは人を支援する側に回るようになった。正博の言う「ギブアンドギブン」の精神と、基本的には同じである。

谷崎は、正博から誘いを受けた。

「奥さんと一緒にモーターボートに乗りに来ませんか？」

和歌浦から出発し、淡路島の洲本《すもと》市までボートで行った。

和代は豪放磊落《ごうほうらいらく》で男性的なところがあった。この日も、大声でワッハッハと笑っていた。

谷崎は思った。

〈和代さんもだいぶ苦労されたんやろうな。おれも、会社を立ち上げた頃は家内にずいぶん苦労をかけた〉

谷崎夫妻にとって、この日はとても印象深く思い出に刻まれた。

ハヤブサが生息する「島精機の迎賓館」

平成二十二年（二〇一〇年）、南風荘が老朽化したため、和歌山市十番丁にあるＷａｊｉｍａ十番丁ビルに、研修センターを移転させた。

最上階となる十四階にはフレンチレストラン「ラ・ヴェランダ」をオープンしており、島精機の迎賓館《げいひんかん》的な役割を果たすようになった。

店内は雰囲気と景色が素晴らしく、広い窓から周辺をぐるり見渡せるようになっている。夜はライトアップされた和歌山城が目の前に浮かび上がり、まるで額縁に飾られた絵のように美しい。

店内のタイルも借景に合わせて特注でつくらせた。和歌山県外からのお客さんをもてなす時は、特に喜ばれる。

「ラ・ヴェランダ」のシェフ野地聡は、フランス料理が専門。フランス料理のシェフとして名高い吉野建が経営するパリ凱旋門近くの「ステラ マリス」で修業を積んできた腕前の持ち主である。

正博は「ステラ マリス」で食事をした際、野地の腕前にすっかり惚れ込み、日本に帰国すると聞きつけてさっそく野地に尋ねた。

「里は、どこですか？」

「九州です。里へ帰る予定です」

「ちょうど和歌山でレストランを建設中で、もうじき完成するので、ぜひうちに来てください」

それ以来、野地はずっと「ラ・ヴェランダ」でシェフをしてくれている。仁坂吉伸知事も野地のファンで、月に一、二回は来店して贔屓《ひいき》にしてくれている。

店内には、大きいものは高さ三十メートルにもなる巨木ハリギリ（針桐）でつくられた一枚板のテーブルが横たわっている。四国からのもので、テーブルを入れる際に「こんな巨木はもうないので、これが最後の一枚です」と言われた。巨木のテーブルを使用するのは日本だけなので、海外からの来客に驚かれることが多い。

店内には、崇高な美しさで世界の人々を魅了している高級なバカラのグラスなどが惜しげもなく飾られている。

バカラグラスはフランスのロレーヌ地方にあるバカラ村で、ルイ十五世の認可のもと一七六四年に誕生したものである。フランスの王室はもちろん、イギリス王室や日本の皇室といった世界中の王室や皇室に愛用されるブランドである。

正博が自分の趣味で購入したものではない。自宅に少しの間置いて楽しんだ後、みんなの目に触れるところに置く。本物の芸術品を間近で見ることで、感性を養ってもらうことが目的である。

建物周辺は自然が豊かで、近くにハヤブサが住み着き毎年卵を産んでいる。令和二年（二〇二〇年）で十二年連続となった。正博の誕生日に一個目の卵を産み、姿を見せてくれるなど、まるで正博に懐いているかのような出来事が何度も起きた。

ヒナは成長し巣立つものの、夜は同じ場所に寝に戻ってくる。七月くらいまでは、飛ぶ練習をしている可愛い姿を楽しむことができる。

野地シェフは最初、ハヤブサだと知らず「知らない鳥がいる」と思っていたが「ハヤブサは絶滅危惧種。エサやりは罪になりますから控えてください」と注意されてしまったという。

やはり自然のままにして、人間の手を加えてはいけないらしい。それからは見守るにとどめているが、幸いハヤブサはこの場所が気に入ったらしく、ずっと住み続けてくれている。母鳥がもっとも人間に懐いている様子で、ハトやムクドリなどを捕食して元気に過ごしている。

ここには、大切な顧客を受け入れるのに申し分ない環境が揃っていた。

今後は、海のない国からの来客のために、街中だけでなく海辺に宿泊してもらうプランも検討している。

人がつながるサービス

製造会社にとって、高額で購入する機械は大切なパートナーである。いつも元気で故障もせず長時間働いてくれ、仕事の質も良ければ最高である。この機械がなければ商売にならないと実感すれば「もう一台買おうか」という話になる。島精機の研修の良さは、きめ細やかなもてなしや研修・宿泊施設の素晴らしさ以上に、正博が直接お客さんに技術指導することにあった。

お客さんが研修できちんと技術を身につけてくれれば、簡単な修理なら自分でできるようになる。するとさらに機械への愛着が湧き一体感も得て、さらに喜ばれる。

アフターサービスで島精機の担当者が修理に行く際も、機械をいじった経験があるお客さんなら「こっちの部品は外しやすいけど、こっちは外しにくい」といった話になる。すると担当者が外しやすく改良をする。そうしてさらに使いやすく修理しやすい〝愛機〟となる。

購入者が「ここは自分で修理したんだ。できないところはすぐにサービススタッフが飛んできてくれてよく教えてくれる」と自慢すれば、それを聞いた人が「そんなに良いなら、自分のところでも使ってみようか」となる。

金儲け主義が蔓延《まんえん》し、新たな心の時代を迎えた今、こうしたやり取りやサービスが売り上げにつながっていくのである。

世界初の博物館

平成二十一年（二〇〇九年）四月四日、ニットとおもちゃを融合させた島精機の世界初の博物館「フュージョン・ミュージアム ニット&トーイ」がフォルテワジマ三階にオープンした。

これは平成二十年（二〇〇八年）春に開設した編機博物館「ニット・ミュージアム」をリニューアルしたものである。横編機やニット産業の歴史を広く伝え、ものづくりの面白さを知ってもらうため、島精機本社にあった施設を移したものである。

また、おもちゃコレクターの北原照久《きたはらてるひさ》が提供するコレクションも並んでいる。

館長は藪田正弘、館長代理は池田豊。藪田は島精機の中でもっとも古参である。半世紀以上も前からの島精機の横編機と、世界最古の編機を操れる唯一の人物だ。

筆者を案内しながら、藪田は言う。

「編機のメーカーですから、動かせなかったらちょっと格好が悪い」

館内で最初に出迎えてくれる機械は、イギリスの牧師ウィリアム・リーが開発した靴下編機を改良し、一八三〇年に製造されたものである。

一五六三年に生まれたリー牧師は、妻が内職として靴下の手編みをしていたことから、機械化の研究を始めた。一五八九年に世界で初めて「足踏み式靴下編機」を開発。メリヤス工業市場もっとも革命的な発明であった。その後、二百五十年ものあいだ愛用され続けてきた。世界中でオリジナルが数台しか残っていない貴重な編機であるが、フュージョン・ミュージアムに展示されている機械は今も現役で動かすことができる。

年代順に横編みや吊り編みといった世界の編機や織物、ニット製品が展示されている。いよいよ、昭和二十八年(一九五三年)正博が十六歳で最初に開発した「二重環かがりミシン」が登場する。そこから島精機の年代ごとの機械がずらりと展示され、その歴史をリアルに感じ取れた。

体験コーナーでは、自分でデザインしたオリジナルニットを編みあげられる。自転車を漕いでマフラーなどを編みあげることもできる。

絵を描いたり、ものづくりの楽しさを体験したりできる教室「アートクラブ」もある。子どもから大人まで楽しめる展示内容となっている。

さらに正博は、この博物館にホールガーメントをオーダーメイドできるコーナーを設け、お客さんに直接アピールする試みを始めた。デザインシステム「SDS-ONE APEX」で完成イメージを確認してもらい、最新型の「MACH2XS」を使って編む。簡単な柄なら約二十五分、凝った柄でも約四十分で編み上がる。ちょっと他の買い物をしている間にオーダーメイドの服ができあがる未来型ブティックである。

通常、百貨店の床の耐圧は一平方メートルあたり五百キロである。そのため、ホールガーメント横編機は五百キロ以内に重量を抑えた。

最新機種である「MACH2XS103」は、さらに小型軽量化に成功。幅二メートル、奥行き一メートル足らずで、畳一畳の中にすっぽり入る。そのため面積当たりの生産性は最高である。

さらに、五階に和歌山県立医科大学みらい医療推進センター「サテライト診療所」、研究所、関西医療大学の鍼灸治療所などが入居したメディカルフロアを設置。

正博は、ここで勤務する医師や日赤病院の医師と非常に仲が良く、メディカルチェックには事欠かなくなった。

ステーキハウス坂の上

美食家の正博は、七階レストランフロアの店にもこだわった。やはり、特別美味しいものが食べられる店がいい。山形の三元豚《さんげんとん》にも目を付けた。

とんかつ豚肉料理「庄内」で使われる三元豚は、豚肉の産地である山形県に広がる庄内平野にある平田牧場から取り寄せることになった。

当初、生産者から「絶対に大井川から西へは売りません」と断られたが、正博は牧場まで出張って「ぜひお願いします」と説得した。「ダメ」と言われると、余計に張り切ってしまう性分がここでも発揮された。

平田牧場、と聞いてすぐ思い浮かぶほど有名になった金華豚《きんかとん》もメニューに並ぶ。

「庄内」オープン当時、金華豚は年間二百二十頭しか生産されていなかった。餌の三〇％は庄内米なので、豚の脂がサッパリしている。大阪から食通の人が何度も金華豚を求めて山形に足を運ぶほどの肉を、「庄内」で提供している。

厳選された国産牛ステーキを提供する「ステーキハウス坂の上」は、「坂道を上がるように常に向上心を持ち続ける」という意味が込められている。偶然にも、料理長の名前も坂上聡である。

坂上シェフは、ミシュランガイド百十年の歴史上初のステーキ部門「二つ星」を獲得した神戸のステーキハウス「麤皮《あらがわ》」で修業した経験の持ち主である。

坂上は和歌山東急イン内の鉄板焼部門で高い評価を受けていたこともあり、ぜひにと「坂の上」のシェフになってもらった。レストラン部門では、洋食部門創設時から総料理長として活躍された中村洋に続くシェフである。

東急イン側には、「お客さんが和歌山に宿泊する場合はすべて東急インを利用する」と交換条件を出した。編機の研修に来た人たちにも宿泊してもらい、両者大満足の関係となった。

鉄板は正博のデザインである。厚さ三十ミリの鉄板を使用し、火力はデジタルで調整。三本入ったユニットを使用しているので、ガスとはまったく違う強い火力で調理できる。

また同じ七階にある屋上フロアには、庭の芝生の上でバーベキューをしているような、西洋の雰囲気溢れる炭火焼肉の「ガーデン坂の上」もある。開放的な空間の中、紀州備長炭で焼き上げる焼きたての肉は格別と評判だ。

正博は、美味しいものにとことんこだわった。同じ肉を食べるのでも、美味しいものは身体も心も喜んで、明日のエネルギーと仕事への意欲につながる。

豊田佐吉と島正博

平成二十一年（二〇〇九年）十一月、常陸宮さまが発明協会総裁として島精機本社を訪れた。同行したのは、トヨタ自動車の社長で発明協会会長である豊田章一郎である。

正博とトヨタグループ各社との付き合いは、三洋電機創設者の井植歳男から始まる。正博が高校生の時に発明した「自転車用着脱式ランプ」を三洋電機に送って以来、井植は正博の応援をし続けてくれた。

やがてそれが豊田自動織機とつながり、トヨタ自動車からも「うちの原点は織機だから」と島精機の工場まで見学に来るようになった。

豊田章一郎は、正博の昔話や経営哲学を聞いてしみじみ言った。

「なんだか、わたしの祖父の話を聞いているようだ……」

トヨタグループ創始者である豊田佐吉《とよださきち》は、慶応三年（一八六七年）生まれ。豊田紡織（現トヨタ紡織）、豊田紡織廠、豊田自動織機製作所（現・豊田自動織機）を創業した。小学校を卒業した佐吉は父について大工の修業を始めたが、「教育も金もない自分は、発明で社会に役立とう」と決心し、手近な手機《てばた》織機の改良を始めた。

確かに、どこか正博の人生と重なる部分がある。豊田章一郎もむろん、祖父の経営哲学を引き継いでいるだろう。

トヨタ自動車の研修センターは、学校出るよりか先に手を動かす訓練しようという考えでつくられた。「エンジンを勉強したい」など方向性を決めて、高校、大学在学中などに聴講生として招き入れ、専門の先生が集中的に教えてくれる。

トヨタ自動車の豊田喜一郎《きいちろう》社長が、かつて言っていた。

「十五、六歳の時に仕事に就かず、大学を卒業してからでは、すでに脳の老化現象が起こっている。それから技術を学ぼうとしても遅すぎる」

いったん働く体験を積むことで何を学べばよいかを知ることが大事という教えである。

この意見に、正博も賛成だった。

和歌山経済界を夫婦でけん引

平成二十一年(二〇〇九年)三月十日、島正博は七十二歳の誕生日を迎えた。

「ぼくは三十六で死ぬ」とさんざん聞かされていた古い友人たちが、正博をからかった。

「死ぬと言っていた三十六から倍も年取って、それでもまだ生きているのか?」

平成二十一年(二〇〇九年)秋、正博と和代は、結婚五十年の金婚式を開いた。

和代はフォルテワジマの開発に取り組んでいる最中に、和歌山商工会議所女性会の副会長となり、平成二十二年(二〇一〇年)から会長に就任。正博とともに夫婦そろって商工会議所のトップを務めることになった。正博は、通例なら二期六年務めるところを、四期十二年続けることになった。

創立五十周年

平成二十四年（二〇一二年）十一月八日と九日の両日、島精機製作所は創立五十周年のイベントとして、和歌山市手平にある和歌山ビッグホエールで自社ニット製品のファッションショーを開催した。世界中からモデルを集め、最先端の技術を駆使した優美で独創的なドレスなど約六十点を披露し、両日合わせて国内外の取引業者ら約一千四百人を魅了した。

またイタリアから購入していた生ハムを切る希少な機械を使い、目の前でスライスした生ハムもサービスした。まるで花びらのような美しい生ハムは、正博が現地で交渉を重ね、輸入に成功した逸品である。

〝肝っ玉母ちゃん〟島和代急逝す

平成二十五年（二〇一三年）五月六日、正博の妻・和代が心不全のため亡くなった。七十五歳だった。

和歌山県知事の仁坂吉伸も、自民党の二階俊博をはじめとした和歌山出身の政治家も、みんな和代のことを「お母ちゃん」と呼んでいた。体重八十三キロの関取のような身体にはみんな母性を感じたし、身体に負けないくらい心も大きかった。だから急逝の報せにみんな戸惑い悲しんだ。

通夜と葬儀は内輪だけの密葬にしたが、その後の社葬には、約三千人もの弔問客が駆けつけた。ラジオのファンもたくさんいたようだ。海外から駆けつけてくれた人もいた。

正博ら家族は人で溢れかえった会場を見ながら、改めて和代がどれほど人々に深く愛されていたか思い知った。

正博は思い知らされていた。

〈もしかしたら、地元では、和代は俺よりずっと有名人だったかも知れない〉

和代は「川の流れのように」を歌う時は必ず、夫の正博を思っていたという。

♪知らず知らず　歩いて来た　細く長い　この道
振り返れば　遥か遠く　故郷《ふるさと》が見える
でこぼこ道や　曲がりくねった道　地図さえない　それもまた人生
ああ　川の流れのように　ゆるやかに　いくつも　時代は過ぎて
ああ　川の流れのように　とめどなく空が黄昏《たそがれ》に　染まるだけ

（歌唱）美空ひばり
（作詞）秋元　康
（作曲）見岳　章

第十章 愛・氣・創造

島精機製作所が日本のアパレル繊維機器大手の製造販売会社である限り、開発部門が主導しなければ、経営は成り立たない。

山の頂上の川上がフルに機能してこそ、川下も潤う。水は高いところから低いところにしか流れないため、営業の現場がいくら懸命に働いても、やはり水源地は開発部門だった。

和田隆の誇りは、開発設計する社長のために、さまざまな援助が可能なノウハウを持っていることだった。開発者にとっても、現場を知り尽くしたサービス要員を抱えていることは最大のメリットである。

また、新機種ができる前にはかならず試作段階がある。和田らサービス要員は、試作機の段階から完成した新機種として扱うことにしていた。現場で新機種扱いをし、量産を想定して市場にどんどん参入していくのである。スピード感をもって食い込んでいくこの姿勢が、生き馬の目を抜く厳しい国際市場競争に勝つ秘訣なのだ。

和田は常務取締役に就任し、平成二十六年（二〇一四年）十一月には常務取締役生産本部長兼生産技術部、製造技術部、システム生産技術部担当となった。役員の定年は六十六歳であったが、結局、七十二歳まで会社に残り、正博を支え続けた。

無知は平和の敵

和田は、新人だった頃からずっと思い続けていた。

〈難しいことから取り組むと、人も技術も成長するもんや〉

最初に一番しんどいことを経験したら、あとはあまり苦に感じないものである。が、現在の島精機は手取り足取り指導しているため、何年経っても若手の技術力が向上しない。

〈難しいものから手を付ければ、絶対伸びるのに……〉

が、人間というものは、難しいと感じるものはどうしても敬遠してしまう。

また、分業体制により社員の成長が阻まれている面もあった。

和田が若かった頃の仕事への気合いの入りかたは、現代とはかなり違った。時代や人材の問題だけでなく、大企業のデメリットもある。上場企業ともなれば、生産性の向上や効率などが第一に求められ、どうしても分業体質になる。研修制度も充実していて、和田がかつて英語を学んだ時のように自腹を切る必要もない。が、社員は組織全体を見渡すことができなくなり、効率は向上しても人の成長を阻む結果となる。

〈島会長の哲学まではいかなくても、その一歩手前でもええ。若い社員には、仕事の根底となる人生観、哲学、精神を、もっと大切にしてほしい〉

島精機だけは世間と同じような会社になってほしくない、と和田は切に願う。「次は何をやってくれるのか」という期待感が、他の会社とは異なる島精機の大きな魅力である。それはむろん、「島正博」というブランドを含めた話である。だからこそ、それを次の世代がきっちり引き継いでいかねばならないのだが、そのためにはマインド部分をもっと鍛える必要がある。

が、やはり現実には難しい。若い頃、和田自身も正博に「無知は平和の敵や」と怒られた。和田の時代ならば、怒られればやる気が起き、自らリスクを取り、命を賭けた。

ところが、今の現役世代はやる気を見せること自体が恥ずかしいのか、時代を取り巻く風潮のせいなのか、打てば響くことがない。平和ぼけが無知を生み、ゆでガエル理論のとおり、ぬるま湯に浸っているつもりで死ぬまで熱さに気づかずに過ごすつもりなのだろうか。

〈人間にとって、ワクワク感が一番大事やのにな……〉

常に前を見て新しいことにチャレンジし続けてきた和田は、何をやっていても常に高揚感があった。仕事も遊びも真剣に取り組んでこそ、高揚感を得られる。のんべんだらりとやっているだけでは、希望を抱いたり胸躍らされたりすることは絶対にない。

仕事をしていて社員に参加意識がないことも大問題だった。大企業になると、どうしても分業制度となる。「おれはここまでやればいい。ここで失敗しなければいい」という考えは、まさに大企業病そのものである。が、少なくとも原点だけはきっちり引き継いでもらわねばならないが、今のままではそれもおぼつかない。

正博の目指していたのは、常に世界一である。和田は「島精機百年」との考えを前提に会社の行く末を見守っている。これまでの五十年は「世界初」を目指し実現して成功を収めてきた。これからの五十年も「世界初」を目指さなければ成功はない。

和田は、正博の発明哲学である「愛・氣・創造」を仕事のバイブルとしてきた。

仕事を愛すれば情熱が湧く。もう少し良いものにしたい、デザインを改良したい、販売価格も安くして世に広めたい。情熱があればどんどん創造する氣力が湧いてきて、こんな発明をしたいという願望が強まると、生産するものが高度化してくる。「愛・氣・創造」こそ人間特有のもので、コンピュータにもAIにも代替され得ない。やる気を出して発明に精魂を傾ければ、それが成功につながり、会社の活気となる。やる気だけではなく創造性も大切。創造性は顧客を思いやる心から生まれることを知らなければならない。

これは社員にも当てはまることである。いわゆる「シマセイキ大学」で学び続けた和田にとっては、正博の言葉は深く納得でき、懸命に実践してきたものである。が、現役世代にはなかなか響かない。忍耐強く、毎日毎日少しずつ指導していかねばならない。一日で「はい、わかりました」という訳にはいかない。

だから和田が若い社員に教えることも、当たり前だが大切なことをしっかり教えることとなる。

日進月歩する技術力

二〇一二年、アメリカのフィラデルフィアにあるドレクセル大学内に、研究室「SHIMA SEIKI Haute Technology Laboratory」が設置された。ここで島精機の技術を、医療や工業の分野に応用する研究が進んでいる。

例えば、「妊婦の腹巻」はセンサーにより胎児の動きなどがすべてモニターで確認でき、将来は遠隔医療に導入されるという。

また、人が触れてコミュニケーションできる「ロボットの皮膚」、人の手や指の力を補助する「特殊な手袋」などもある。

「Exo-skin」と呼ばれる手袋は、人の手の微妙な動きに対応できるよう、強度の異なる特殊な糸を組み合わせて編まれる。そのため、精密なプログラム通りに編み上げることができる島精機の編機が大いに役に立つという。

二〇一四年、正博はドレクセル大学から名誉経営学博士号を授与された。

島精機の技術は、医学・電気工学・バイオテクノロジーなどさまざまな分野にも可能性を広げ始めている。ドレクセル大学だけでなく、マサチューセッツ工科大学やノースカロライナ州立大学などとも連携し、無駄なく開発を進めていこうという動きがアメリカでは活発になっている。

さらに、ホールガーメントによる一体編成技術を各種産業に導入し、ホールガーメント産業を国際社会に産業文化として定着させる可能性もある。

CNF（セルロースナノファイバー）は、自動車、建材、家具などに導入することで、従来の製鉄産業などに代わるものとして注目されている。

CNFは紙繊維ではあるものの、ナノレベルまで再分割し繊維間の接点を数百万倍に増加させることで、紙でありながら鉄よりも薄く、軽く、強靱な素材となるという。薄い鋼板製造にCNFを用いれば、自動車の各種パーツや建築素材にも用いることができる。

バーチャルサンプル時代の先駆け

平成二十九年（二〇一七年）三月、島精機製作所は、東京ビッグサイトで行われた「リテールテック2017」に出展し、モノづくりのコンセプト「トータルファッションシステム」によるマスカスタマイゼーションの実現について紹介した。

出展したのは、最新型ホールガーメント横編機「MACH2XS」と3Dデザインシステム「SDS-ONE APEX3」の連携による、アパレル製品のオンデマンド生産のデモ（宣伝用実演）である。「MACH2XS」は、一台でセーターのほか、ドレス、ジャケット、ベスト、パンツ、ニットキャップなどさまざまなアイテムの生産が可能である。顧客の要望に合わせてサイズ違いや素材違い、色違いの製品を連続生産できる。そのため、生産のマスカスタマイゼーション化を可能とする。「SDS-ONE APEX3」は型紙の寸法や糸の種類、デザインの数値を決めると、実際に想定したユーザーの体形に合わせて三次元モデルでのフィット感の確認などが行える。素材選定については、素材感が把握できるようにし、編み上げた際のイメージなども用意している。

また販売インタフェースとして、「SDS-ONE APEX3」を利用することで、エンドユーザーの要望を聞きながら、製品のスタイルやサイズ、フィット感、素材、色、柄、組織などの条件を選択し、高精細なシミュレーションにより画面上で製品を確認しながら、オーダーニットを生産することなども可能となる。まさに完全なマスカスタマイゼーションを実現したのである。

画像ソフトには、ピクセル（画素）と呼ばれる格子状のドットの集合体からなる「ラスタ形式」と、点、線、曲線といったベーシックな幾何学的図形からなる「ベクタ形式」の二種類がある。画像を扱うラスタ形式の代表的なソフトは「フォトショップ」、点や線を扱うソフトは「イラストレーター」と、通常は用途によって使い分けている。が、APEX3は、ラスタ形式とベクタ形式を同時に動かせるシステムである。

大手メーカーや有名ブランドでは、サンプル生産だけで数億円規模になっているところも多い。一着につき三回も四回もサンプルをつくり直し、そのやり取りにかかる時間は六カ月から八カ月。その間に流行が去ってしまうこともしばしばである。

バーチャルサンプルにより、これらを削減するだけで数億円規模のコスト削減となる。さらに、販売インタフェースとして利用すれば、新たな付加価値型のビジネスモデル構築なども可能となる。

やがてファッション業界では「バーチャルサンプルといえば、島精機のＡＰＥＸ以外にない」と言われるようになった。

会長就任

平成二十九年（二〇一七年）六月二十八日、島正博は午前十時から開かれた株主総会後に開かれた取締役会で取締役社長の座を長男の三博に譲り、取締役会長に就任した。以前から複数のアナリストたちに「七十五歳を過ぎると何が起こるか分からない」と助言を受けてきた。

この年、正博は八十歳となり、島精機設立から五十五年という節目の年に当たり、社長交代のタイミングとしてふさわしかった。

この時、島精機の特許数は約二千件もあった。うち正博が個人で持つ特許は、一千件を超えていた。まだまだ発明のアイデアは正博の中に眠っている。

が、アナリストや記者から釘を刺された。

「会長が発明できなくなったら、島精機の株価が下がる心配があります」

また次のようにも言われた。

「いずれ島さんも、死ぬんやからね。自分一人で発明してたらいかん。発明できるような人を何人か育てなさい。みんなで意見を出し合って、切磋琢磨しながら新しいもん作って完成した時の喜びを味わえば、さらに良いものをつくろうという情熱が湧いてくる。やっぱり発明することが一番大切やからね」

正博は、先頭を切って前へ進むことを控えるようにし、若手の指導に努めるようにした。が、指導だけというのはストレスが溜まるし忍耐も要る。

〈自分でやったほうが、うんと早く済む〉

が、自分一人でできることを、そっくりそのまま三博に任せる訳にもいかない。今後は複数で分担してもらい、連合艦隊でいくしかなかった。

なお、ホールガーメント横編機は、ユニクロの他、ルイ・ヴィトン、グッチなど国内外の有名ブランドがこぞって採用している。

ホールガーメント横編機の販売台数は、平成二十六年（二〇一四年）度の三九七台から、平成二十九年（二〇一七年）度には一〇八一台へと二・七倍に伸長した。過去最高の販売台数である。

なお、平成二十九年度の島精機の売上高は七百十八億円、営業利益は百四十九億円と二〇％以上の営業利益率を誇っている。

空手とビジネス

平成二十九年（二〇一七年）八月五日、第四十三回全日本空手道連盟剛柔会全国空手道選手権大会が和歌山市で開催された。

この時、元和歌山市長で師範だった宇治田省三の長男の宇治田栄蔵《えいぞう》が、正博に言った。

「島さんは仕事も発明も空手もされ、八面六臂《はちめんろっぴ》の大活躍をされている。剛柔流で試合をされる以上、これからも健康でいてもらわないといけません。そのためにも、剛柔流の全国大会の名誉会長になってください」

が、正博は断った。

「いやそんな、恥ずかしいよ」

「子どもたちが空手をやって、勉強もして成長し、やがて国の財産になる。空手の瞬発力と判断力はビジネスにも役に立つ。国のためだと思って引き受けていただき、名誉会長として何でもやってください」

そこまで言われては、正博は引き受けるしかなかった。確かに、空手をやっていたからこそ、ビジネスにおいてもその場の状況を素早く判断し、瞬間的にどうすべきかを決定することができた。正博が空手をやっていることを知らない人は、「どうしてあんな骨皮筋右衛門が会長になってるんや」と不思議がった。

空手道選手権大会で挨拶する際は、正博の発明哲学の基本であり座右の銘である「愛・氣・創造」などの言葉を使って挨拶をした。

「愛・氣の氣は、やる気の気。喧嘩でもやる気なかったら絶対勝てません。喧嘩でも仕事でも何でも〝氣〟が大切です」

赤ワイン健康法

平成二十九年（二〇一七年）十月十六日、福岡市のホテルニューオータニ博多で「ソムリエ・ドヌール（名誉ソムリエ）就任式」が開催された。就任式は、二カ月ほど前に大阪で開催予定だったが台風の影響で中止となり、改めて福岡で開催する運びとなったのである。

正博は、新たに就任した五人の名誉ソムリエの一人として就任式に参列した。本当は予定がぎっしり詰まっていたが、何とかやりくりして三十分ほど参列し、とんぼ返りで和歌山に戻った。

昭和四十六年（一九七一年）にパリを訪れて以来、正博はずっとワインを嗜《たしな》んできた。今も毎日、赤と白を一本ずつ二種類楽しむのが通例になっている。料理によってその日飲むワインを決め、最近は赤白合わせて一本半ほどを一人で空ける。家では一年分、約一千本をまとめ買いしている。そのうちの三百本ほどは、おもに贈答用のボージョレヌーボーである。

正博は、商工会議所の会頭を四期十二年務めてきた。ボージョレヌーボーは、十一月の第三木曜日の解禁日に商工会議所など関係するところに「ご苦労さん」と慰労と感謝の意味を込めて贈っている。ボージョレヌーボーは、初物や旬のものの好きな日本人に圧倒的な人気がある。値段も手頃なので気軽に飲める点も魅力だ。

日本は湿度が高く雨が多すぎるため、赤ワインに使用する葡萄づくりにはあまり適していないが、近年は日本産の美味しい白ワインが増えてきた。

正博は、一年のうちで酒を飲まない日は数えるほどで、独立した二十歳の頃からほぼ毎日酒を飲み続けてきた。年齢もあってだんだん量は減っているものの、昔は仕事中に一升瓶を傍《かたわ》らに置いて図面を引いていた。

正博はとうとう痛風になってしまい、医師から厳命された。

「絶対にビールは飲んだらいけません。それから、日本酒も飲むと糖尿のデータが悪くなるから、ワインだけにしなさい」

医者は、さらにアドバイスした。

「いいワインを飲みなさい。高価なものなら『もうちょっと飲もう』とならず、適量でやめられる。それにワインはハレの日のお酒。ワインでやけ酒ということはありません」

正博は医者の言いつけを守り、それ以来、日本酒とビールをきっぱりやめた。その甲斐あって、まったく病気とは無縁になった。

正博は三カ月に一度、日赤病院でMRIを含めた全検査を定期的に行っている。ワインのおかげか、年を取れば取るほど数値が良くなっていく。血圧は上が百三十、下が六十五ほどで、高血圧が気になる時にたまに降圧薬を飲む程度である。

赤ワインは健康に良い、という話もまんざら嘘でもないらしい。検査の数値が悪い時期もあったが、医者のアドバイスのおかげもあって平成三十年（二〇一八年）頃から少しずつ体調が良くなってきた。

三博の妻・章江は、正博と同じ左党である。章江の父親は晩酌に毎日一升飲んでもケロリとしていた酒豪で、その血を受け継いだらしい。正博の良き飲み相手である。

愛飲酒ロマネコンティ

ワインは必ずテイスティングをする。客は開けたそのワインを飲むのが普通だが、たまに「これは飲みたくない」と言う客もいる。ワイン自体の品質が落ちているのが原因で、ソムリエや店も納得するなら無料で交換となるが、「自分の好みに合わない」という理由の場合は追加料金となる。

正博は、白ワインの場合は必ずこう言う。

「三分間、冷やしてください」

味などわからないが、そう言うと愛想も良くワイン通な客だと思ってくれるという。

レストラン「太閤園」では、白ワインを冷やす氷は一センチ角にクラッシュし、氷の溶けた冷水を下に入れて一分経つと温度が一度下がると計算しているという。

一センチ角の氷はシャラシャラと涼やかで心地よい音がして、「ワインのラベルを持ち帰りたい」と依頼するお客様がいてもラベルに傷がつかないという。

ワインによって最大限の特徴を出す温度は異なるため、それぞれに冷やす時間も変わってくる。白ワインも高級であればあるほど最適な温度は高くなる。世界の白ワインの頂点に君臨するフランスのモンラッシェは十四度で、冷やしてしまうとワインが萎縮し本来の香りが失せてしまうという。これは日本酒や他の酒も同様で、冷やせば冷やすほどその酒の持つ個性が消えてしまう。

赤ワインは十六度がベスト。温度は人によって好みが違うので少し冷やしても構わない。正博は一番美味しい温度を舌で覚えているので、ソムリエは料理に合うワイン選びだけでなく温度にもかなり気を遣うという。

いろいろ飲んで美味しいワインにたくさん出会ったが、いつも名前を忘れてしまう。だから美味しいワインの基本はやはり有名なロマネコンティに戻ってくる。ロマネコンティなら名前を忘れることもないし、みんなも「名前を聞くだけで美味しい」と理解してくれるので便利だった。

世の中にないものをつくり続けてきた

平成三十年（二〇一八年）三月十二日、正博の旭日中綬章受章を祝う記念祝賀会が和歌山市のダイワロイネットホテルで開催された。

代表世話人を務めたのは和歌山県知事の仁坂吉伸。地元政財界などから約三百人が出席した。和歌山の食材を生かしたコース料理に加え、前年に日本ソムリエ協会のソムリエ・ドヌールを取得した正博らしい、こだわりのフランスワインが振る舞われた。

正博は挨拶で述べた。

「これまで世の中にないものをつくろう、と走り続けてきた。白髪が増え、老眼になったが、今も気力は漲《みなぎ》っている。今後も貢献を続けたい」

正博の海外顧客行脚の地域はイタリアを中心にフランスやスペインにも広がり、五十年以上かけて五千社以上を回って歩いた。その甲斐があり、ベネトン、ルイ・ヴィトン、エルメス、プラダ、グッチ、ZARAなど、世界の有力ファッションブランドが島精機の横編機で編んだニット製品をこぞって採用するようになった。

氣

「愛・氣・創造」とともに、島精機では「Ever Onward――限りなき前進」を掲げ、事業の持続的発展により、「世の中になくてはならない企業」になることを目指している。

「気」という漢字は、戦前までは「米」と書く「氣」が使われていた。

万葉集で日本は「言霊の幸《さき》はふ国」とあるように、言葉にはエネルギーがあり、さらに「氣」には元気、気合い、気持ち、気品などからわかるように、「エネルギー」の意味が含まれている。

また「米」には八方に広がるという字義があり、「氣」には「エネルギーが八方に広がる」意味となる。正博は、仕事を愛する気持ち、やる気、気合いが重要だと考えている。

楽天の田中将大《たなかまさひろ》投手は、『気』の『〆』は絞めるという意味」と気づき、アメリカ大リーグに行ってから「氣」という漢字を使うようになったという。二〇一八年モデルのグローブには、手のひら部分に「氣持ち」と刺繍が入っている。

田中投手の言うとおり、「〆」という文字には「〆る（しめる）」という意味があり「気」は、エネルギーを外に「出さない」意味となってしまうという。

元々は、田中投手がプロ野球に入団した当時の東北楽天イーグルス監督の名将・野村克也《のむらかつや》が弱小チームにＩＤ野球を浸透させる以前に、プロとして闘う「氣」を叩き込むために、シーズンスローガンとして『氣』――弱者の戦略」を掲げた影響による。

なお、お米を食べることは体に「氣」を取り込み、命を養うという意味もある。

平成三十年（二〇一八年）、正博は、ＮＨＫ大河ドラマ「龍馬伝」の題字などで話題の書家の紫舟《ししゅう》に、「愛・氣・創造」と書いてもらうことにした。一度は自分で書こうと思ったが、思うように書けず諦めた。

紫舟は平成二十六年（二〇一四年）、フランス・ルーヴル美術館地下会場でのフランス国民美術協会展で、書画で金賞、彫刻で最高位金賞を日本人初のダブル受賞。翌年、日本人では横山大観《よこやまたいかん》以来の快挙となる同展の「主賓招待アーティスト」に選出されるほどの書家である。

紫舟の書は額縁に入れられ、本社ロビーに飾られている。

自在なオーダーニット

ホールガーメント横編機は、平成三十一年（二〇一九年）で販売台数一万台を突破した。商社がまたもや「百台も売れない」と評していたものである。正博は、そんな商社を通した販売を最初からするつもりはなく、自社で販売し続けている。

現在、最新機種の「ＭＡＣＨ２ＸＳ１０３」はフォルテワジマ一階の「オーダー・ニット・ファクトリー」内に設置されている。安全性が高く、近くに子どもがいても問題なく、音も静かである。

オーダーニットは、あらかじめ用意した型をベースに、丈の長さ、袖の長さ、色などをカスタマイズできる、その人に合ったホールガーメントニットを編み上げることができる。

最初にショップが用意したデザインの中から、つくりたいアイテムとカラーを選ぶ。備え付けの「パーソナルカラー診断システム」で、髪、肌、目の色をすべて判別してその人に似合う四種類の色を見つけられるサービスもある。もちろん自分好みの色を選ぶこともできるが、似合う色とは大抵異なるし、流行中のトレンドカラーの紹介も同時におこなうので、新しい色を試すチャンスとなる。

サイズの計測は三次元計測装置とスタッフによる採寸で丁寧におこなう。採寸結果に合わせ、それぞれの体型に最適な製品サイズを選択。着丈や袖丈の調整は自動でおこなわれ、また長め、短めのカスタマイズも可能。後日、宅配便で届けるというシステムである。

一番人気はフレアワンピースで、東洋紡糸工業が世界に誇るトップレベルの品質の糸が使用されている。

ホールガーメントは縫い目がないのでストレスフリーで、どんな体型にも合わせることができる。このように数日以内にオーダーニットをつくれるところは、他にどこにもない。

着心地は抜群で、身体にぴったりフィットする感覚には格別なものがある。オーダーメイドは一着数十万円するのが当たり前であるが、ホールガーメントなら使用する糸によるが一万円から三万円程度で提供できる。そのため、より心の満足度は高くなる。

また縫い目のないホールガーメントなので、糸を再利用することもできる。例えば母親が着ていたワンピースをほどき、子ども用のホールガーメント横編機を使って姉妹二人分のワンピースを新たにつくるということも可能である。

子ども用の衣類はほとんど工賃の安い工場でつくられており、大人用のエレガントな服をつくるブランドで子ども服を販売する店はほとんどない。安物か子ども服専門店で購入するしかない子ども服も、ホールガーメント横編機を使えば手頃な値段でエレガントな子ども服をつくることもできる。

古い糸は蒸気に当てて殺菌しながらカールをまっすぐにふんわり再生するので、新品と変わらぬ服を作り直すことができる。糸代がかからないので、新品の購入代金の半額以下で可能である。古着を再生できるので燃やす必要もない。地球にやさしい。これがサステナビリティである。

大人服は約五十分かかるが、子ども服なら三十分で編み上がる。二時間もあれば大人服一枚、子ども服二枚が仕上がる。

日本人はいつまでも欧米が進んでいる、格好いいという考えが根強く残っている。が、欧米ブランドの服を現地で購入してもただ高価なだけで、服をつくる時に裁断くずなどを出して原料の無駄があったりする。世界の経済の資源を大切にしつつ、着る人が心から満足する服を提供し、もしデザインに飽きるなどしても、子ども服などに再生できる。

戦前は「母さんがよなべをして手袋編んでくれた」の歌のとおりに、毛糸を使い回した。上の子が成長して着られなくなったセーターをほどき、湯のしして殺菌し、下の子のセーターや手袋にした。成長した子の体格に合わせるために、毛糸が足らないと可愛い花や動物などの刺繍を施すのも、どこの家庭でも共通だった。が、今はもっとスマートに、手をかけずに環境に配慮した原料の使い回しができるのである。

「オーダー・ニット・ファクトリー」では、そのほかにも「ニッティングアート」というサービスも提供している。思い出の写真などの画像を預かり、ニットのデザインに起こすのである。絵画のように額縁に入れて飾ることもできるし、愛犬や愛猫をかたどったニッティングアートをオリジナルクッションに形成することも可能である。

そのほか、ホールガーメント横編機をよく知る島精機のスペシャリストが企画・デザイン・生産したニット既製製品、機能性に優れたニットマスクなども販売されている。

もしニューヨークやロンドンなど、日本から遠く離れた人にオーダーメイドのニット服を送りたい場合、その国に同じ機械があれば、データを送るだけで現地で編み上げることもできる。そこから相手に郵送してもいいし、受け取りに行ってもらってもいい。

和歌山県知事後援会副会長

正博と和歌山県知事の仁坂吉伸は、仁坂がまだ十代の頃からの付き合いである。仁坂の父親がメリヤス製造業を営む同業者だったため、最初は「同業者の息子さん」として接していた。

正博が少し難しいことにチャレンジする場合、応援してくれる人がいれば頼もしい。仁坂知事はそんな頼りになる一人だった。経産省出身のため、経産省関係の人を紹介してくれることが多く、正博が迷っていると「ここへ行きなさい」とアドバイスをくれた。

正博も応援してもらうと、がぜんやる気が出る。

〈自分から言いだしたからには、何がなんでも成功させないといかん。仁坂さんにも迷惑かかる〉

その熱い思いも加わって、成功へと導いてくれる。仁坂知事も、和歌山出身の二階俊博衆議院議員も「和歌山のプラスになるんやったらやりなさい」と後押ししてくれる。正博は、そのことに幸せを感じている。

正博は、仁坂和歌山県事の後援会副会長を務めることになった。会長は作家の神坂《こうさか》次郎《じろう》であるが、高齢のため正博が実質会長のようなものであった。

なお、仁坂は、平成二十八年（二〇一六年）に刊行された『紀州のエジソンの女房～島精機を支えた肝っ玉母さん・島和代物語～』（梶山寿子著、中央公論新社刊）のプロモートをした。仁坂は和代とも親交があり、和代ファンの一人でもあった。

「島ものづくり塾」

第一線を退き、後輩の指導に当たることになった正博は、これからの地域や日本の未来を担う子どもたちに、何か伝えられることはないかと考えるようになった。

令和元年（二〇一九年）五月、正博は「島財団」を設立し、公益財団法人として活動を開始した。その目的は、科学技術、文化、教育の振興を通じて、地域の産業、経済、社会の健全な発展に貢献することにある。

平成三十年（二〇一八年）春から準備を進め、フォルテワジマ四階に事務所を設置、理事長に元和歌山県立桐蔭高等学校校長、元和歌山市教育委員会教育長の大江嘉幸を招いた。

〈子どもたちには、不思議がわかる喜びや、工夫してやり遂げる感動などを体験して、考えながら手を動かして工夫することから生まれる知恵を、身に付けて欲しい〉

そんな思いで始めたのが「島ものづくり塾」である。未来の科学技術の進歩を担う人材育成を目的とし、小学四、五、六年の児童を対象に毎月一回日曜日に休憩をはさんで四時間、年間六回開催するものである。

電磁気を使ってリニアモーターを動かしたり、CGを使ったデザイン、ミシンを使用したエコバックの作成、プログラミングでロボットを自由に操ったりと、子どもたちが興味を抱いてくれるよう工夫した。

和歌山県の子どもを対象に募集をかけたところ、三十人の募集に対して三百人以上の応募が殺到。やはり島正博という名前が効いて、「うちの子も将来紀州のエジソンになれるかも知れない」という親の期待がうかがえた。十倍以上の倍率にならないよう、定員を六人増やして三十六人で締め切った。公平を期して抽選とした。

正博が終戦を迎えたのが小学三年生の時。それからさまざまな知恵と工夫を凝《こ》らして、苦しい時代を乗り切ってきた。その年ごろに学ぶ重要性を、身をもって体験してきた。参加した子どもたちは、非常に興味を持って塾に参加してくれた。

二年目からは、小学校低学年をAクラス、高学年をBクラスに分けて人数を増やした。Aクラスでは空気や視覚（3D）の不思議を学んだり、水性ペンに含まれる色をもとに楽しく化学を学んだり、やさしいプログラミングを学んだりする。

コロナの影響はあるものの、今後も毎年「島ものづくり塾」を開催し、毎年五月中旬ごろから一カ月間募集をかける予定である。

子どもたちは最初、ハサミの使い方も知らなかった。親から「ハサミは危ないからダメ」と持たせてもらえない子が多かった。先が丸くなったものなど安全に配慮した商品もあるが、子ども可愛さが行き過ぎるのも問題だった。

学校のOBなどが先生となり、まずトンボの形に切るところから始めた。

「ハサミの先で切ったら、切り過ぎてしまうやろ？　根元で切るんですよ」

「ハサミでなくて、紙を動かしなさい」

正博のちょっとしたアドバイスで、思い通りにトンボの形に切れると、子どもたちはニコニコ笑う。自然に楽しくなって、勢いが出てくる。どんどんハサミ使いが上手になっていく。

正博は、子どものお母さんにも参加してもらい、ハサミや小刀の使い方を教えた。

「ああ、こうやって使えば刃物も危なくないんやね」

学校では教えてくれないことである。みんな面白がってニコニコしながら参加してくれ、欠席者は一名も出なかった。工作は男の子のほうが得意というイメージがあるが、むしろ女の子のほうが積極的である。紙飛行機ひとつつくるにも、遠くに飛ばすため先生のアドバイスがあり、みんな感心しながら熱心に耳を傾けてくれる。ここに男女の差はなかった。

良いものをつくり続けなさい

令和元年（二〇一九年）暮れ、正博は香港へ行き、翌年一月三日までの年末年始を過ごした。

島精機の機械だけを使って世界一のニットウエアメーカーとなったナムスン社のワン社長から誘いを受けたのである。

「創立三十周年の記念式典を競馬場を貸し切って行います。うちの馬が元旦の一レースに出るので、応援に来てください。年末から来てください」

ナムスン社のワン社長とは数十年来の付き合いである。島精機の編機を使用し、仕事一本やりの熱心さで高品質の服をつくり欧米に出荷している。品質管理も一流で、世界中のバイヤーからの信頼も厚い。正博に対しても「独立した時に応援してくれたから、その恩義を返さないといけない」という気持ちで今も接してくれている。

せっかくのお誘いなので、家族そろって出かけることにした。

残念ながらワン社長の馬は勝てなかった。が、長女千景の娘の紗会が自分の誕生日の数字で馬券を買うと、ビギナーズラックでそれが当たった。

「わたし、運があるでしょ？」

香港は政情不安定だが、良い商品をつくっていればビジネスへの悪影響は今のところない。

ワン社長は、そうしたことも重々承知の上で、「もし政情不安な状況になったら、香港を出る」と決めて仕事を続けている。もともと香港には財産リスクがあり、そうした対策には怠りはないらしい。

正博も応援した。

「そんなこと心配せえへんでもええから、これからも良いものをつくりなさい」

島精機は香港のほか、中国では広東省東莞市、上海市延安にも拠点を設けている。

中国人も、良い機械を入れて良い製品をつくり、利益を出すのが理想的な商売だと理解していた。だから国や政治はあまり関係なく、日本や欧米と同様の商売ができる。真っ当な商売で儲け、税金を国にたくさん納めている企業は発言権も生まれる。中国側の対応も、島精機と、妙な金儲けをしている企業とではハッキリ区別してくれた。

令和二年（二〇二〇年）一月三日に香港から和歌山に戻ってきた正博は、その後のコロナ禍で一切海外渡航できなくなるとは思っていなかった。

コロナ禍は充電期間や

富裕層は、オーダーメイドのドレスやスーツに一千ドルかけても、まったく惜しいとは思わない。島精機製作所では、「ホールガーメント横編機で、ドレッシーかつエレガントな服を世界中で販売しよう」とスタートを切ったところで、コロナ禍に見舞われた。

令和二年（二〇二〇年）二月半ば、国内で初めて院内クラスター（済生会有田病院）が出た和歌山県は、仁坂吉伸知事と野尻孝子技監らが迅速に動き、初期対応した。

「明」の対応を特徴づけたのはＰＣＲ検査の大量実施と、行動履歴の徹底調査、一般の診療所での肺炎患者の拾い出しなどだ。検査キャパが大幅に不足する状況で、仁坂知事が大阪府に大量の検体の検査を依頼するなどして乗り切っている。

有田病院の患者や職員だけでなく、出入りの業者、警備員、非常勤医師らを含む関係者全員の検査は「やり過ぎ」との指摘も受けたが、仁坂知事は地域の安心、安全を取り戻し、病院を早く復活させるには不可欠と考えて断行する。

コロナ禍の影響で、イタリア現地法人のシマセイキ・イタリアは、ほぼ営業的停止状態となり、日本人駐在員を引き上げることになった。イタリアはもっとも大きな市場だったので、島精機の業績悪化の大きな要因となった。

が、正博は思う。

〈コロナ禍の今は充電期間や。こうした時期に力を貯めて勉強し、いつでも再スタートを切れる準備をしておくべきや〉

正博が思い返せば、十年から十五年周期でピンチが繰り返し訪れた。

最初は昭和三十九年（一九六四年）に起きた倒産危機。

十年後のオイルショック不況下では、盟友の後藤武治専務が自殺するほど深刻な経営危機が訪れた。

さらに、昭和六十二年（一九八七年）十月に起きた世界的株価大暴落ブラックマンデー。

平成二十年（二〇〇八年）に起こった世界規模の金融危機となったリーマンショック。

そして、令和二年（二〇二〇年）二月にから新型コロナウイルス感染症が世界的に流行し始めたことをきっかけに始まった世界的な株価大暴落と規制の嵐。

が、島精機は危機を乗り越えるどころか、危機のたびに進化し続けてきた。

「ホールガーメント3Dマスク」

令和二年（二〇二〇年）三月十九日、島精機はマスク不足の問題を受け、島精機製の横編機で編成可能な「3Dニットマスク」の編成データの提供を開始した。また和歌山県の要請を受け、県下の小中学校向けに3Dニットマスクの生産をおこなうことになった。

政府が配布する布マスクがまだ全国に行き届かなかった四月から販売開始した「無縫製・立体型3Dニットマスク」が五百五十円。季節を問わずに使用でき、洗えるので何回も使える。マスク不足の時期だったため、長蛇の列ができるほどだった。

マスクの買い占め問題などが解消された後に発売された「ホールガーメント3Dマスク」は、デザイン性と性能に優れたマスク。飛沫を通さない仕様を採用しながら、優れた通気性を両立し、表生地の撥水《はっすい》機能素材が飛沫の侵入を抑制できる。

スポーツに最適なタイプは、抗菌・防臭・吸水速乾性に優れた裏生地を使用。

優しい肌触りが特徴のシルクマスクは、裏生地に吸放湿性・保湿性・保温性の高い高級シルク素材を使用し、両方とも裏面にノーズワイヤー挿入口が付いている。顔の凹凸《おうとつ》に合わせた立体性は機能もさることながら、編み目のデザイン性の高さにも注目が集まっている。Mサイズ一枚一千三百二十円で、通販で購入できるようにした。

カプコンと島精機

正博は、ケンゾーエステイトの白ワイン「あさつゆ」のファンである。

「あさつゆ」は、なんとゲームメーカー・カプコンの辻本憲三《つじもとのりぞう》会長が手がけたワインである。

一九九〇年代、ワイン好きでも知られていた辻本は、個人事業としてワイナリー「ケンゾー　エステイト」を設立。

実務一辺倒ではいけないとの思いからであった。カプコンの事業失敗で遊休地になっていたアメリカ・カリフォルニア州ナパの土地一千五百ヘクタールを七十億円でカプコンから購入して辻本個人の所有とし、開墾から始めて十四年、私財百億円以上を投入した。

平成二十年（二〇〇八年）に初出荷。その名のとおり、朝日を浴びて美しく煌めく朝露の透明感を持つワインである。平成二十三年（二〇一一年）にアメリカの富裕層向けの雑誌で「最高のワイン」の一つとして選ばれた。

島精機とカプコンは長い付き合いになる。島精機のコンピュータグラフィックスを購入してもらい、正博はワインを購入し、同じ年に上場した。株はお互いに持ち合いをしている。そんな親密なつながりであった。

四半世紀、先を読む眼

正博は、もう一度原点に戻ってみようと思った。昭和三十九年の倒産危機、オイルショック、コンピュータへの転換、労働争議、ブラックマンデー、そしてコロナ禍。その時代に合った形を取ってきたからこそ、島精機は生存し続けた。これからも、誰も想像がつかないようなことを想像し、誰もできなかったことを死に物狂いでやっていくしかない。

が、現在販売を担当する営業マンは、メカのこともニットのことも熟知しているとは言えない。これからどんどん新しい時代がやってくるのに、最新機器をもっと理解しなければならない。

それでも一社員であった和田隆元常務取締役の目から見ると、正博の意見とは少し変わってくる。

〈島会長は、常に二手、三手、四手も先を読んでおられる。だから会長が発明したもんは、だいたい四半世紀が経たんとみんなの腰は上がらん〉

正博があまりに先を駆けてゆくので、どの機械も実はみんなが理解するまでに二十五年もかかるというのだ。

令和二年（二〇二〇年）は、正博がホールガーメントを発明してちょうど四半世紀が経つ。だから、今こそ社員が腰を上げる時期なのだ。

正博は、二十五年もの間、社員が動くのを待ち続けている。東京に行かなくても、ホールガーメントがあれば地方で仕事ができる。和歌山と世界と直に結びつけることができる。つまり和歌山が世界の中心になれるということだ。

「いま動かなかったら、いつ動くんや！」

そういう気持ちが強いのだ。

川の流れのように

令和二年（二〇二〇年）七月初旬、「ラ・ヴェランダ」で正博の長女・千景の還暦祝いのパーティが開催された。

和歌山で活躍しているオヤジシンガー・ＴＯＮＰＥＩが「川の流れのように」を披露しようと演奏が始まった瞬間、虹が出てきた。美空ひばりの「川の流れのように」は和代の愛唱歌であった。

「虹が出てきた」とみんながザワザワとしはじめ、曲が終わった瞬間にパッと消えた。あまりの偶然の出来事に、みんなでうなずき、囁き合った。

「きっと、あの人もこの人も見守ってくれているんだな」

角塔婆で先祖供養

和歌山県には、高野山真言宗総本山・金剛峯寺《こんごうぶじ》と、岩出市の新義真言宗総本山・根来寺《ねごろじ》に大きな角塔婆が建立されている。

角塔婆は、五輪塔を簡略化した供養に用いられる四角柱である。

大僧正の角塔婆は一回り大きく、長さ三・五メートル、太さは十五センチほどあった。

正博は思った。

〈ご先祖のために、これと同じ大きさの角塔婆を建ててもらおう〉

正博は寺院の総代を務める根来寺の中村元信大僧正に相談した。

「金剛峯寺や根来寺寺にあるのと同じ大きさの角塔婆を、つくってください」

中村大僧正は承諾してくれた。

「もし良ければ、わしが直筆で書きますよ」

ところが、和歌山県紀の川市の真言宗観音寺の西川住職が正博に助言してくれた。

「角塔婆の大きさについて調べてみたんですが、大僧正は長さ三メートル以上、僧正は二・五から三メートル、民間人の場合は二メートル以上の長さは禁じられています」

それならやむを得ない。正博は二メートル弱の角塔婆を根来寺でつくってもらうことにし、中村大僧正に世界を構成している五大物質である空、風、火、水、地の梵字《ぼんじ》と戒名《かいみょう》を書いてもらった。

令和二年（二〇二〇年）のお盆までに建立し、墓前で読経してもらった。

平和ボケした日本

正博がこれまでの経営者人生を振り返ってみると、昭和六十年（一九八五年）頃の日本がもっとも強かった。世界大企業ランキングでは、NTTを筆頭に各銀行、東京電力、トヨタ、野村證券、新日本製鐵、日立製作所、松下電機、東芝など、アメリカを凌いで日本の大企業がトップを独占していた。だが、令和二年（二〇二〇年）現在では、わずかに四十二位にトヨタ自動車が残っているだけである。

コロナ禍に見舞われる以前の正博は、ほぼ毎月、海外出張をしていた。そのため、海外からの視点で日本の経済社会を見続けてきた。

ヨーロッパ人が、口を揃えて言う。

「四十年前は世界トップの勤勉な日本人が、豊かになって平和ボケになった」

日本人は勤勉で賢く、手も良く動く国民性を持っている。それが継続できていれば、ここまで落ちることはなかっただろう。が、平和な状態が当たり前となって平和ボケ状態になり、やる気を失ってしまった。さらに学歴第一主義も日本をダメにした。たとえ良い大学を出たとしても、社会人になってからは「何ができるか」が問われる。が、「これができる」とキッパリ言える人材はほとんどいない。

昔の人間は、記憶力が勝負だった。法律家なら六法全書を記憶して、いつでもパッと頭の中から引き出せることが重要だった。だから東大や京大をはじめとした国立大学出身者が重宝された。コンピュータの時代に入っても、高学歴者ならすぐに使いこなせるようになった。が、ＡＩの時代になった今、記憶力の優位性は薄まってきた。みんなが大学へ進み、一律に何でも平均以上の成績を修めてきても、もう社会では通用しない。現代は、スペシャリストの時代である。特にコロナ禍で世界が一変したのを機に、勉強の仕方もものの考え方も転換期を迎えた。

島精機では、平成二十二年（二〇一〇年）から「サステナブルな物づくり」を提案してきた。それが十年かけて業界にも少しずつ浸透し始め、国連でもようやく平成二十七年（二〇一五年）に持続可能な開発目標「ＳＤＧｓ」が採択され、令和元年（二〇一九年）にはＳＤＧｓ採択後初めてとなる首脳レベルでの「ＳＤＧサミット」が開催された。

ＳＤＧサミットに先立ち、島精機製作所は、内閣府政府広報室の広報事業において「グローバル課題に対する持続可能な開発目標への取り組みを行う先進的な企業の一社」として紹介された。島精機のホールガーメントとデザインシステム、その組み合わせによるソリューション提案が、持続可能な消費と生産を実現することができる日本の先進的な技術として認識されたのである。

正博は思った。

〈こっちは十年前からそのつもりで進めてきた。チャンスが巡ってきたな〉

第十一章　伝説の創業者・島正博

伝説の創業者

平成二十九年（二〇一七年）五月、正博は、ＢＳ12の土曜日の朝番組「竹中平蔵の骨太対談」に出演した。タイトルにもあるとおり、番組ＭＣを務めるのは、政界を引退し、この春から東洋大学国際学部教授となった竹中平蔵である。

竹中は、正博が和代と二人三脚で小さな町工場から始めたさまざまなエピソードを聞いていった。そこから感じたのは、正博の職人気質の強さと、業界全体に影響を与えるほど重要なイノベーションだった。

〈島さんは、常に改革、革新、新たなものを生み出す姿勢を貫いておられる〉

一本の糸で立体的に服を編み上げるホールガーメント横編機の話になると、脱帽するしかない。

〈島さんのそうした発想は、いったいどこから出てくるのだろう〉

職人気質は強いが、普通の職人とは違う。大学へ進学することなく数多の発明をし、会社をしっかり運営して大成した正博のことを、竹中は、ただただ「凄い」と思った。

〈島さんは、まるで立身出世伝の最後のリーダーのようだ〉

竹中の母校でもある和歌山市立西和中学校は、ごく普通の公立中学だった。竹中は、正博が定時制の工業高校に進学し、小さな作業場で発明を繰り返した話を聞いて、松下幸之助のことを思い出した。

〈二人の若い頃の経験は、一見違うようで共通するものがある〉

竹中は思った。

〈島さんは、井深さんと盛田さん両方の視点を兼ね備えている〉

ソニー創業者である井深大《いぶかまさる》の技術力と、ソニーを国際企業に育てた盛田昭夫《もりたあきお》の改革精神の双方を併せ持った男、それが島正博なのだ。考えてみれば、松下幸之助と井植歳男、本田宗一郎と藤澤武夫《ふじさわたけお》の関係など、チームを組んで会社を育てたところは多い。それを正博は、たった一人で成し遂げたのだ。

〈もしかしたら、奥さんの和代さんがその役目を負って支えていたのかも知れないな〉

虫の目、鳥の目

竹中平蔵は、正博が頑固に和歌山から本社を動かさなかったことに、ある種の「哲学」を感じた。

表向きのメリットはいくつもある。まず和歌山では、大阪などに比べて人材の確保が容易である。また関西空港までの距離は大阪が車で六十分、和歌山から四十分の距離にあるため、大阪ではなく和歌山のための空港だと言われている。和歌山市内にある島精機もアクセスが非常に良く、その地の利をうまく活かしている。

関西空港は、日本初の民間運営になった国際空港でもある。平成二十八年（二〇一六年）四月、関空と伊丹《いたみ》空港の運営権が、国が出資する新関西国際空港株式会社（新関空会社）から、オリックスと仏空港運営大手バンシ・エアポートなどが出資する関西エアポート株式会社に譲渡され、国が各地で進める空港運営権の民間譲渡のさきがけとなった。

それまで百億円の赤字だった会社が、民間経営によりＬＣＣ（格安航空会社）専用のターミナルを設置するなど、国が経営している時とはまったく違うユニークなシステムを次々に導入し、一年間で一気に黒字転換した。コロナ禍が襲うまでは、「成田の人員を抜く」と思われるほどの集客力を誇っていた。

また、東京に本社を移すと、数多の大企業の中に埋もれてしまいがちである。が、都心から距離を置いた場所に本社があると、冷静な判断力を保つことができる。和歌山出身の竹中平蔵は、「東京に来ると埋もれる」ことを肌感覚で理解していた。実際、京都市南区に本社を置く、分析・計測機器の総合メーカー・堀場製作所の堀場厚《ほりばあつし》グループCEOもまた、同様のことを言っていた。

「東京にいると、世の中を俯瞰《ふかん》して見られなくなる」

正博は、和歌山に本社を置くことで、職人的な目と俯瞰する目の両方を持ち続けることができた。一つの技術を徹底的に磨いていくには、虫の目がいる。そのいっぽうで、広い世界を俯瞰できる鳥の目を東京ではなくイタリアをはじめとする世界へ出かけることで養ってきた。

肝要なのは瞬時の判断力

正博はもう七十年近く前の少年時代に、空手の特訓で真冬に裸足でマラソンをした経験を思い出すことがあった。

〈子どもの頃に、気力を試される訓練をしておいて良かった……〉

正博は、空手の訓練によって、不運に見舞われた時の苦労を苦労と思わない精神力を身につけた。やりきるぞ、という気力である。どんな状況下でも人間は生きられるという自信と覚悟。やり遂げた時の達成感。次に何をしよう、何でもやってやるという希望と高揚感。辛さを乗り越え、新しいことにチャレンジし続けた人間にしか味わえない境地である。

苦あれば楽あり。楽あれば苦あり。人間万事塞翁《さいおう》が馬。そのリズムや法則から人間は逃れられない。それをどう乗り越えていくかにかかっている。

正博は長い人生の中で五回ほど大きな困難にぶつかっている。その時に「そんなものなんじゃ！」という気力さえあれば、体力も工夫も後からついてくる。

子どもの頃、海に放り込まれて十キロ先の陸まで泳いだこともあった。が、今の若者は体力があって泳げたとしても、十キロ泳ぐ気力はない。

例えば、韓国人は朝鮮人参やニンニクパワーで体力をつけているが、日本の若者と決定的に違うのは、迫力である。それで日本人は負けてしまう。

台湾人には根気があり、頭脳を使い努力で難しい仕事もこなす。

香港は主権がイギリスから中国へ移り複雑な政治背景があるものの、自由社会の中で教育を受け行動した経験がものを言い、資本主義経済についてもよく理解している。だから知恵と商魂は逞《たくま》しい。

時代は変わる。香港は中国の影響が色濃くなり、コロナ禍の影響は特にイタリアなどファッションの生産地で強く出てしまった。アメリカでも、島精機がこれから西海岸の北部や東海岸に拠点を設け生産を開始しようとした段階でコロナが襲来してしまった。島精機はコロナの影響をもろに受けて、赤字の上に赤字を塗り重ねている状況である。

が、社員の頭が柔らかければ良いのだが、頭が固く、そして反省しない。正博から見れば、それこそが平和ぼけである。

本当であれば、正博だけでなく全社員は、大きな問題が起きるたびに頭を入れ替えねばならない。人間の状況判断力、瞬発力、すぐに次の対応できるような体力、頭脳、それが絶対条件だ。体力だけあっても、現代では通用しない。正博は、一番大切なのは瞬間的な判断力だと思っている。

普通であれば、「これを諦めるのはもったいない」と躊躇する。または、「諦めるべきだ」と判断しても、やる気がなければ行動に移さない。すぐ新しい方向へ動く行動力。それがスポーツなどで鍛えられると断言する。

サステナビリティと即断即決

人間が裸で暮らすことはほとんどなく、みんな服を着て生活している。つまり、ファッションは世界中の人々がお客さんとなる。

ファッション業界では、「値引きせずにどれだけ販売できたか」を見る「プロパー消化率」という指標がある。この率が七〇%以上になれば、メーカー側も儲かる。

ところが、世界中のメーカーが人件費の安い中国などに拠点を移して以降、安価な服が大量生産されるようになった。やがてファストファッションと呼ばれる、最新の流行を採り入れながら低価格に抑えた衣料品を、短いサイクルで世界的に大量生産・販売するファッションブランドが次々に誕生した。

量産するのでたくさん売れるが、あっという間に流行が去るため、発売から約一カ月後にはセールとなり、それでも売れ残った大量の衣服は焼却処分されることになる。裁断時に出る裁ちクズもばかにできなかった。当然燃やして処理する。焼却すればCO_2が発生して環境に悪影響があるだけでなく、結局は安さだけが売りの中国製品には魅力がなく、わずか一カ月でセール品となるため客の怒りを買うかセール価格でしか購入しなくなり、消費サイクルがさらに短くなる負のスパイラルが起きた。

ここへ来て、ようやくサステナビリティ（持続可能性）という言葉が一般にも浸透した。このような転換期に主導するところがなければ、また易きに流れてしまう。しかもコロナ禍も襲ってきた。

正博は改めて思った。

〈やはり、機械メーカーが旗振り役になり、頭の切り替えをするよう指導する必要がある〉

CO_2の排出を抑えるためには、売れ残りをつくらない、焼却処分をしないことである。そうすれば環境にも優しく自分たちも儲かる。が、安いものを大量販売する価格競争に、世界中のメーカーが流されていった。

極力定価を安く抑えつつ、デザインも配色も良い服なら、購買者の心が豊かになり顧客満足度が高まる。「三年、五年着られる服だ」と思えば、売り手も買い手も容易に焼却処分などにしない。セールにしなくても定価で売れれば儲かり、長時間営業の必要もなくなって省エネとなる。ロスが出なければ焼却率は極端に減り、環境にも優しい。誰に聞いても、そのような形が百点満点であろう。

だが、十年後に気づいても遅い。が、気づいたとしてもパッと切り替える判断力もない。もともと日本人は他力本願でヨーロッパを頼ってきたが、そのヨーロッパも頭が古く頑なである。頑固さを日本は真似し続けてきたので、いざという時に判断できず新たなチャレンジもできない。そうしたタイプの人間は、現代日本人の中にもっとも多い。

〈逆に、日本から百点満点になる方法を発信すべきなんや〉

全体がプラスになるようにリーダーシップを取るのは、ヨーロッパでなく日本であるべきだった。

日本人は頭がいい。が、現代の若者は頭が悪く、古くなっている。決断力、創造力、状況判断力が弱い。正博たち老人のほうが、むしろ柔軟性がある。一晩以上考えてはいけない。いつも即断で「行け！」と号令をかけてきた正博は、よく社員に向けて問いかけている。

「状況を聞いている数分の間にどうすべきか決断してきた。わたしが『ちょっと考えてみる』と言っているのを聞いたことがありますか？」

「苦は楽の種」である。いろいろな苦労をすると、「失敗の原因はこれだ。ここを変えたら次は成功する」と決断につながるポイントを発見できる。苦労が多いほどそのポイントが増えていき、決断力の源となるのだ。これを十年積み重ねれば、即決に近い判断力はつくはずだ。「ちょっと待ってください」と一週間も時間を取っていては、あっという間に時代遅れとなってしまう。「ちょっと待ってください」は禁句だ。もちろん即決した後で変更する場合もある。それはそれで良い。

失敗することで成長する。決断せず、失敗せずに長い時間を過ごしてしまうと、小石に蹴躓《けつまず》いただけで簡単に穴に落ちてしまう。失敗した者は「これは気をつけねばならない」「どうしたら成功するか」の知恵があるから、小石や穴はうまく避けることができる。

人間は堅いばかりではポキンと折れる。柔らかすぎれば生活もままならない。竹のしなりと強さが人間には必要である。

今の若者はやる気がなく、点数ばかりを気にしているように見える。が、教育だけでは不十分な隙間を埋めていくのが経験である。失敗やチャレンジを避ける人間は隙間が埋まらぬ間抜けである。経験で隙間を埋めて初めて、新しい教育、教養につながっていくのである。

島精機は今も世界の半分以上のシェアを持っている。政治経済さえ安定すれば、女性は着るものにお金をかけてくれる。高価な服は買えなくても、自分だけの個性ある服が買えることが喜びであり、島精機はその手伝いができる。

金儲け主義の時代も終わり、適正価格で本当に魅力ある製品をつくろうという流れがいずれやって来る。

〈悪い時代の後は、必ずいい時代が来る〉

正博はそう固く信じている。

もっとハングリーになれ！

今、いよいよ日本再生の時期が近づいている。その基本は国を愛する心、地域、仕事、会社を愛する心である。日本人は世界に類を見ない教育の場と機会を与えられ、もともと勤勉な魂を持っているのだから、創造性を磨いて切磋琢磨すれば良い。低空飛行を続けている日本も、まだ負けたわけではない。が、やはり気力のない若者が多すぎる。暖簾に腕押し、アメーバーのようで、どう働きかけても動こうとしない。

いっぽう、他国ではハングリー精神が旺盛で、燃えるように勉学に仕事に打ち込む人が多い。ハングリー精神でいくと日本の若者のレベルは低く、今のままでは国際的に負けてしまうだろう。

正博の場合は、その日食べるものにも困るような極貧の中で子ども時代を過ごした。技術、感性、ビジネスなど万遍なく自力でこなしてきた。だからこそ、自分が発明した機械の真の価値を理解できるし、その適正価格もわかる。そして苦労を重ねてきたからこそ、「機械を買ってくれる人のため、製品を使ってくれる人のため、社会のために良心的な値段をつけよう」という発想が自然にできる。

が、今は偏差値の高い大学は出たものの、学校の勉強が得意というところから経験値を増やしていこうと頑張る若者は少ない。価格競争の時代だからと、値下げして営業をかけようとする安易な発想に走りやすい。価格に見合った高品質な機械を売るにはどうしたら良いか。値段で負けるなら、どうアピールすれば売れるか。そうした発想と知恵が不足している。島精機の社員に限ったことではなく、そんな人間が日本中に溢れていては、日本が沈没してしまう。

会社が苦しい時でも、国を相手に闘わねばならない時も、意欲ある若者に対しては周囲の大人たちが応援してくれる。正博も青年時代は、周囲の大人たちにずいぶん助けてもらった。

逆に、大人たちは若い人の意欲の芽を摘んではならない。が、現代人は若者の夢や意欲を削ぐ「こんなことをしたらダメ」という規制ばかりかけている。つまり芽を摘んでしまい、モヤシのような自主性のないひ弱な若者ばかりを育成しようとしている。

モヤシ社員ばかりになったら、島精機の成長も止まってしまう。若手社員の方向性が間違っていると判断した時、軌道修正するのが先輩社員、上司の役割である。

島精機に限らず、日本人経営者や幹部の多くは、「どこにも負けない。自分には勝つ力がある。勉強して何でもやってやる」という強い気持ちがない。ただ自分の数字だけ、失格にならない成績だけ上げることしか考えていない。

正博は、幹部に厳しく言う。

「島精機にどれだけ貢献できるか。そのフィロソフィー（哲学）なしに行動したらいかん」

正博の培ってきた経営哲学を理解していれば、どんな質問を投げかけられてもパッと答えられるはずである。

正博の厳しい指摘にきちんと反論できるよう、ただ実行に移すだけで良い。すると世界に貢献できる島精機になる。島精機は創造力で勝ってきた。ただ自分の点数だけを考えて事務的に仕事をしているなら、コンピュータで充分という話になる。

人間である以上、人間の心でもって将来性、方向性を考え、決めていかねばならない。

正博は、このように厳しい言葉を本人に直接投げかけている。それはまだ「期待している」からである。技術は技術者に任せるとしても、血の通ったフィロソフィーを醸成していかねばならない。みんなが哲学でつながって「ヨシッ！」と一致団結していくことは、スポーツをはじめすべての組織につながることである。

正博がこれだけのことを言えるのは、「寝ている時でも勉強する」ほどの血のにじむような努力を積み重ねて今日があるからである。

「会社の肩書きは何か」「空手何段か」といった表面的なことでなく、体力、判断力、気力、実力で絶対負けないという自信、誰よりも熱心に仕事をした、練習したという気概が大切である。

気合いさえ入れられれば、島精機も良くなり、和歌山市も和歌山県も日本も良くなり、社員も取引先も島精機の機械で編んだニットを購入するお客さんもみんなが幸せになる。

正博は、何歳になっても絶対に負けない、やる気、喧嘩する気、仕事する気、みなを引き上げる気、機械ではなく人間だけしか持ち得ない「氣」が大切だと思っている。

日本人は今、「何でもやるぞ」という気力がなく、やる気があっても手が動かない。年は若いが頭が固い若年寄りばかりである。豊かな社会に生まれ育ってきたので考え方が甘く、体力も弱く気力もない。世界を引っ張っていく力がない、と嘆く。

和歌山の後藤新平

島精機製作所は、世界の先端企業である。通常であれば、あれほどの企業となれば大学の研究室との関係が重要になってくるはずである。ところが、和歌山にそうした学部が存在しない。竹中は不思議に思った。

〈和歌山でなく、大阪や東京の大学と関係があるのだろうか？〉

もしかしたら正博の中には「大学の研究室などに頼る必要がない」という発想があったのかも知れない。が、それもここまでである。息子の三博が社長に就任した今、そうした外部との技術協力なども視野にいれることになるのかも知れない。

和歌山には、智辯《ちべん》学園和歌山高等学校、桐蔭《とういん》高等学校など進学校があり、京都大学、大阪大学、神戸大学などに進学する。が、いざ地元への就職となるとなかなか学生は集まらない。

いっぽう、情報は集積であり、イノベーションは出会いである。新しい結びつきから生まれる技術革新という意味では、大阪や東京に比べて弱いかも知れない。そのあたりをどうカバーしていくか。和歌山出身の竹中平蔵は思う。

〈これまでは、島さん独自のアイデアと行動力でカバーしてこられたのだろう。が、今後はまた少し違うアプローチが必要になる〉

和歌山出身者の中に、時折「おっ」と驚くような斬新なことを始める人がいた。松下幸之助や島正博もその一人であるが、竹中平蔵にも思い当たる店があった。

丸正百貨店の向かいにあった「玉林園」は、安政元年（一八五四年）創業の老舗茶屋。市民の人気店だったが、悩みは夏場の緑茶需要の低下である。そこで林巳三彦社長は、当時はまだ珍しかったソフトクリームに目を付け、アイスクリームの作り方を学ぶためアメリカにまで行って勉強したという。そして冷たいソフトに抹茶を使った目にも鮮やかな「グリーンソフト」を販売した。今はどこにでもある抹茶ソフトだが、発祥の地はこの玉林園である。

竹中は、和歌山に戻ると必ず玉林園のグリーンソフトを買って食べる。やはりお茶屋さんなので、そこら辺で売っているものより格段に美味しい。故郷の味の一つである。また玉林園では、天かす入りのあっさりとしたオリジナルラーメン「てんかけラーメン」なども開発。今では和歌山県を代表する県民の味として親しまれている。

和歌山にはこうした創意工夫や発明などをする県民が時々現れる。が、小規模なために一本足打法の会社や店が多い。会社を大きくしたい、リスクを取って新たなことに挑戦したい、といった野心に発展しないのは、やはり危機感が少ないせいではないか。和歌山で就職先がなくても、通勤圏内に大阪がある。何か技術やアイデアがあったとしても、事業を始めるよりサラリーマンとして大阪に通ったほうがいいと考えるのだろう。

竹中は思う。

〈島さんご自身に、第二の島精機をつくる運動のようなことを和歌山でやってほしい〉

業種は関係なく、島塾のようなものをつくって「起業家は大変だが面白い、挑戦する価値がある」と情熱をもって若者に語りかけるのである。

正博は、間違いなく和歌山県の歴史に名を残す人物である。いつか完全に事業から身を引くのだから、晩年の名の残し方として、やはり人材育成が挙げられた。

竹中は、正博に晩年の後藤新平のようになってほしい、と思っている。

後藤新平は、医師で台湾総督府民政長官、南満州鉄道（満鉄）初代総裁、拓殖大学学長などを歴任し、寺内正毅内閣で外務大臣や内務大臣を務めた人物である。関東大震災後の復興プロジェクトは百年先を見据えた壮大なもので、後藤の東京市改造計画案は〝大風呂敷〟と酷評された。が、震災から六十年後に昭和天皇が「もし後藤の計画が実行されていたら、東京大空襲は非常に軽く済んだのではないかと残念に思う」とお言葉を残されている。

その先見の明は、「数々の発明があまりに先進的で、四半世紀後でなければ人々に理解されない」と言われる正博と相通じるものがある。こうした後藤新平がモットーとした「自治三訣」は、「人のお世話にならぬよう、人のお世話をするよう、そして報いを求めぬよう」であった。後藤は、「最大の経済対策は人を育てることにある」と考え、「これは」と見込んだ人物に対して、惜しみない援助をあたえた。

現在、島精機製作所には優秀な人材が数多く在籍している。彼らのような人たちが「島塾」のようなものに通い、独立起業すれば、面白い展開になるにちがいない。逆に、正博を大学の名誉学長などに迎え入れるという方法もある。正博は和歌山の宝なのだから、外部の教育組織のどこかに正博を受け入れる裁量、度量があってほしい。竹中はそう願っている。

和歌山の誇り

自民党の二階俊博前幹事長は、島精機の島正博会長を高く評価している。

「島精機は、われわれ和歌山の誇るべき経済人だ。わたしは常々尊敬の念をもって島会長のことを見ている。和歌山経済界の指導者として大活躍していただいていることを、われわれは嬉しく誇りに思っている。和歌山に本社を置いてくれていることは本当にありがたい。和歌山の誇りだ」

自民党の二階俊博前幹事長は思う。

〈やはり、ご自分の考えで練りに練って、そして発明につながっていったのだろう。本当に立派なことだ〉

現在、島精機製作所は新型コロナによる影響を受けている。が、チャンスさえあればすぐに伸びるはずである。なにしろ、基礎がしっかりしているのだ。

二代目トップの課題

竹中平蔵は、オリックス元社長である宮内義彦《みやうちよしひこ》や、キヤノン元社長の御手洗冨士夫《みたらいふじお》から、「次の社長はどうしても頼りなく見える」という話を聞いたことがあった。

竹中自身にも覚えがあり、教授の座を次の人に譲る際、やはり頼りなく感じたものである。が、人生は何事も順繰りで、自分たちが若い頃は先代から頼りないと見られていた。たとえ創業者であっても、周囲から一人前だと認められるまでは苦労したはずである。

本物のリーダーは、場所を与えられて初めて大化けする。正博もまた、小さな町工場からだんだん化けていったのだ。

アメリカの製薬会社ファイザーは、平成二十年（二〇〇八年）六月に愛知県知多《ちた》郡にある中央研究所を閉鎖。七月一日から研究開発型ベンチャー「ラクオリア創薬」として事業をスタートし、市場拡大が見込まれる疼痛と消化管疾患の二領域にフォーカスすることになった。世界で最初に開発され実用に供された新型コロナワクチンは、ファイザーとドイツのバイオ企業ビオンテックが共同開発したものである。

ファイザー社はすべての薬を自社で開発することをやめ、病気や症状によって技術を細分化し、多元化し、ベンチャーが開発した薬を購入する、というビジネスモデルに変革した。

竹中平蔵は思う。

〈島精機もまた、今までにないステージの切り替えなども、どこかで求められ、必要になっていくだ

ろう〉

例えばファッションに特化するのではなく、違う分野に進んでみるというのも一つの考え方である。紡績会社から化粧品会社へシフトしたカネボウの例もある。

新たなステージへの挑戦は、島精機を受け継いだ三博の課題であろう。カリスマから次に移る過渡期は大変である。が、カリスマがつくり上げたストックがある早い段階で、次の世代に譲ったほうがうまくいく。

ビル・ゲイツも五十三歳で第一線を退いてしまったが、マイクロソフト社はその後順調に運営されている。一度譲ってまた戻っても良い。ヤナセの梁瀬次郎《やなせじろう》や、キヤノンの御手洗冨士夫も、一度社長を辞任した後にふたたび社長に就いている。

島精機製作所は、創業者である正博のカリスマがあったからこそ、ここまで成長できた。これは紛れもない事実である。が、カリスマは永遠ではいられない。どこかで軌道修正をしなければならない。二代目社長となった三博は、おそらくそのことをわかっているのだろう。

竹中平蔵は、三博の「カリスマ経営者の時代から次のステップへ」との考えに対し、かなり理解できるところがあった。どこの会社でも経験することであるが、次のステップへの移行はやはり厳しいものである。竹中は思う。

〈カリスマが築き上げたストックがあるうちに、次の展開へ進めるかどうかにかかっている〉

終　章　二代目社長のアフターコロナ戦略

コロナ不況

これまでの島精機の製品は間違いなく高品質であり、世界初の製品を何度も産み出してきた。それは証明済みである。もちろん、市場がそれを受け入れるか否かかの問題はあり、「どうやったら買ってもらえるか」という営業の難しさはある。

三博も「ソリューション（問題の解決方法）」という合い言葉で営業をかけたいと言っているが、低価格競争、デフレ不況、コロナの影響などでなかなかうまくいかず、売り上げは落ちているという。

そこにやって来たのがコロナ禍である。

島精機はこれまでにない、正博に予想もつかなかった形で、最悪の状況に陥っていた。

ポストコロナの国際競争

新型コロナウイルス感染症のパンデミック（世界的大流行）は、発生する前と後とでは違う体系の社会になる。世の中が一変したという点が、リーマンショックのような一時的な世界同時不況と大きく異なる。

例えば、平成十五年（二〇〇三年）に発生したＳＡＲＳ（重症急性呼吸器症候群）の時、人々は外出を控え、インターネット通販の需要が一気に伸びた。中国の電子商取引（ＥＣ）大手のアリババが、アメリカ最大のｅＢａｙ（イーベイ）を追い越し、店舗で買い物する時代からネットで買い物する時代へと一気に転換した。

コロナ禍においては、着ていく場所がないため、ファストファッションは買っても着物などの高級品はみんな買い控えている。そのいっぽうで、高級ブランド品には一種の発散効果があるらしく、通販でよく売れている。また財産的な効果の高い宝石の売れ行きも順調だ。現在は、こうした極端な形でデジタル化が進んでいる。

島精機製作所が、今後どこにどのような形で自社の機械やシステムを販売していくか。それはもちろん、誰よりも島正博会長や島三博社長が考えていることであろう。

慶應義塾大学名誉教授でパソナグループ会長の竹中平蔵は思う。

〈今後、インドと中国の所得が急速に伸び、それに比例して市場も急速に拡大していくだろう。そうした新たな市場をどうしていくかだ〉

かつての日本は、所得ピラミッドの上部であるトップ・オブ・ザ・ピラミッドがターゲットだった。日本が先進国を相手にしている間に、所得ピラミッドの底部を構成するベース・オブ・ピラミッドがぐっと底上げされ、全体的な経済レベルが上がった。その中で、日本企業が新しいマーケティング販路をどう開拓していくかが、共通課題となっている。開発途上国では新たなビジネス戦略が必要であり、さらに市場開拓により経済発展を遂げれば、また違った戦法が必要となってくる。

竹中平蔵は、開発途上国の発展は「人材」と「規制」に集約されていると考えている。

例えば中国共産党は、非常に強い締め付けをしている。が、その強い権限ゆえに経済活動のさまざまな手続きを見逃して、自由にさせる裁量も持ち合わせている。だから中国でのビジネスは自由度が高い。中国共産党はそれを黙認し、ビジネスに成功したら国がそれを制度化していく方式である。

今後の巨大マーケットは中国かインドになるが、島精機もまた、新たにどこの市場を重点化するかの判断が必要になってくる。良質なニットは高級ドレスとは違い、誰もが日常の延長線上で楽しむものであり、経済的に豊かになれば誰もが求めていく製品となり得る。

島精機のように国際ビジネスを展開している企業にとって、コロナ禍での経済状況は非常に厳しい。

コロナがいつ収束するかは、誰もわからない。ただし、いずれは集団免疫ができパンデミックは収束する。それは歴史の教訓である。ウイルスは変異していくが、ワクチンの普及により収束までの時間は早まると考えられる。少なくとも、いつ緊急事態宣言が発令されるかわからないような状態は、五年、十年と続かない。現在のように、「今日感染者が何人増えた」といった情報に一喜一憂するのではなく、「この状況下で何をやっておくべきか」にかかってくる。

二代目社長への期待

現在、和歌山県知事として四期目になる仁坂吉伸は、経産省出身だけあって、さまざまな産業とつながりがある。IT、ロケット、IRなど新しい産業にも前向きであり、真面目に仕事に取り組む姿勢は、和歌山県民から厚い信頼を得ている。

和歌山県選出で経済産業大臣を三期務めた自民党の二階俊博前幹事長との親交も深い。

世界中で猛威を振るうコロナ禍で、島精機も大きく売り上げを落とした。

仁坂知事は、こう見ていた。

〈一時的な赤字はやむを得ない〉

経済が半ば停止している現在はファッション業界全体も沈み込み、設備投資しようという動きは極端に鈍くなっている。が、島精機は借入金がなく、現金など手元流動性の高い資産を潤沢に保有するキャッシュリッチ企業である。しばらく我慢すれば、それまで設備投資を控えてきた世界中の企業が、ふたたび島精機の機械を購入し始める。品質と性能はピカ一で販売価格も低く抑えているのだから、購入の動きに転ずることは間違いないと見ている。

仁坂知事は思った。

〈二代目の三博さんも頑張っている。が、天才の親父がつくった機械を守り、さらに高めていかなければならない。容易なことではないだろう〉

おっとりと優しげな顔立ちから、三博はお坊ちゃま育ちでのほほんとした二世社長と見られがちだった。が、話を聞くとずいぶん苦労をしているようである。家出をしたこともあり、島精機に入社して以来、カリスマの父親ともずっと闘ってきた。

三博は父親とは違い、天才ではない。だから周囲も、次から次へと新しい機械を開発し世に送り出す正博のビジネススタイルを現社長に期待すべきではない。

三博本人も、何年も前から言い続けていた。

「自分と親父とは違う。天才の後はどうするかというのは、大変なんです」

その代わり、既存機械を隅々まで理解できる人材を育てねばならない。さらに知的財産権その他をしっかり守りつつ、マーケティングを綿密に行い、財務管理体制を整えていけば、おいそれと会社は傾いたりしないはずだ。

三博は、会社を盛り立てていくための戦略を強く意識し、考え抜いている。端から見ていても、その熱意と責任感が伝わってきた。

三博には二代目社長にありがちな、自分のカラーを出そうと焦って好き勝手を始めたり、仕事もせず遊び回ったりすることもない。あるのは危機感だけである。

仁坂知事は、そんな三博を高く評価していた。

〈大変だろうが、きっと、ちゃんとやっていかれるだろう〉

また、藤田紀ら世代の島精機社員は、正博に直接育ててもらい、薫陶を受けた。だから、トップリーダーである正博の考え方や感覚がよく理解できる。

が、若手社員の場合はそうはいかない。

また、新しい時代に向けて三博が取り組んでいることも尊重したいし、父親の偉業を乗り越えさらに一歩先を行こうと考えている。二代目社長の意欲的な取り組みにも、強く期待したいという。

二代目社長の経営戦略

正博は創業者なので、課長、部長と昇進していったわけでなく、最初から社長であった。三博は子どもの頃から、よく働いて家族を顧みない父親を見て思っていた。

〈きっと、どこの社長もこんなもんやろな〉

子どもの目から見れば、正博は典型的な昭和の社長だった。

〈社長って大変は大変なんやろうけど、頑張ればぼくもできるな〉

そんな軽い感覚で父の背中を見ていた。

が、実際に自分が社長になってみて、初めて気づくことがあった。ステークホルダーと呼ばれる株主、従業員、顧客、取引先、地域住民、官公庁、金融機関、各専門分野のアナリストなど、さまざまな人たちと話す機会が増える。その際、いろいろな方向性や指針を示さねばならず、口にした以上は実行実現は必須だ。そのプレッシャーは大変なものだった。

退職者も含めた島精機の全社員が、正博のファンだった。それはむろん悪いことではないが、その気持ちが行き過ぎてしまい、お客さんに目がいかず上を向いて仕事をしてしまっている。

「こうすればお客さんが喜ぶのではないか」ではなく、「こうすれば島会長が喜ぶのではないか」と考える社員が多いのである。悪いことではないものの、やはりお客さんのほうもきちんと向いて仕事をするべきだろう。

ＡＰＥＸを作る際に、開発部全員が「三次元があかん」と言ったのも、上（正博）を見上げて仕事をしているせいだった。三次元が良いのはわかるが、正博が嫌がっているものはやりたくない、できないというわけである。

三博は思う。

〈自分の頭でもっともっと考えて、いろいろなアイデア出し、それを形にしていく。このプロセスのスピードをいかに早くしていくかが競争力の原点や〉

三博は、自分に父親のようなカリスマ性がないことを百も承知だった。今までと違い、逆方向のボトムアップの組織づくりに徹していこう、と決心した。

アパレル業界の未来像

アパレル業界の問題点は非常に明確で、ファッション商品を作りすぎて市場にあふれていることに集約される。二〇〇〇年代に入ってからＧＡＰやユニクロなどの低価格メーカーや、最先端の流行をいち早く取り入れて価格も安い「ファストファッション」と呼ばれるＺＡＲＡ、Ｈ＆Ｍなどが台頭し、低価格の大競争時代に突入した。

安くつくるために、中国やベトナムなど人件費が安い工場に大量発注する現象が、世界同時多発的に起こった。そのため二十年前と比べて商品の供給量が倍増したが、結局その半数以上が焼却されたり、在庫処分屋、いわゆるバッタ屋に流されたりしている。余ることが最初から分かっているのに、単価を安くするために大量生産し、商品自体に魅力をつけようとしてこなかった。デザインはパリコレなどのファッションショーで披露されたドレスや、オートクチュールが店頭に出している売れ筋商品をコピーし、安い単価に合った素材に替えて大量に作るビジネスモデルができあがった。

劣悪な条件での工場労働、大量焼却による環境問題など、専門誌だけでなく一般紙もアパレル業界をバッシングするようになってしまった。

このような状況下で、世界的な新型コロナウイルス感染症の拡大となり、ファッション商品はさらに売れなくなった。世界中のアパレルは、ほぼすべてが在庫の山を抱えて困っている状況である。

そんな中で堅調なのは、日本のゴールドウィン、アメリカのノースフェイスなどのアウトドア系と、カナダのヨガウエアのルルレモンなどのブランドである。

ルルレモンはヨガウエアを製造販売するだけでなく、ヨガ教室を開いたり、健康でウェルネスなライフスタイルを提案したりと、ヨガウエアをそのツールの一つとして利用してほしいと発信している。ファッション業界は今、「安く早く」という方向から、ようやく軌道修正を図ろうとする段階に来た。正博がホールガーメントを開発した四半世紀前のビジネスモデルが、ようやく世界の流れとマッチするようになってきたのである。

単価を安くするため、東南アジアなどの国々集中した大規模工場も役目を終えた。アパレル業界は、ファストファッションをつくり続けても生き残れない。これからは、消費地に近い場所で付加価値のある物作りができる小さな工場が建ち並ぶだろう。転換期を迎えた現段階では、具体的にどのように転換させるかで頭を悩ませている状態である。が、ようやく島精機の製品やポリシーが再び受け入れられる土壌が戻りつつある。

世界の生産数量が減る分、島精機の機械の販売台数も減少する。が、それは一時的なことで、中長期的には世界が非常に良い方へ向かっている。

課題は数多くあるが、順番に解決していくしかない。が、三博は、島精機が今手にしているもので充分新しい時代に挑戦していけると確信している。

おわりに

この作品を執筆するにあたり、株式会社島精機製作所の島正博代表取締役会長をはじめ、島三博代表取締役社長、同社総務人事部の今井博文様、同社ＯＢの藤田紀様と和田隆様、仁坂吉伸和歌山県知事、二階俊博前自民党幹事長、竹中平蔵慶應義塾大学名誉教授の取材協力をいただきました。お忙しいなか、感謝いたします。また、取材後にお亡くなりになられた島会長の中学時代の恩師である谷崎博志様と若林司郎様にも、ご協力をいただきました。生前のお二方のご協力にあらためて感謝申し上げます。本文中の肩書きは、その当時のもの、敬称は略させていただきました。

また、『つながる力　世紀の発明家・島正博の源流と哲学』（合田周平著・ＰＨＰ研究所）、『アパレルに革命を起こした男』（梶山寿子著・日経ＢＰ）、『紀州のエジソンの女房』（梶山寿子著・中央公論新社）、「ＥＶＥＲ　ＯＮＷＡＲＤ　限りなき前進』（辻野訓司著・産経新聞出版）、『私の履歴書　世界一目指す島精機製作所・島正博会長』（日本経済新聞）を参考にしました。

なお、本文中に登場する『ホールガーメント』、『スライドニードル』、『ＤＳＣＳ』、『トータルファッションシステム』は株式会社島精機製作所の登録商標になります。

最後に、この作品の上梓に協力してくださったエムディエヌコーポレーションの木村健一氏に感謝いたします。

二〇二一年一〇月

大下英治

【創業者・島 正博―紀州のエジソン】

経営理念――「愛」「創造」「氣」

今日、仕事を愛したか。

今日、やる氣を燃やしたか。

今日、新たな価値を創造したか。

そんな日々の積み重ねが未来を開く。

【島精機製作所創業者・島 正博 年譜】

1937年 和歌山市東長町で生まれる。8歳にして戦争で父親を亡くし、戦後の混乱の時代を生き抜く。工業手袋編機と出会う。

1953年 「二重環かがりミシン」を開発、製造。

「作業手袋編成機の支針板自動旋動装置」を開発（実用新案出願）。

十代の頃から発明に熱中し、16歳で手袋編機の特許を取得。

少年時代の発明として以下がある。

アルミ板を折り曲げて二重構造にした「さめにくい弁当箱」／ハンドルと連動して同じ方向へ動く「車のヘッドライト」／自転車の発電ランプをワンタッチで動かすレバー／自動車の方向指示器／緩みにくいボルト
出願件数：国内外をあわせて約1100件。

1955年　「ゴム入れ安全手袋」、「ゴム糸挿入装置」を開発。
1956年　和歌山県立和歌山工業高等学校機械科　卒業。
1961年　島精機製作所の前身となる三伸精機株式会社を設立。
　　　　島式手袋編機及び半自動装置（手袋編機半自動動力装置）を製造・販売。
1962年　和歌山市手平に移転し、株式会社島精機製作所に商号を変更。
1964年　一週間不眠不休で大晦日に全自動手袋編機（角型）の開発に成功。
1967年　全自動フルファッション衿編機（FAC）を開発、横編機業界に進出。
1974年　オイルショックの影響により経営危機になるが、機械のコンピュータ化を確信し、工場のNC化を選択（NC工作機械を導入する）。
1978年　シマトロニックジャカードコンピュータ制御横編機（SNC）開発。
1981年　シマトロニックデザインシステム（SDS-1000）開発。
1985年　デジタルステッチコントロールシステム（DSCS）をOTEMAS展で発表。
1988年　第2世代型のコンピュータ横編機（SES）開発。
1990年　大阪証券取引所市場第二部上場。
1995年　世界初の完全無縫製コンピュータ横編機「ホールガーメント横編機（SWG-V・SWG-X）」を開発、第12回ITMA展（ミラノ）に出展。
1996年　東京証券取引所市場第一部上場。
1997年　世界初スライドニードル搭載のコンピュータ横編機（SWG-FIRST）を開発。
2007年　ホールガーメントの立体表現を可能にしたデザインシステム（SDS-ONE APEX）

を開発。生産性を大幅に向上させた超高速ホールガーメント横編機（MACH2X）を開発。

2015年　世界初の可動型シンカー搭載4枚ベッドのホールガーメント横編機（MACH2XS）を発売。

2017年　株式会社島精機製作所代表取締役会長に就任（現任）。

【受賞歴】

1972年　第14回科学技術功労者表彰 科学技術庁長官賞

1979年　第25回大河内記念技術賞

1988年　紫綬褒章（当時の全国最年少）

1993年　テクニカ社　第7回オスカー賞（イタリア）

1993年　クランフィールド工科大学　名誉工学博士号（イギリス）

1994年　テキスタイル・インスティテュート　ジュビリー賞（イギリス）

2002年　毎日ファッション大賞　鯨岡阿美子賞

2002年　藍綬褒章

2007年　第53回大河内記念生産特賞

2010年　イタリア国家勲章　コメンダトーレ章

2014年　ドレクセル大学　名誉経営学博士号（アメリカ）

2017年　旭日中綬章

2017年　ノースカロライナ州立大学テキスタイルカレッジ　名誉科学博士号（アメリカ）

世《よ》の中《なか》にないものをつくれ！
島精機製作所《しませいきせいさくしょ》フィロソフィー

2021年12月1日　初版第1刷発行

［著　者］　大下英治《おおしたえいじ》

［発行人］　山口康夫

［発　行］　株式会社エムディエヌコーポレーション
〒101-0051　東京都千代田区神田神保町一丁目105番地
https://books.MdN.co.jp/

［発　売］　株式会社インプレス
〒101-0051　東京都千代田区神田神保町一丁目105番地

［印刷・製本］　中央精版印刷株式会社

【カスタマーセンター】
造本には万全を期しておりますが、万一、落丁・乱丁本などがございましたら、送料小社負担にてお取り替えいたします。お手数ですが、カスタマーセンターまでご返送ください。

■落丁・乱丁本などのご返送先
〒101-0051　東京都千代田区神田神保町一丁目105番地
株式会社エムディエヌコーポレーション　カスタマーセンター
TEL：03-4334-2915

■書店・販売店のご注文受付
株式会社インプレス　受注センター
TEL：048-449-8040／FAX：048-449-8041

●内容に関するお問い合わせ先
株式会社エムディエヌコーポレーション　カスタマーセンターメール窓口
info@MdN.co.jp

本書の内容に関するご質問は、Eメールのみの受付となります。メールの件名は、「世の中にないものをつくれ！　島精機製作所フィロソフィー　質問係」とお書きください。電話やFAX、郵便でのご質問にはお答えできません。ご質問の内容によりましては、しばらくお時間をいただく場合がございます。また、本書の範囲を超えるご質問に関しましてはお答えいたしかねますので、あらかじめご了承ください。

ISBN978-4-295-20235-6　C0034